„Ich hatte Gelegenheit, die ganze Welt zu bereisen. Doch kein Kontinent ist so faszinierend und gleichzeitig so erschütternd wie Afrika."

Bundespräsident Horst Köhler anlässlich der TV-Veranstaltung „Brot für die Welt" am 17.10.2004

Dieses Buch widmen meine Frau und ich in Dankbarkeit
unseren Freunden in Afrika und Deutschland,
den Kindern und Enkeln
zur Rückbesinnung
für die Zukunft.

Es ist mir ein Bedürfnis, allen Dank zu sagen
für die Anregungen bei den Diskussionen und Lesungen
sowie die Unterstützung bei der Gestaltung des Buches.

Eventuell aufgetretene Flüchtigkeiten im Text
oder Beeinträchtigungen bei der Bildwiedergabe
sind den Geschehnissen vor Ort
sowie deren subjektiver Verarbeitung geschuldet.
Ich bitte um Nachsicht.
Für Hinweise bin ich dankbar.

Friedel Schneider

Süchtig nach Afrika

Erlebnisbericht

Dr. Friedel Schneider
Ausbau 1
15518 Steinhöfel OT Beerfelde

Tel.: (033637)3523
Fax: (033637)3524
E-Mail: FHSchneider@fuerst-fensterbau.de
Internet: http://www.friedel-schneider.de

ISBN 3-00-014039-5

1. Auflage
Satz & Gestaltung: VerlagsService OderSpree, www.versos.de
Bild- und Kartengestaltung: Joachim Uhlig, Rehfelde
Druck: Druckhaus Berlin-Mitte GmbH
Fotos und Gesamtherstellung: Dr. Friedel Schneider

Geleitwort

Im ersten Buch „Safari mit Biss" erfuhren wir Leser von einer „in jeder Beziehung außergewöhnlichen Reise, die das Leben dieses Mannes nachhaltig verändern sollte ..."

Er schreibt nicht nur das Buch, er unternimmt mit seiner Frau erneut eine Reise in den schwarzen Kontinent. „Süchtig nach Afrika" ist wohl in der Tat das Motiv, erlebnisreich und spannend. Sie durchqueren Namibia und Botswana von der Namibwüste bis zur Etosha-Pfanne, der Kalahari-Wüste bis zur Atlantikküste. Sie folgen dem Flusslauf des Okawango bis in das Delta, dem Ort der lebensgefährlichen Begegnung mit einem Flusspferd, aber auch der Rettung und Hilfe. Sie sagen Dank den Helfern und vertiefen ihre Freundschaften. Hier suchen und finden sie ihren damaligen Reiseführer Edwin. Mit ihm wiederholen sie die Safari. Hier schließen sie Frieden mit der Natur und versöhnen sich mit den Flusspferden.

Damals schrieb ich: „Dr. Schneider will nun ein Stück der Solidarität und Unterstützung zurückgeben." Seine Frau und er halten Wort. Sie besuchen ihr Patenkind im SOS-Kinderdorf Francistown, übernehmen eine weitere Patenschaft und unterstützen die Kinder des Arztes Dr. Pobi.

Während einer großen Safari durch die einzigartige Natur im Norden Tansanias erleben sie vielfältige Abenteuer, herausragend ist dabei die Migration, die Wanderung von über einer Million Gnus. Sie dringen in die Tiefe der Dornbuschsteppe vor, wo sie den letzten Ureinwohnern in der traditionellen Lebensweise als nomadisierende Jäger und Sammler begegnen.

Ganz im Gegensatz zu diesem schwarzen und wilden Afrika erleben sie eine beeindruckend andersartige Natur und Multikultur auf der Gewürzinsel Sansibar. Ungewöhnliche Eindrücke hinterlässt das Königreich Lesotho, die Safari hoch oben in die abgeschiedene Bergwelt inmitten des südlichen Afrika.

Auf Schritt und Tritt begegnen sie dem Alltag des afrikanischen Lebens und damit auch Widersprüchen und Verzweiflung. Die Schattenseiten wie Armut, Hunger, Konflikte und Aids erschüttern sie immer wieder. Doch ganz im Gegenteil zur oft dargestellten

Charakteristik als „verlorener Kontinent“ vermitteln die Schneiders Hoffnung und Chancen für diese lebensbejahenden Völker mit ihren einmaligen Werten und Schätzen.

Wie bei ihrer ersten Reise so auch dieses Mal „werben sie für Toleranz gegenüber diesen Kulturen, den Respekt vor der Natur und den Leistungen dieser Menschen und unserer zwingenden Verantwortung in dieser globalen Welt“.

Dem ist nichts hinzuzufügen.

Matthias Platzeck
Ministerpräsident des Landes Brandenburg

Inhalt

Anhang

Reiserouten und Karten

Süchtig nach Afrika

Die Erlebnisse der „Safari mit Biss“ zu Beginn des Jahres 2002, mehr als ein Jahr vor der jetzigen Reise, hatten tiefe Spuren hinterlassen. Die dramatischen Ereignisse erzählt das gleichlautende Buch:

Paradiese sind wunderschön und können doch so gnadenlos sein. Wagt man sich zu weit an deren Grenzen, kann es gefährlich werden. Kreuzgefährlich.

Der Autor und seine Frau tauchen mit Rucksack und Tatendrang in die pralle Welt Afrikas, in Südafrika, Swasiland, Kenia, Ghana, Simbabwe und Botswana, ein. Einfühlsam und fesselnd erleben sie Land und Leute in ihrer Vielfalt, Faszination und Lebensfreude, aber auch mit der krassen Widersprüchlichkeit und Ausweglosigkeit. In zahlreichen Safaris erkunden sie hautnah die einzigartige afrikanische Wildnis. Mit dem Mokoro-Einbaumboot dringen sie tief in ein einmaliges, unberührtes Naturparadies, das Okawango-Delta inmitten der Kalahari-Wüste, ein. Auf der Rücktour verändert ein schockierendes Ereignis schlagartig die Situation. Spannend und bewegend vollzieht sich der dramatische Überlebenskampf.

Die Länder mit einer überwältigenden Natur, die Menschen mit ihren einzigartigen Kulturen und Traditionen, die Vielfalt und Exotik, aber auch die erdrückenden Probleme zogen uns erneut mit magischer Kraft an. Suche nach Ursprünglichkeit trieb uns an. Wir wollten afrikanisches Leben in all seinen Fassetten erfassen. Weiter in die paradiesische Wildnis einzudringen, die spektakuläre Tierwelt hautnah zu erleben, das war unser Traum.

Afrika hatte uns durch die Flusspferdattacke eine Mahnung erteilt. Jetzt waren die Sinne geschärft, wir waren sensibler geworden. Nun drängte es uns zurück zu den Orten der Tragik und meiner Wiedergeburt. Wir waren voller Erwartungen und Vorfreude.

Oft wurden wir gefragt: „Wie ist es nach dem Unfall und der Genesung weitergegangen?

Wie hat sich euer Leben verändert, nachdem ihr dem Tod so nah ins Auge geschaut habt?

Gibt es eine Fortsetzung des Buches ‚Safari mit Biss'?“

Ja, hier ist sie.

Kopfschüttelnd wurden wir auch mit der Frage konfrontiert: „Ihr wollt tatsächlich wieder nach Afrika?“ Meist antwortete ich locker: „Statistisch gesehen haben wir überhaupt kein Problem, wir waren schon mit dem Unfall dran, nunmehr sind wir vor derartigen Schicksalsschlägen gefeit.“

Die Angstattacken waren inzwischen selten geworden. Nur manchmal noch kam das riesengroß geöffnete Maul des Flusspferdes auf mich zu, verschlang mich mit seinen kalten Augen, durchbohrte mich mit seinen Hauern. Das verursachte jedes Mal heftige Erregung und Schweißausbrüche. Allmählich lernte ich, die aufkommende Panik zu unterdrücken.

Wieder organisierten wir alles vor Ort. Ebenso wie im Jahr davor reisten wir mit Rucksack und auf eigene Faust. Zuallererst wollten wir die Freunde in Botswana besuchen, die uns liebevoll und selbstlos geholfen hatten. Wir wollten unser Versprechen einlösen: Sollte ich überleben, würden wir zu ihnen zurückkehren. Es war uns ein Bedürfnis, persönlich Dank zu sagen: Edwin, unserem Führer während der Safari, und seiner Familie, den Ärzten und dem Personal im Delta Medical Center in Maun, Mister Richard von der Quadrum Expeditions Safari Company in Maun, der Familie von Dr. Pobi, den Helfern von der Flying Mission und vielen anderen. Wir fühlen uns ihnen eng verbunden, haben sie schätzen gelernt und lieb gewonnen.

Familie Breuninger, der wir so viel zu verdanken haben, war inzwischen nach Deutschland zurückgekehrt. Mit ihr halten wir freundschaftlichen Kontakt.

Wir wollten das SOS-Kinderdorf in Francistown in Botswana besuchen, unser Patenkind, die vierjährige Bantse, und ihre drei Geschwister kennen lernen.

Mit den Flusspferden mussten wir uns unbedingt versöhnen. Inzwischen wussten wir ja, wie gefährlich und aggressiv sie gegenüber Menschen werden können. Die meisten tödlichen Unfälle durch Wildtiere, etwa zweihundert im Jahr, werden von diesen Hippos verursacht, obwohl sie reine Grasfresser und keine Raubtiere sind. Doch sie verteidigen ihr Revier, folgen gnadenlos dem Gesetz der Wildnis. Wir waren als Störenfriede in ihren Lebensraum eingedrungen, hatten den Angriff mit seinen Folgen selbst verursacht und wurden schmerzhaft auf unseren Platz verwiesen. Es war nicht gerechtfertigt, dieser einzigartigen Kreatur böse zu sein oder sie zu verurteilen. Nun wollten wir dorthin zurückkehren, wo der Unfall passiert war – mit dem gebührenden Respekt – und Frieden schließen mit der Natur.

Namibia stand auf dem Programm, u. a. die Etosha-Pfanne und die Namib-Wüste. In Tansania zog es uns zu den großen Nationalparks im Norden des Landes, von der Serengeti über den Ngorongoro-Krater bis zum Victoria-See. Die Olduvai Gorge, eine Schlucht, in der die Evolutionsgeschichte der Menschheit so fassbar wird, mussten wir unbedingt sehen. Die einmalige Gewürz- oder Nelken-Insel Sansibar vor der Ostküste Tansanias musste erkundet werden.

In Südafrika reizten uns das Königreich Lesotho und die Drakensberge.

Wir wollten versuchen, ein Stück näher zu den eigentlichen Ureinwohnern Afrikas, den Buschmännern, zu gelangen. Am bekanntesten sind die San in der Kalahari Botswanas und Teilen Namibias. Mit etwas Glück war es vielleicht möglich, im Norden Tansanias bis zu den Hadzabe vorzudringen.

Ein ganz besonderes Schauspiel – die Wanderung von über einer Million Gnus in der Serengeti – bestimmte den Zeitpunkt unserer Reise. Unser Ansinnen war, möglichst genau in der Zeit der großen Gnu-Migration dort zu sein. Wir disponierten deshalb zweimal unser Programm um und wählten schließlich den Winter, die Trockenperiode von Ende Juni bis August des Jahres 2003 als Reisezeit.

Der erste Teil des Besuches galt Namibia und Botswana, anschließend ging es nach Tansania und Sansibar, um zum Abschluss nach Südafrika und Lesotho zu reisen. Insgesamt wollten wir uns wieder mehr als sechs Wochen Zeit lassen.

Reiseroute 2003: „Süchtig nach Afrika“

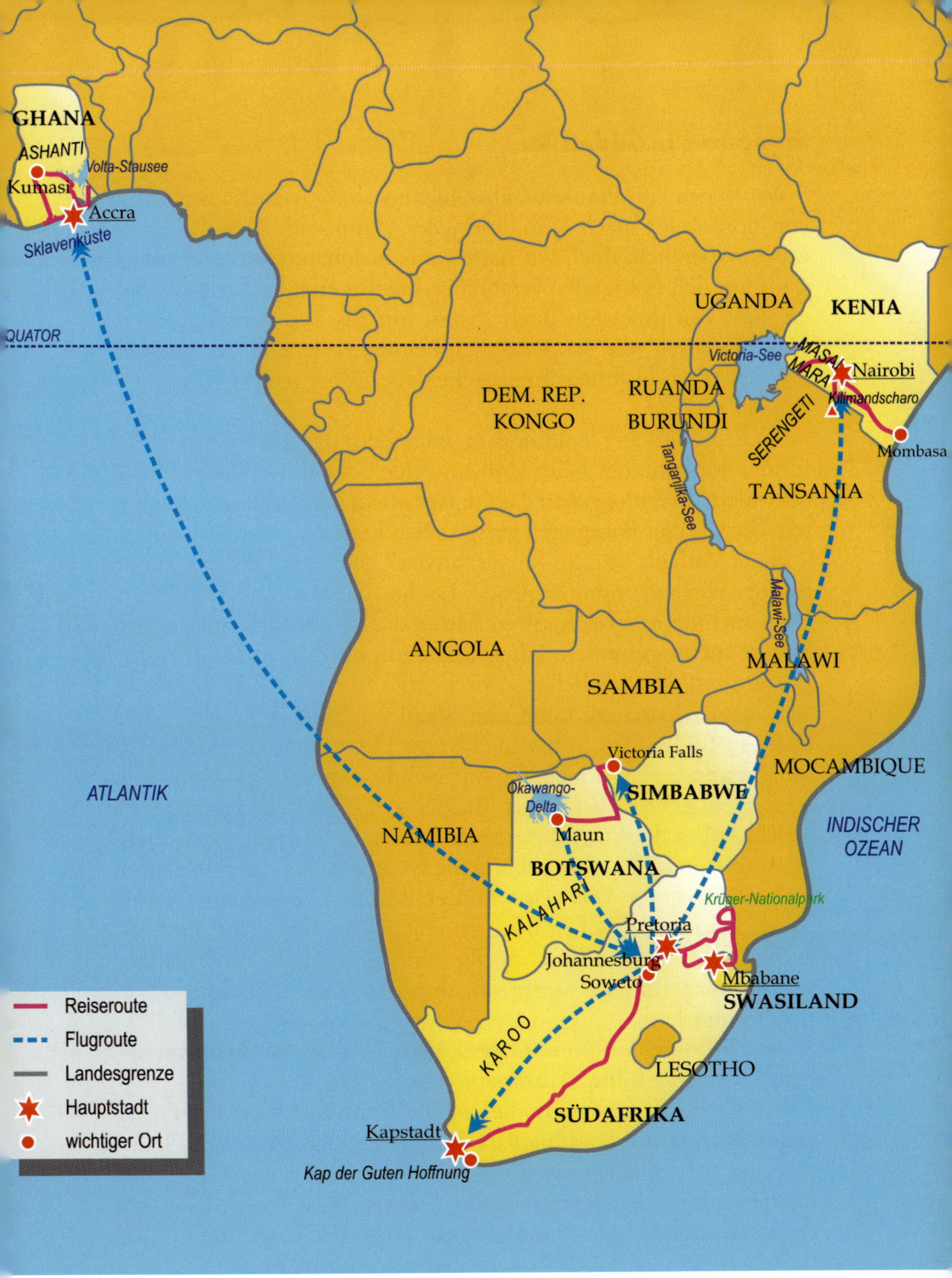

Reiseroute 2002: „Safari mit Biss"

Stoppover in Südafrika

Wir flogen von Frankfurt über Johannesburg nach Kapstadt und von dort weiter nach Windhoek, der Hauptstadt Namibias. Das war umständlich, doch wir hatten uns in Johannesburg und Kapstadt mit den Fotografen verabredet, die uns erlaubt hatten, jeweils ein Bild von ihnen im Buch „Safari mit Biss“ zu veröffentlichen. Unser Wunsch war, sie persönlich kennen zu lernen, das Buch zu überreichen und ihnen ihre bescheidene Lizenzgebühr zu übergeben.

Nach pünktlicher Landung in Johannesburg erledigten wir die Einreiseformalitäten beim Zoll und der Grenzabfertigung. Zufall oder nicht, es fehlte genau das Gepäckstück, in dem die Bücher waren, die wir den Fotografen versprochen hatten.

In der Vorhalle wartete wie verabredet Colin Mead auf uns. Innen hofften wir auf unsere fehlende Tasche. Die zuständigen Dienstleute suchten angeblich eifrig, hatten aber auch nach einer guten Stunde nichts gefunden. Ich ging hinaus, um Mister Mead zu begrüßen und den peinlichen Zwischenfall zu erklären. Die Vorhalle war voller Menschen, nur Colin Mead war trotz intensiver Suche nicht zu finden. Ich griff zum Handy. Donnerwetter, die Verbindung klappte auf Anhieb. Er war gerade im Begriff in sein Auto zu steigen, kehrte aber sofort um. Ich sah einen sehr netten, etwa gleichaltrigen Herrn, der versuchte, sich die Enttäuschung nicht anmerken zu lassen, obwohl er seine Neugierde auf das Buch kaum verbergen konnte. Das war schon eine Ehre – eines seiner Naturfotos in einem deutschen Buch zu sehen – das war nicht mit Geld zu bezahlen. So lehnte er ab, die ohnehin geringe Lizenzgebühr anzunehmen und ich versprach, ihm das Buch schnellstmöglich nachzuschicken.

Die Hoffnung auf unser Gepäck hatten wir inzwischen aufgegeben. Hannelore füllte Verlustpapiere aus.

Wir überlegten, was für die weitere Reise fehlte und schlugen uns in Richtung Inlandflugplatz durch. Plötzlich ertönte der Lautsprecher, wir wurden erneut ausgerufen. Durch das Getümmel kämpften wir uns wieder zurück. Das dauerte. Am Schalter der South African Airways erwartete man uns voller Ungeduld mit der erfreulichen Botschaft, dass man die vermisste Tasche gefunden habe. Der Bedienstete strahlte und erhielt sein Bakschisch.

Sofort versuchte ich Colin Mead zu erreichen. Keine Verbindung. Auf seiner Visitenkarte fand ich eine Festnetznummer von Johannesburg. Seine Frau war am Apparat, versprach, sich zu kümmern.

Geraume Zeit später rief er an, ich erklärte ihm die neue Situation. Am anderen Ende der Leitung war es ganz ruhig. Ich fühlte fast seinen Gedanken: Ist dieser Kerl noch ganz dicht? Schließlich sagte er: „Gut, ich drehe um, bin in etwa 20 Minuten wieder in der Abfertigungshalle."

Wir überreichten das Buch, Freude auf beiden Seiten. Nun war Eile geboten, denn seine und unsere Zeit war knapp geworden. Wir baten ihn noch, eine Tasche von uns aufzubewahren, die wir später für unsere Tour durch Tansania brauchten. Er lud uns ein, bei der Rückkehr Gast in seinem Haus zu sein.

Zeitig am Morgen waren wir in Kapstadt. Die Maschine nach Windhoek ging erst um 16 Uhr, wir sollten zwei Stunden früher am Schalter der internationalen Abfertigung sein. Also deponierten wir unser Gepäck und trafen uns mit dem Fotografen Mister Skinner. Auch hier gegenseitig freundliche Worte. Um die Wartezeit zu überbrücken, unternahmen wir eine Fahrt in die Stadt, verweilten ausgiebig an der Waterfront, einem der schönsten Plätze in Kapstadt.

Um 14 Uhr nahm man uns voller Aufregung in Empfang. Die Maschine flog eher, alles war schon abgefertigt. Tempo, Tempo, Tempo! Wir wurden durch die Abfertigung geschoben, Passkontrolle, dreimal um die Kurve, Treppe hoch. Schnell wollten wir durch die Personen- und Handgepäckkontrolle. Doch halt, hier ließ man sich nicht drängen. Sicherheit stand an erster Stelle. Man entdeckte ein kleines Taschenmesser im Handgepäck. Großes Palaver, die Chefin persönlich ermahnte und belehrte mich und konfiszierte das Objekt der Beanstandung. Kein Trinkgeld konnte helfen. Wir liefen durch den langen Gang, an dessen Ende unser Flugsteig sein sollte. Und dort: Nichts, kein Mensch, geschlossen. Was war los? Wir suchten hilflos und aufgeregt herum. Schließlich fragten wir einen Bediensteten, der lange brauchte, uns zu verstehen. Warten! Er verschwand, kam wieder und schob uns an den Tresen der

VIP-Lounge, wo wir freundlich zum Verweilen eingeladen wurden. Doch wir waren ungehalten, die Zeit raste davon. Wo, zu welchem Gate mussten wir gehen? Obwohl das Personal bedauerte, dafür nicht zuständig zu sein, ließ sich schließlich eine der Damen erweichen, telefonierte herum und brachte uns anschließend in die vornehme Lounge. Sie bat Platz zu nehmen und kostenlos nach Herzenslust zu essen und zu trinken. Wut und Ratlosigkeit beherrschten uns. Wir hatten es satt, wollten nur noch zu unserem Flugzeug. Endlich kam ein Bediensteter und offerierte uns, dass das Flugzeug weg sei. Morgen früh, 7.30 Uhr, fliegt die nächste Maschine. Sorry.

Ich machte aus meinem Herzen keine Mördergrube, ließ meinen Zorn, so wie es mir in den Sinn kam, in stümperhaftem Englisch auf ihn niederprasseln. Doch das prallte ab wie an einer Betonmauer. Schulterzucken, ein verzeihendes und vielsagendes Lächeln war alles, was er an Regung von sich gab. Es war zum Haare ausraufen.

Natürlich konnten wir die Nacht nicht auf dem Flugplatz verbringen, waren aber international schon ausgecheckt. Also mussten wir ordentlich mit Gepäck-, Pass- und Zollkontrolle international wieder einchecken. Das war ein mühseliges Unterfangen. Wir irrten und suchten, bis wir jeweils den richtigen Weg fanden. Diese phlegmatischen Beamten! Da war es, das typische Afrika. Wir hatten es gefunden. Aber dafür einen Tag verloren. Das ging ja gut los, fluchte ich in mich hinein.

Gegen 18 Uhr standen wir an der gleichen Stelle, an der um 14 Uhr alles angefangen hatte. Wir landeten bei einer Hostess, die für solch schwierige Fälle zuständig war und – welch eine Überraschung – umsichtig und freundlich alles Weitere für uns erledigte: Tickets umschreiben, Quartier für uns auftreiben. Der Vorschlag, in der Nähe des Flugplatzes zu übernachten und früh um 4.30 Uhr das kurze Stück zu laufen, löste bei den Angestellten heftige Diskussionen aus. Nein, das sei viel zu gefährlich, um diese Zeit dort als Weiße und mit Gepäck, da würden wir nie am Flugplatz ankommen.

So wurde eine Suite im Hotel Intercontinental im Zentrum von Kapstadt organisiert. Das war beste Adresse und alles auf Kosten der

Kapstadt, Gesamtansicht

Kapstadt, Waterfront und Tafelberg

Fluggesellschaft. Dazu stand uns während der gesamten Zeit ein Taxi zur Verfügung.

Wir erlebten einen wunderschönen Abend, genossen von unserem Zimmer im 23. Stock die herrliche Panoramaaussicht über die Stadt bis zum Tafelberg und auf den Hafen bis zur Gefangeneninsel Robben Island. Pünktlich zu halb vier wurden wir am nächsten Morgen mit einem opulenten Frühstück auf dem Zimmer verwöhnt. Das Taxi stand bereit und brachte uns zum Flugplatz.

Durch diese Entschädigung versöhnt, verließen wir mit einem herzlichen Dankeschön an die South African Airways diese traumhafte Stadt – mit dem Ziel Windhoek.

Namibia und Botswana

Zur Etosha-Pfanne

Wir hatten es eilig, in das Landesinnere zu kommen. Zuallererst zog es uns zur Etosha-Pfanne, dem großartigen Nationalpark im Norden Namibias. Die Reise war pure Faszination, vieles war anders als das Afrika, was wir bisher kennen gelernt hatten. Schon jetzt planen wir für die nächste Reise das Durchqueren Namibias vom Süden bis zum äußersten Norden.

Wir hatten einen 4x4-Van-Geländewagen angemietet, in dem wir auch schlafen konnten. Mitarbeiter der Auto-Company, die von Deutschen geführt wird, holten uns vom 40 Kilometer entfernten Flugplatz ab. Unser Auto wurde mit allem Notwendigen für längere Wüstentouren auf schwierigen Schotterpisten und für Notsituationen ausgerüstet. Kurz nach zwölf Uhr fuhren wir in Windhoek ab. Auf der B 1 ging es durch hügelige Savannenlandschaft nach Norden in Richtung Okahandja.

Wir machten eine erste Pause, durchstreiften die Kleinstadt. Hier dominierten die Herero, deren Frauen traditionell nach viktorianischer Mode in lange Kleider aus zwölf Meter Stoff gehüllt waren. Alle trugen die auffallende Kopfbedeckung mit den charakteristischen zwei Hörnern. Sie handelten, verkauften, werkelten und schwätzten entlang der Gehsteige. Okahandja war einst Königsstadt des stolzen und kriegerischen Hererostammes und später Hauptstadt des ehemaligen Herero Homelandes. Dort befinden sich die Grabstätten großer Stammesführer, wie der drei legendären Tjamnaha: Wilhelm, Samuel und Friedrich. Wir besuchten diesen Häuptlings-Friedhof, ebenso die Reste der Gebäude aus der Zeit, in der die Rheinische Mission 1840 hier ihre Tätigkeit aufnahm.

Als sie das Land kolonisierten, lieferten sich die deutschen Schutztruppen blutige Kämpfe mit den Eingeborenen. Zum Gedenken an die verheerende Schlacht am Waterberg im Jahre 1904 ehren die Herero an diesem Ort jedes Jahr am Nationalfeiertag im August sowohl die eigenen als auch die Gefallenen der Schutztruppe. Von 80 000 Hereros wurden drei Viertel durch die Deutschen niederge-

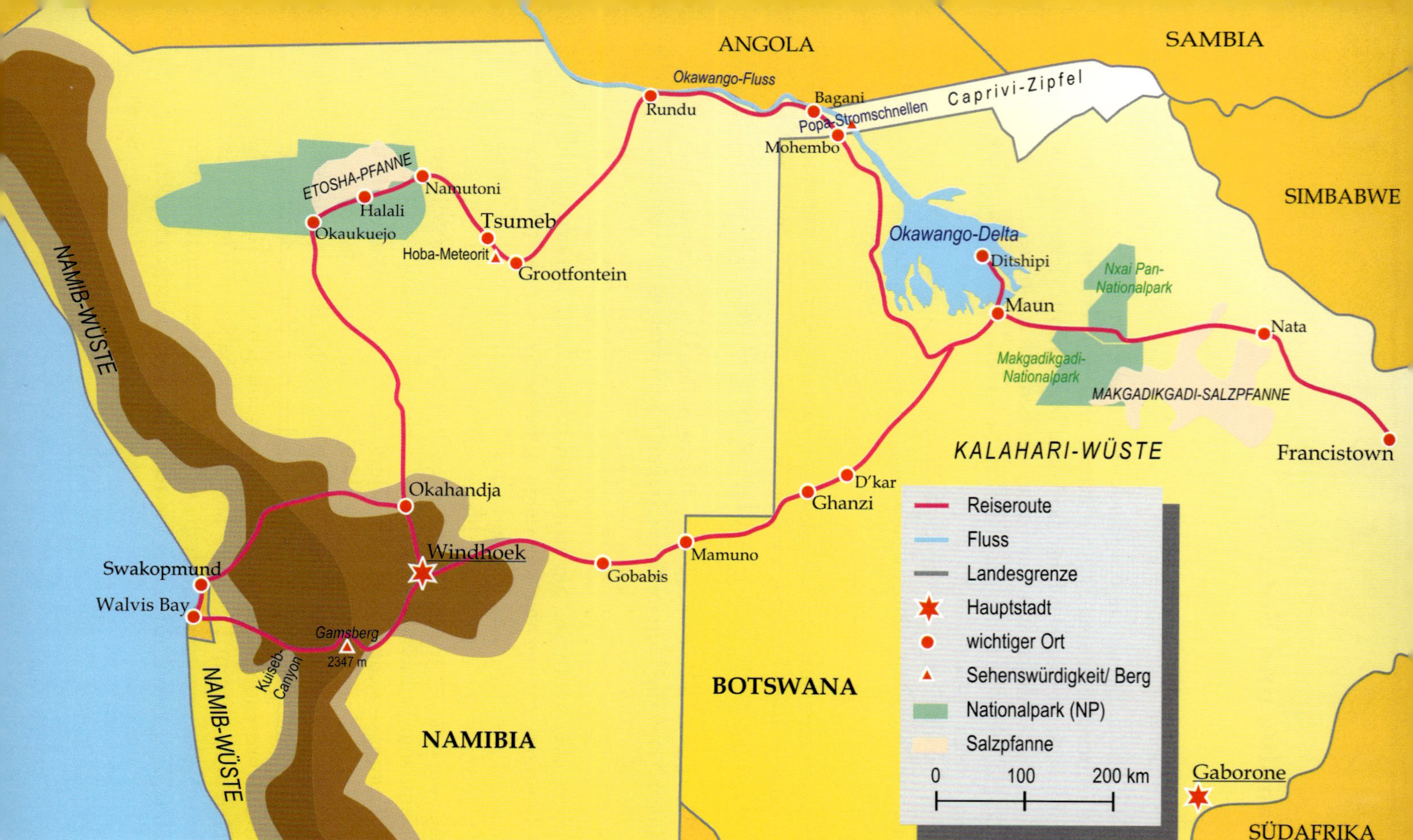

Reiseroute Namibia und Botswana

metzelt. Vorausgegangen war die verzweifelte Gegenwehr gegen die Versklavung dieser nomadisierenden Viehhirten. Entfesselt wurde die Schlacht durch den „Vernichtungsbefehl" des „großen Generals des mächtigen deutschen Kaisers", Generalleutnant L. von Trotha, der auszugsweise lautet: „Ich, der große General der deutschen Soldaten, sende diesen Brief an das Volk der Herero … Die Herero sind nicht mehr deutsche Untertanen … Das Volk der Herero muss … das Land verlassen. Wenn das Volk dies nicht tut, so werde ich es mit dem Groot Rohr (Geschütz) dazu zwingen … Innerhalb der Deutschen Grenze wird jeder Herero mit oder ohne Gewehr, mit oder ohne Vieh erschossen, ich nehme keine Weiber und Kinder mehr auf, treibe sie zu ihrem Volke zurück oder lasse auch auf sie schießen. Das sind meine Worte an das Volk der Herero." (Der Spiegel, 3/2004, S. 102)

Jetzt, anlässlich der 100. Wiederkehr des Massakers am vierten August dieses Jahres, entschuldigte sich Deutschland für diesen Völkermord. Dem war ein problematischer und völkerrechtlich komplizierter Klärungsprozess vorausgegangen.

Gefangene wurden nicht gemacht. Der überlebende Rest verdurstete auf der Flucht durch die Wüste in das östliche Betschuanaland, das heutige Botswana, oder kam in den Konzentrationslagern (!) der Deutschen um. Das war das Ende des Hererovolkes als vormals große, führende Nation. Die Deutschen kolonisierten das Land, wurden 1916 durch die Engländer besiegt. Danach verwaltete Südafrika im Namen des Völkerbundes das Land als Provinz. Erst 1990 erhielt Namibia, ein Staat mit weniger als zwei Millionen Menschen, seine Selbstständigkeit, wurde von Südafrika abgekoppelt. Heute sind weder Hass noch Aggression zu spüren. Die Verhältnisse im Land sind stabil und ruhig. Die unsäglichen Homelands gehören der Vergangenheit an.

Homelands waren in den 60er Jahren des 20. Jahrhunderts nach südafrikanischem Vorbild eingerichtet worden, in Namibia zehn, in Südafrika sechs. Die Eingeborenen, den Volksgruppen zugeordnet und nach Ethnien getrennt, bekamen Gebiete zugewiesen, mit eigener Regierung und zur selbstständigen Verwaltung. Ehemals zusammenhängende Territorien wurden zerrissen und Landstücke zersplittert, die Menschen zwangsweise umgesiedelt. Erst nach der

Unabhängigkeit, etwa ab dem Jahre 1993, wurden diese weder wirtschaftlich noch politisch lebensfähigen Homelands schrittweise aufgelöst und in die Provinzen integriert.

Die Deutschen, die sich während der Kolonialzeit in Namibia ansiedelten, brachten einen beachtlichen Fortschritt. Sie bauten Eisenbahnen, Häfen und Straßen, errichteten feste Häuser, legten Siedlungen an, gründeten Städte und Farmen. Diese Leistungen werden von den Einheimischen immer wieder hervorgehoben. Die ca. 30 000 Deutschen, die hier heute leben, fühlen sich wohl und sicher. Wir wissen von Deutschen, die sich erst in den letzten 15 Jahren hier niedergelassen haben.

Das ist durchaus nicht in allen afrikanischen Ländern so. Uns jedoch begegnete fast überall in Afrika Freundlichkeit. Hass verspürten wir nicht, obwohl die weißen Europäer diesen Völkern häufig unermessliches Elend gebracht haben, durch hemmungslose Kolonisierung, Ausbeutung der Bodenschätze und der Natur, Unterdrückung der Menschen, Ausrottung und Versklavung der „Wilden", Zerstörung traditioneller Kulturen.

Uns trieb es weiter. Nach einer kurzen Rast in Otjiwarongo fuhren wir auf der C 38 durch Outjo. Beide sind kleine, von Herero dominierte Städte. Waterberg, Brandberge, Kaokoveld, Skelettküste, das östliche Savannen- und Wüstengebiet, das nordwestliche Ovamboland und den Besuch bei den z. T. noch nomadisierenden, traditionell lebenden Himba hoben wir uns für die nächste Reise auf.

Gegen sechs Uhr abends brach schnell die Dunkelheit herein. Uns war dringend angeraten worden, nicht bei Nacht zu fahren. Wie wertvoll dieser Rat war, begriffen wir in den nächsten Tagen. Bei fünf Unfällen, die wir sahen, hatte es böse Crashs gegeben. Autos waren in der Dunkelheit mit Rindern oder Wildtieren zusammengestoßen. Da lag auf der einen Seite der Straße das getötete Zebra, auf der anderen Seite der Kleinlaster mit Totalschaden im Graben. Im Caprivi-Zipfel sahen wir eines Morgens einen stark beschädigten Rover, hinter dem ein totes Rind lag. Als wir uns näherten, kroch ein Schwarzer mit zertrümmertem Bein aus dem Auto. Eine junge Frau winkte uns heran. In der Nacht zuvor waren sie frontal mit dem Rind zusammengeprallt, hatten die ganze Zeit frierend im lädierten Fahrerhaus verbracht. Wir halfen, so gut wir konnten. Während er im Auto blieb, nahmen wir die junge Frau, seine Nichte, mit zu ihrer Familie, die in Bagani, einer größeren Siedlung, lebte. Auch später haben wir die Warnung einige Male in den Wind geschlagen, um nicht unterwegs in unsicheren Gegenden übernachten zu müssen. Gerade in der Dunkelheit sind viele Tiere aktiv. Plötzlich traten sie aus der Finsternis heraus und standen vor uns. Trotz angespannter Beobachtung hatten wir vorher nichts erkennen können. Nur sofortiges Reagieren rettete uns dann.

Da wir an diesem Tag noch unbedingt den Eingang zur Etosha-Pfanne, das Gate beim Camp Okaukuejo erreichen wollten, fuhren wir trotz der Warnungen in der Finsternis weiter, vorsichtig, aber immerhin mit 80 km/h. Als es völlig dunkel war, zeigten zahlreiche Feuer links und rechts der Straße an, dass hier Menschen wohnten. Jede Familie hütet ihr Feuer vor der Hütte. Es ist ihnen heilig, dient zum Kochen, in der Nacht zum Wärmen und zum Schutz vor wilden Tieren.

Ab und an sahen wir auf der Straße Eingeborene in der typischen afrikanischen Gangart, stolz, aufrecht, gemächlich dahinschreiten. Meistens konnten wir sie rechtzeitig entdecken und ausweichen. Doch urplötzlich tauchte ein halbwüchsiger Junge aus der Finsternis vor unserem Auto auf, die Straße im Laufschritt überquerend. Hannelore schrie auf, ich trat auf die Bremse, riss gleichzeitig das Lenkrad herum. Nur um Haaresbreite schrammten wir an ihm vorbei, landeten mit beängstigend klopfenden Herzen und zitternden Knien im Graben. Der Junge stand erschrocken, schnell atmend, schweigend und mit gesenktem Kopf vor uns. Weil er uns nur verständnislos anschaute, als wir englisch auf ihn einredeten, streichelten und tasteten wir ihn ab. Er konnte alles bewegen, keine Schramme war zu sehen. Welch ein riesiges Glück hatten wir gehabt, nichts war passiert. Anderenfalls wäre die Katastrophe perfekt gewesen, wir wären sicherlich nicht ungeschoren davongekommen. Hannelore gab ihm Kaugummi und schon war er in der Finsternis verschwunden.

Mit einiger Mühe holten wir das unversehrte Auto aus dem Graben. Da alles ruhig blieb, fuhren wir schließlich noch vorsichtiger als vorher weiter. Dann sahen wir rechts vor uns ein großes Feuer.

Bäume und Büsche brannten in dieser winterlichen Trockenheit lichterloh. Menschen rannten wild gestikulierend umher. Ganz in der Nähe standen Hütten. Obwohl eigentlich davon abgeraten wurde, hielten wir an, fragten, ob wir helfen könnten. Sie schüttelten den Kopf und bedankten sich, schienen hilflos zu sein, warteten einfach bis das Feuer vorbeigezogen war. Dass ein Teil der Hütten abbrannte, nahmen sie wohl als unvermeidliches Schicksal hin.

Endlich waren wir am Eingangstor zum Etosha-Nationalpark angelangt. Nachts blieb es geschlossen. Wir stellten unser Auto im Parkbereich ab, waren völlig allein. Der wunderbare sternenübersäte Nachthimmel fesselte unsere Blicke und Gedanken. Ein berauschendes Glücksgefühl durchströmte uns. Wir waren angekommen in der Wildnis Afrikas, in dieser gewaltigen Salzpfanne, einem Naturjuwel mit einer erstaunlichen Vielfalt an wilden Tieren.

Schon vor Sonnenaufgang waren wir wieder auf den Beinen. Gleich um sechs Uhr, wenn das Tor geöffnet wurde, wollten wir auf Safari gehen. Aber noch war alles still, kein Mensch zu sehen. Na klar, das war eben Afrika. Nach halb sieben Uhr bemerkten wir in der Morgendämmerung endlich die ersten Bewegungen. Ein Mann schlenderte gemächlich heran, ließ uns in den Park hinein, nachdem wir den Eintritt einschließlich der Campgebühren für unseren Aufenthalt im Park entrichtet und die Parkregeln studiert hatten. Wir fuhren noch etwa 20 Kilometer durch eine Busch- und Baumsavanne bis zum Hauptcamp Okaukuejo. Hier befanden sich die Parkverwaltung, ein Besucherzentrum und ein ökologisches Forschungszentrum. An einem großen Wasserloch konnte man Tag und Nacht die Tiere beobachten.

Für den Ethosha-Nationalpark gab es zwar eine detaillierte Karte, aber keine geführten Touren, sodass wir ganz auf uns allein gestellt waren. Deshalb war unser oberstes Gebot: Alle Hinweise beachten und die Regeln strikt befolgen. Der ebenso sensiblen wie gefahrvollen Natur hatten wir mit Respekt und Vorsicht zu begegnen.

Inmitten von Elefanten und Nashörnern

Vier Tage lang durchzogen wir kreuz und quer den etwa 20 000 km^2 großen Nationalpark. Wir fuhren von Wasserloch zu Wasserloch, entlang der und durch die ca. 5 500 km^2 große, völlig ausgetrocknete Salzsenke. Dicht am Ufer war eine Giraffe gerissen worden. Sie bot Nahrung für viele Tiere. Jetzt waren die Schakale dabei, sich ihren Teil zu holen. Die Geier hüpften herum, versuchten, Happen zu ergattern und warteten, bis sie als nächste an der Reihe waren, um als Umweltpolizei die Reste wegzuputzen.

Wir bestaunten das Gebiet mit den seltenen Moringa-Bäumen, auch liebevoll Märchenwald genannt. Moringas sind Meerrettich-Gewächse mit dicken, flaschenförmigen Stämmen, die in ihren Formen Märchengestalten ähneln. Ihre großen, dreifach gegliederten Blätter werfen sie nach Art der Laubbäume ab. Aus der Rinde kann man Senfölsubstanzen gewinnen.

Wir besuchten das Wasserloch Gemsbokvlakte und mehrmals Olifantsbad. An diesem großen Pool sahen wir eines Morgens zwei Löwenbrüder am Wasser liegen. Sie mussten eine gute Mahlzeit gehabt haben, dösten vor sich hin und ließen sich durch nichts stören. So vollgefressen, schienen sie für die in mehreren Herden herumstehenden Zebras, Impalas, Antilopen und Steinböcke keine Gefahr zu sein, ebenso wenig wie für die Giraffen, die wir sahen. Es war ein einziges Kommen und Gehen, alle zog es zur Tränke.

Als wir am späten Vormittag noch einmal zurückkamen, herrschte dort Leben wie auf einem großen Marktplatz. Die heiß begehrte Ware hieß „Wasser“ war rar und kostbar, nötig für jeden, und nur hier erhältlich. Elefanten beherrschten die Szene. Wie zu einem Sternentreffen kamen die Familien aus allen vier Himmelsrichtungen. Auf den ausgetretenen Trampelpfaden, die von ihren Exkrementen und abgerissenen Akazienzweigen markiert waren, liefen sie gleich einer Perlenkette auf das Wasserloch zu. Zielstrebig und ohne Hast gingen sie zu einem bestimmten Uferplatz, tranken ausgiebig, warteten, bis alle fertig waren. Manchmal war es so voll und eng, dass sie in Bedrängnis gerieten und sich ihren Platz erstreiten mussten. Aber immer schubsten sie die Jungen in ihrer Mitte liebevoll an eine geeignete Stelle zum Saufen. Die anderen Tiere

Gerissene Giraffe, Festschmaus für Schakale und Geier

Moringa-Bäume, „Märchenwald“

Elefantenherde am Wasserloch

Am Olifantsbad, satte Löwen

Aus allen Richtungen kommen sie

und stillen ihren Durst

Gerangel der Jungtiere

Dicht um uns gedrängt – Elefanten

Der Truck rettet uns aus der Gefahr

drängelten sich irgendwie dazwischen, um ein freies Plätzchen am Wasser zu finden.

Hatten sich alle sattgetrunken, blies die Leitkuh zum Abmarsch und sie zogen in Reihe auf ihren Pfaden ab.

Das Wasserloch lag auf einem breiten, felsigen Hügel inmitten einer größeren Lichtung. Die Bäume und Büsche waren bis auf Reste niedergewalzt. Auf einem steinigen Weg fuhren wir ziemlich dicht heran und sahen zunächst nicht viel. Dann war es plötzlich zu spät, wir standen mitten in den Elefantenherden, und die Kolosse kamen uns beängstigend nahe. Wir wurden ebenso unruhig wie die Tiere, doch es gab keine Chance wegzukommen, die grauen Riesen umringten uns. Wir hatten einen Fehler gemacht, waren zu unvorsichtig gewesen, jetzt galt es nur noch, in absoluter Ruhe abzuwarten. Kritisch konnte es werden, wenn sie uns angriffen. Ständig kamen neue hinzu, während andere abzogen, alles walkte zum Anfassen nahe an uns vorbei. Zu allem Überfluss kam in einer Herde auch noch eine Reihe halbwüchsiger Tiere mit. Sie rangelten übermütig, erprobten ihre Kräfte. Sie stießen hart zusammen, setzten ihre Rüssel ein, versuchten mit den Stoßzähnen einander nieder zu ringen. Schön zu sehen. Doch uns saß die pure Angst im Nacken. Diese massigen Riesen tobten direkt um uns herum. Es war leicht möglich, dass sie uns bei ihrem schlechten Sehvermögen mit ihresgleichen verwechselten oder wir ihnen gefährlich erschienen und sie uns angreifen würden. Meine Gedanken überschlugen sich. Ich war wütend über meine Unvernunft und fühlte mich vollkommen hilflos. Aussteigen war unmöglich, lebensgefährlich. Wir zwangen uns zur Ruhe, verhielten uns absolut still und ließen den Dingen ihren Lauf. Würde das Unheil geschehen?

Da sahen wir von unten ein großes Lastauto kommen, auf dessen Aufsitzer eine Touristengruppe saß. Das Auto holperte langsam auf uns zu, fuhr einfach um die Tiere herum, nötigte dabei das eine oder andere, beiseite zu treten. Nicht zu fassen – es folgten weder Angriff noch Gegenwehr. Dieses Ungetüm flößte wohl selbst den Elefanten Respekt ein. Der Truck fuhr an uns vorbei, wendete, hielt für das obligatorische Foto an und bewegte sich schließlich langsam zwischen den Elefantenleibern hindurch wieder nach unten. Als wir sahen, dass nichts passierte, ließ ich den Motor an, bediente die

Gangschaltung vorsichtig, um kein Tier zu erschrecken und folgte dem Touristenauto dicht auf. Mein einziger Gedanke war, nur keinen Platz für Elefanten zwischen uns zu lassen. Krampfhaft und schweißgebadet hielt ich das Steuer fest. Fast automatisch arbeiteten die Beine an Gas und Bremse. Im Schneckentempo, sorgenvoll nach links und rechts spähend, schlichen wir den Hügel hinab. Unten kreuzte nochmals eine Herde den Weg. Sie kam gerade vom Wasserloch, die lange Reihe bewegte sich in den Akazienwald. Dann endlich verbreiterte sich der Weg, die Wildpfade wurden unauffälliger. Anhalten, durchatmen, zur Besinnung kommen. Langsam ließ die Spannung nach. Wir nahmen uns vor, künftig vorsichtiger zu sein.

Abends, bis in die Nacht saßen wir an den großen Wasserlöchern in den Camps. Jetzt, im trockenen Winter, kamen die Tiere zum Teil von weit her. Alle müssen trinken: Elefanten, Löwen, Leoparden, Giraffen, Zebras, Strauße, Gnus, verschiedene Antilopenarten wie Oryx- und Elen-Antilopen, Impalas, Kudus, Springböcke, Dikdiks und unzählig weiteres Wild. Rund 350 Vogelarten, vielerlei Reptilien und Kleingetier sind hier zu Hause.

Und der besondere Reiz: Hier leben die von Ausrottung bedrohten Nashörner, insbesondere die Breitmaulnashörner, in bemerkenswerter Anzahl. Im Osten Afrikas, in Tansania und Kenia, ist die Zahl dieser urtümlichen Tiere noch wesentlich stärker dezimiert. Wir haben eine ganze Reihe dieser Kolosse, Relikte aus der Saurierzeit, in der Etosha-Pfanne beobachtet. Bis zu vier Tonnen Gewicht tragen sie mit sich herum. Sie wirken so hilflos und liebenswert tollpatschig, können aber sehr schnell aggressiv werden, wenn sie sich bedroht fühlen.

Am Halali-Wasserloch stillte eine kleinere Herde Elefanten ihren Durst. Plötzlich kam ein Nashorn aus dem Busch. Sofort reagierte ein Weibchen. Sie stapfte in Richtung des Nashorns, stellte sich drohend vor ihm auf, wackelte mit den Ohren und trompetete den Rüssel schwenkend. Das Nashorn stob davon, hatte aber Durst und kam nach kurzer Zeit ganz vorsichtig von der anderen Seite wieder aus den Büschen. Es umging die Herde, lief zum Wasser und soff. Noch ehe der Elefant es mitbekam, war das Nashorn erneut verschwunden, blieb im Wald, bis die Elefanten weg waren. Von links kam ein weiteres Nashorn aus dem Busch. Es witterte, sah seinen Artgenossen. Beide nahmen Maß, liefen aufeinander zu und das Gerangel begann. Offenbar war es ein Weibchen. Sie tänzelte leichtfüßig herum. Er lief hinter ihr her, attackierte sie. Sie trottete quer über unsere Open-Air-Bühne und verschwand im Busch, das Männchen, am Hinterteil schnüffelnd, hinterher. Weiter hinten kamen sie wieder in unser Blickfeld. Er folgte ihr dicht auf den Fersen. Es war richtig zu sehen, wie es ihn erwischt hatte. Ihr schien es zu gefallen. Sie bewegte sich zum Wasser und trank. Er tat es unmittelbar neben ihr nach. Wieder und immer wieder vollzog sich dieses Spiel vor unseren Augen. Manchmal glaubten wir schon, jetzt ist es soweit, doch dann drehte das Weibchen ab und das Liebeswerben begann von vorn. Über eine Stunde spannten die beiden uns bereits auf die Folter. Als sie für längere Zeit im Busch verschwunden blieben, wollten wir schon aufgeben.

Doch der Vorhang öffnete sich erneut, ein drittes Nashorn trat aus der Dunkelheit, schritt zum Wasserloch und trank. Und dann dies: Die beiden Hoffnungsträger der Liebe erschienen aus dem Busch und blieben stehen, als sie das einzelne Nashorn sahen. Unsere Spannung stieg. Das war ein Rivale! Er beobachtete, nahm Maß. Und schon rannten die beiden Männchen aufeinander zu, stießen mit den Hörnern und Köpfen aneinander, ein ernsthafter und langer Kampf um das Weibchen begann. Dieses hielt sich zurück, tänzelte mal näher zum einen, dann zum anderen. Die beiden setzten vor allem ihr Vorderhorn als Waffe ein und versuchten, dem Gegner mit aller Wucht Stöße von unten zu versetzen. Da ging es ernsthaft zur Sache. Beide waren ausgewachsen, gleich stark und geschickt. Keiner gab nach.

Der Kampf wogte hin und her, die Zeit verrann. Plötzlich war Ruhe, als sei nichts geschehen. Während der eine abdrehte, eine Runde durch den Busch lief, trödelte der andere herum und schluckte Wasser. Dann ging es wieder von vorn los. Allmählich ließen die Kräfte jedoch nach und die Pausen wurden länger. Das Weibchen näherte sich dem einen Männchen und beide, sie voran, verschwanden für kurze Zeit im Busch. Als sie zurückkamen, begann das Machtgerangel von vorn. Offensichtlich hatte sich das andere Männchen einen leichten Vorteil erkämpft, denn das Weib-

Am Halali-Wasserloch, Elefantenherde

Im Hintergrund Nashorn in Richtung Tränke

Es nähert sich …

Sofort greift ein Elefant an, es weicht zurück

Kurze Zeit später: Da ist es wieder,

umgeht Herde bis zu freier Wasserstelle, trinkt

chen wendete sich nun diesem zu. Je nach Kampfstand war mal der eine, dann wieder der andere ihr Favorit.

Es war schon nach Mitternacht. Doch wir harrten aus, mussten dieses, nur dreißig Meter von uns entfernte spektakuläre Schauspiel bis zum Ende sehen. Das Weibchen konnte sich scheinbar nicht entscheiden. Als es schließlich wieder einmal dem einen hingebungsvoll entgegentänzelte, wurde es dem Verschmähten wohl zu bunt. Mit einer energischen Wendung drehte er den beiden den Rücken zu, trat in aller Seelenruhe nochmals an das Wasserloch und verschwand im Gebüsch, nur noch trotzig die Hinterfront zeigend. Die verbliebenen zwei näherten sich einander. Während sie um ihn herum schwänzelte, spreizte er sich siegestrunken und liebestoll. Für das Beschnuppern und Berühren ließen sie sich viel Zeit, zogen anschließend, sie wieder voran, zu ihrem intimen Ritual in den Busch und entschwanden endgültig unseren Blicken.

Dieses seltene Schauspiel hat sich uns tief eingeprägt. Wir haben die Bilder ganz deutlich vor unseren Augen. Und das ist auch gut so, denn das einzige Mal während der ganzen Reise gelangen die Fotos nicht. Die Nacht hatte die Szenerie und ihre Akteure trotz Blitz und etwas Lampenlicht regelrecht verschluckt.

In der Nähe des Wasserloches Springbokfontein beobachteten wir Zebras beim Baden in einem Kalkloch. Da kam ein stattliches Nashorn aus der Grassavanne direkt auf uns zu. Wir stoppten sofort. Es lief schnurstracks an uns vorbei, geradewegs auf die in der Nähe grasenden Gnus, Zebras und Impalas zu. Als das Nashorn diese Ansammlung bemerkte, stutzte es für einen Moment, ebenso die Herdentiere. Dann stürmten die Zebras und Impalas davon, während die Gnus sich versteiften und das Nashorn angriffslustig anstierten. Als es weiterlief, um an ihnen vorbei zu kommen, setzten sie zum Sturm an, rannten direkt auf das Nashorn zu, das Gehörn kampfbereit nach vorn gereckt. Und, was wir nicht erwartet hatten: Als das Nashorn diese Übermacht erkannte, drehte es sich ruckartig um und lief, trotz seiner Massen und der kurzen, aber gelenkigen Beine, mit einer erstaunlichen Leichtfüßigkeit zurück – zu unserem Entsetzen direkt auf uns zu. Zum Umdrehen war es für uns zu spät und Weiterfahren ging auch nicht, denn von dort kam es angedonnert. So ein massiges Tier kann beträchtliches Unheil anrichten und ein

Auto leicht bis zur Schrottreife demolieren. Mir wurde heiß, mein Puls raste. „Mach doch was!“, schrie Hannelore. „Was bloß?“, rief ich zurück.

Da tauchten plötzlich auf der entgegengesetzten Seite des Weges zwei Fahrzeuge auf und stoppten. Das Nashorn kam heran, raste weiter, auf die anderen Autos zu – jetzt, jetzt passiert es … Nein, doch nicht! Gefährlich nah lief es hinter den Autos vorbei und nahm Reißaus, zurück ins Gras, wo es hergekommen war. Mit Tempo flüchtete es, mehr als einen Kilometer noch sichtbar, bis es in den Akazienbüschen verschwand. „Das war aber knapp“, meinte Hannelore, nachdem wir uns beruhigt hatten.

Ganz in der Nähe suhlte sich eine Herde Zebras in einem Schlammrestloch. Die Tiere sahen aus, als hätten sie einen dauerhaften Kalkanstrich erhalten.

Auf der Fahrt zum Camp Namutoni entdeckten wir am mit Gras bewachsenen Wegrand eine selten zu beobachtende Falbkatze. Wir waren entzückt. Welch ein schönes Tier. Sie war schlank mit gelblich-brauner Zeichnung, dunklen Flecken und buschigem Schwanz. Ihre bevorzugte Nahrung sind Schlangen. Sie zählt als nachtaktive Wildkatze zu den „Phantomen“ und gilt als Vorfahre unserer heutigen Hauskatze. Vorsichtig hielten wir an, waren mäuschenstill. Sie ließ sich nicht stören, schlich weiter auf leisen Sohlen durch das Gras, fixierte angespannt. Dann schnellte sie urplötzlich vor und packte eine etwa 20 Zentimeter lange Schlange fest im Nacken. Die zappelte und wand sich, doch die Katze hielt sie fest im Biss, bis das Opfer ruhiger wurde. Dann sahen wir sie genüsslich die Beute verschlingen.

Erneut beobachteten wir, wie eine gerissene Giraffe nach und nach verspeist wurde. Löwen, Hyänen, Schakale, Geier – in dieser Reihenfolge – holten sich alle ihren Anteil. Nur wenige Knochenreste blieben übrig, von denen wir ein größeres Stück mit nach Hause bringen konnten.

An den großen, dezent beleuchteten Wasserlöchern bei den Camps blieben wir bis in den frühen Morgen hinein sitzen. Wir beobachteten eine Vielzahl von Tieren, die hier zur Tränke kamen, ohne sich durch das Licht stören zu lassen. Bereits nachmittags trieben sich Zebras, Springböcke, Impalas und Giraffen in mehr oder

Im ausgetrockneten Etosha-Salzsee

Zebras baden im Kalkschlamm,

bis zum Bauch „eingekälkt“

Ohne Scheu ziehen sie vorbei

Von rechts naht ein Nashorn,

rennt dicht vor uns über den Weg

Vor den Zebras macht es halt,

Gnus gehen zum Angriff über

Dicht hinter dem Auto flüchtet es

zurück, rennt und

rennt bis in den Busch zurück

Falbkatze, fängt, kaut und verspeist Schlange

weniger großen Gruppen hier herum. Schakale, immer einzeln, bewegten sich ängstlich und schreckhaft zum Wasser, nahmen einige Schlucke und eilten davon. Was für ein grandioses Schauspiel! Die Tiere tauchten, von weit hinten kommend, zwischen Bäumen, Gras und Felsbrocken auf. Sie tranken sich satt und verschwanden, ohne an diesem belebten und für sie gefährlichen Ort länger zu verweilen.

Am späten Nachmittag kamen die ersten Elefantenfamilien heran, würdevoll hintereinander, voran die Leitkuh, die Jungen dazwischen, in ruhigem Schritt, majestätisch, schweigsam, einer Armee gleich. Ich erschauerte vor der gewaltigen Masse, die sich durch nichts aufhalten ließ. Am Wasserloch verteilten sie sich. Während einige tranken, verhielten sich andere abwartend. Die unerfahrenen jungen Tiere wurden an eine flache Stelle geschubst und mit dem Rüssel oder Fuß zurechtgerückt, damit sie saufen konnten, ohne von dem abschüssigen steinigen Ufer ins Wasser zu plumpsen. Nachdem sich alle satt getrunken hatten, zogen sie auf dem gleichen Weg zurück. Die Leitkuh stellte sich nach vorn, winkte mit ihrem Rüssel zum Sammeln, trampelte und trompetete mehrmals und gab zu verstehen: Es ist Zeit, ihr Säumigen, beeilt euch, nun geht es weiter. Sie marschierte los, sodass schließlich auch die noch an der Wasserstelle verbliebenen Tiere folgten.

Die Dunkelheit brach schnell herein, und je später es wurde, umso mehr nachtaktive Tiere, die Jäger, betraten das Amphitheater. Eine Weile wurde die Szene durch eine Löwengruppe beherrscht. Dann erschien ein Leopard, der sich, abgeduckt hinter einem Felsen, schnell satt trank und lautlos wieder von dannen schlich. Er musste sich wohl noch sein nächtliches Fressen erjagen. Hyänen tauchten in Gruppen auf, ständig horchend und beobachtend, manchmal kichernd. Wir konnten erkennen, wie sie sich verständigten und entlang des halbrunden Ufers strategisch geschickt verteilten. Auch sie zogen schnell weiter, ihre Kinder warteten wohl in der Stammhöhle auf Futter. Noch eine ganze Weile hörten wir ab und zu ihr gackerndes Gelächter.

Als eine weitere große Herde Elefanten an der Tränke erschien, bot sich uns ein unvergleichliches Schauspiel. Ein Männchen und ein Weibchen begannen zu flirten. Er stand vor ihr mit den Füßen im Wasser und trank. Prahlerisch, genüsslich langsam und laut gurgelnd, zog er den Rüssel voll Wasser, steckte ihn ins Maul und ließ das Wasser glucksend hineinlaufen. Dieses Imponiergehabe hielt fast eine Stunde an. Zwischendurch schlenkerte er mit seinem Rüssel herum, hob ihn, wie eine Trompete geformt, hoch über den Kopf. Dann spritzte er schelmisch Wasser zu ihr. Sie reagierte in der gewohnten ruhigen Elefantenart, indem sie mit einem Fuß ins Wasser patschte. Er machte es ihr nach und ging näher heran. Darauf hatte sie wohl gewartet. Sie berührten sich mit den Rüsseln, tasteten sich ab, er versuchte, ihn in ihr Maul zu stecken. Sie streichelten sich ausgiebig und stießen sich gegenseitig immer wieder mit dem Fuß an. Als die Leitkuh zum Abmarsch blies, ließen sie sich überhaupt nicht stören. Sie hatten anderes vor, betörten sich weiter, bis die Herde verschwunden war. Erst dann bewegten sie sich, aneinander geschmiegt, in der gleichen Richtung langsam davon, um endlich ihre Leidenschaft ungestört ausleben zu können.

Das Camp Halali lag jeweils 70 bis 75 Kilometer entfernt in der Mitte zwischen Okaukuejo und Namutoni und war als einzige Stelle im Park von einigen Hügeln umgeben. Auf einem von ihnen hatte die deutsche Schutztruppe vor hundert Jahren die erste Heliographenstation errichtet. Von dort wurden mit Hilfe von Spiegeln und Sonnenreflexen Informationen in die beiden Orte gesandt, was zeitweise gut funktioniert haben soll.

Namutoni, unsere letzte Station in Etosha, war ebenso wie Okaukuejo vor hundert Jahren ein Kontrollposten in einem Sperrgebiet gewesen, das die Ausbreitung der 1886 grassierenden Rinderpest verhindern sollte. 1903 bauten die Deutschen hier ihr nördlichstes Fort. 1904 griffen Ovambo die Festung an. Nach vierstündigem Kampf zogen sie sich zurück. Obwohl die sieben deutschen Kämpfer flüchteten, sind sie als heldenhafte Verteidiger in die Geschichte eingegangen, wie die Tafel am Eingangstor hervorhebt.

Camp Namutoni, ehemaliges Deutsches Fort

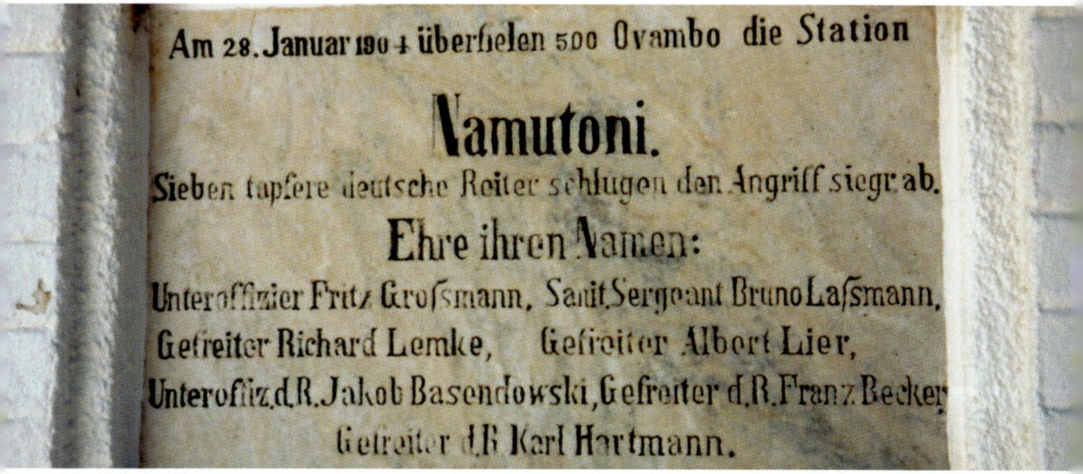

Tafel am Eingangstor, umstrittenes Heldentum

Das Wasserloch Namutoni – ein Paradies für Herdentiere

Unterwegs ins Okawango-Delta

Unsere erste Rast nach Verlassen der Etosha-Pfanne gönnten wir uns in Tsumeb, der ehemals wichtigsten Bergbaustadt des Landes. Hier wurden Kupfer, Blei, Zink, Silber, Cadmium und Germanium abgebaut. Tsumeb war ein Eldorado für Steinsammler aus der ganzen Welt. Mehr als 250 Mineralien wurden hier gefunden. Mit der Flutung der Stollen 1997 fand die Bergbautradition ihr Ende. Heute verarbeiten die Hütten Kupfererz aus umliegenden Lagerstätten.

In einem liebevoll gestalteten Museum sahen wir uns Technik aus der deutschen Kolonialzeit an. In der Hauptstraße gab es Geschäfte aller Art. Viele von ihnen tragen noch heute deutsche Namen und werden von Nachkommen der weißen Einwanderer geführt.

Unser nächstes Ziel war das Hoba-Farmgelände. Dort liegt der größte Metallmeteorit der Welt, für mich ein Muss, ihn zu berühren. Der Ort ist nur über Schotterwege, so genannte Pads zu erreichen. Wir fuhren durch meist eingezäuntes, bergiges und fruchtbares Farmland, vorbei an einigen Gehöften, manchmal sogar direkt hindurch. Dann lag der Meteorit vor uns – ein respekteinflößender kubischer Klotz aus kompaktem blanken Metall, ungefähr drei mal drei Meter im Ausmaß. Acht Meter tief hatte er sich in die Erde hineingebohrt. Jetzt ist er etwa einen Meter vom Erdreich freigelegt. Erstaunlich, dass so ein Block ohne zu verglühen oder zu zerplatzen auf die Erde niederprasseln konnte. Meist sind diese Brocken durch Zersprengung großer Meteoriten entstanden. Was sind schon 55 Tonnen im Maßstab des Weltalls.

Einige Stellen waren metallisch blank und glänzend. Es war zu sehen, wo Säge, Feile oder Bohrer angesetzt worden waren, um vielleicht Proben zu entnehmen oder ein Souvenir abzutrennen. Ansonsten hatte die Oberfläche einen Überzug in der typisch bräunlich-blau bis schwärzlichen Anlauffärbung durch Hitze und Oxidation. Es war keine Spur einer Erosion zu erkennen. Mit 93 Prozent Eisen, sieben Prozent Nickel, Spuren von Kobalt, Kupfer, Chrom und seltenen Metallen weist er die typische Zusammensetzung eines Meteoriten auf. Nachdem er 1920 zufällig beim Pflügen entdeckt und untersucht wurde, war man überzeugt, ein ganz seltenes Exemplar aus der Galaxis gefunden zu haben. Sein Alter wird auf 300 Millionen Jahre geschätzt, vor etwa 80 000 Jahren soll er auf die Erde niedergegangen sein.

Ehrfurchtsvoll näherten wir uns diesem grandiosen Brocken aus dem All, der wie durch ein Wunder hierher gelangt zu sein schien. Da lag er einfach so, ein dahingeworfenes Stück Metall bekannter irdischer Struktur und doch aus den unendlichen Sphären des Himmels. Hatte er uns mehr zu sagen, enthielt er eine Botschaft? Woher stammte er, warum war er gerade hierher gekommen?

Diese Gegend ist auch sonst mit Signalen aus dem All gesegnet. Schätzungsweise 20 000 bis 40 000 Meteoriten sollen hier zu finden sein. In einem Buch, das sich mit der Kolonialzeit Namibias beschäftigt, entdeckte ich eine in dieser Gegend aufgenommene Fotografie aus dem Jahre 1911, auf der deutlich der Schweif des Halleyschen Kometen zu erkennen ist. („Erinnerungen von Soldaten der kaiserlichen Schutztruppe in Südwestafrika von 1895 bis 1919", S. 40, Gamsberg Macmillan und Publishers, Windhoek 2002)

Wir fuhren weiter über Grootfontein und die solide Asphaltstraße B 8 bis Rundu. Wieder war es längst stockdunkel geworden bevor wir ankamen. Nach langem Suchen fanden wir dicht am Okawango-Fluss endlich ein nettes Gasthaus. Wir waren da, am Beginn des Caprivi-Zipfels, einem exakt einunddreißig Kilometer breiten und einige hundert Kilometer langen Landstreifen in östlicher Richtung. Er liegt zwischen den Ländern Angola, Botswana, Simbabwe und Sambia und reicht bis zum Sambesi, bis kurz vor die Victoriafälle.

Dieser Streifen war auf der so genannten Helgoland-Sansibar-Konferenz in Berlin im Jahre 1890 willkürlich durch die Kolonialmächte England und Deutschland festgelegt worden. Damit wollte sich Deutschland einen Korridor schaffen, um von Südwestafrika aus tiefer in den afrikanischen Kontinent einzudringen und eine Verbindung zu seiner Kolonie Deutsch-Ostafrika, heute Tansania, an der Ostküste herzustellen. Das war jedoch reines Wunschdenken im Kampf um Machtpositionen der aufstrebenden Kolonialmacht Deutschland, denn das riesige Gebiet dazwischen war damals noch weitgehend „terra inkognita".

Tsumeb, ehemaliges Bergbau- und Mineralieneldorado

Tsumeb, häufiges Bild in der Stadt

Hoba-Meteorit

Wir freuten uns, endlich am Okawango – unserem Schicksalsfluss – zu sein, der hier die Grenze zu Angola bildet. Auf einer wunderschönen Fahrt durch Buschland folgten wir dem breiten und wasserreichen Strom, vorbei an malerischen Dörfern. Am flachen Ufer herrschte vielfältiges Treiben: waschende Frauen, weidende Rinder- und Ziegenherden, spielende Kinder. Überall standen die typischen Rundhütten aus Lehm und Schilf oder Gras, bei einer anderen Volksgruppe auch in Rechteckform. Zum Schutz der Tiere waren sie meistens von einem Kral aus Dornengestrüpp umgeben. Vor jedem Gehöft brannte ein Feuer, vor dem sich das häusliche Leben abspielte. Dies war der unangefochtene Bereich der Frauen. Ringsherum tummelten sich kleine Kinder, während die halbwüchsigen Jungen die Herden hüteten und die Mädchen Bündel mit Holz oder Gefäße mit Flusswasser nach Hause schleppten. Zahlreiche halbwilde Esel liefen in dieser fruchtbaren Gegend mit saftigem Gras und voller Schatten spendender Büsche herum.

Ein letztes Mal in Namibia gab es eine Rast im Naturschutzgebiet der Popa-Stromschnellen. Völlig allein unternahmen wir eine Safari ins Unbekannte über die dahinplätschernden Wasserläufe inmitten eines dichten Regenwaldes. Hier war der Fluss zerfasert, zerteilt in viele schmale Kanäle und Rinnsale. Palmen, Akazien, vielerlei Gewächse und Sträucher empfingen uns. Myriaden von Insekten schwirrten umher. Hannelore mahnte zur Vorsicht. Hier gab es Krokodile, giftige Schlangen und Spinnen in Massen. Wir schlugen uns durch das dichte Grün, hüpften über die Wasserläufe, bis wir nach einer ausgiebigen Wanderung durch das Dickicht wieder an unserem Auto angelangt waren. Dann setzten wir den Weg nach Süden fort. Die Asphaltstraße verkümmerte allmählich zu einem holprigen Schotterweg.

Der Grenzübertritt nach Botswana verlief ohne Probleme. Bei der Einreise in Mohembo ging es afrikanisch freundlich und gelassen zu. Mit dem namibischen Auto gab es keinerlei Schwierigkeiten. Nachdem wir die Dokumente vorgelegt, einige Papiere ausgefüllt, Fragen nach Typ und Motor des Autos, dem Woher und Wohin beantwortet, eine geringe Einreisegebühr entrichtet und uns mit einem kleinen Bakschisch bedankt hatten, war alles in bester Ordnung. Wir konnten einreisen.

Typische Hütten

und Siedlungen

entlang des Okawango-Flusses

Schilfbündel zum Dachdecken und Verkauf

Nächtlicher Autounfall,

Zusammenstoß mit einem Rind

Leben am Okawango-Fluss

Immer weiter ging es nach Süden, entlang des majestätisch dahinströmenden Flusses. Er wurde allmählich breiter, bildete Kanäle und Sandbänke, sumpfiges Gelände und Marschen. Obwohl es Winter war, gab es viel Grün, wenn auch wesentlich weniger als bei unserem Besuch im Sommer des vergangenen Jahres.

In dieser dicht besiedelten Gegend rücken die Dörfer näher aneinander. Immer mehr Menschen begegneten uns, meist Frauen mit schweren Lasten auf dem Kopf. Kinder grüßten lachend. Sie bettelten zwar nicht, kamen aber mit bittenden Augen angestürmt. Die Anzahl unserer Kaugummi wurde zusehends kleiner. Würdevoll schritten die älteren Männer mit ihren Stöcken daher.

Mit seiner Ausdehnung in die Kalahari beginnt der Okawango, viel Wasser zu verlieren. Es verdunstet in der Hitze und versickert im Sand. Nur drei Prozent der Wassermassen, die der Fluss bei seinem Eintritt in Botswana mit sich führt, kommen im Delta an. Diese Menge genügt selbst in der Trockenzeit, um in der Wüste ein Paradies zu bilden. In der wasserreichen Zeit hat es eine Ausdehnung von mehr als 300 Kilometer in der Breite und 200 Kilometer in der Länge. Das Gebiet ist äußerst fruchtbar, eines der wenigen großen Inlanddeltas der Welt und ein einmaliges Biotop. Das Delta entstand vor einigen hundert Millionen Jahren, zu der Zeit, als der gewaltige Urkontinent Gontswana in die Kontinente Afrika, Südamerika und andere zerbrach.

Am Nachmittag erreichten wir Maun. Die Stadt ist nicht nur das Tor zum Delta, sondern inzwischen auch das größte Touristenzentrum Botswanas. Zielstrebig fuhren wir zum Sedia-Hotel. Hier hatte die Company ihren Sitz, bei der wir im vergangenen Jahr die Safari mit dem Mokoro-Boot ins Delta organisierten. Die gesamte Anlage, zu der ein Schwimmbad, ein großer Campingplatz, und mehrere Restaurants gehören, machte wie damals einen freundlichen und einladenden Eindruck.

Vor Reisebeginn hatten wir uns mit einer E-Mail angekündigt. Mister Richard, der frühere Chef und wichtiger Helfer bei unserer Rettung, war inzwischen aus dem Unternehmen ausgeschieden, wollte sich aber unbedingt mit uns treffen. Da uns einige der Angestellten ebenfalls wiedererkannten, wurden wir mit großem „Hallo“ begrüßt. Es gab Umarmungen, Palaver, Kaffee, Tee und Wasser, alles was wir wollten. Sofort standen wir im Mittelpunkt. Immer mehr Leute liefen herbei, bestaunten uns wie Erscheinungen aus der Geisterwelt. Es war für sie ein „Wunder" dass wir wieder „auferstanden" und nun sogar hierher zurückgekehrt waren. Immer wieder wurde ich betastet. Das größte Interesse galt meinem Bein. Man prüfte, ob es tatsächlich echt war.

Dass wir unser damals gegebenes Versprechen einlösten, unseren Helfern und Freunden ein persönliches Dankeschön zu sagen, beeindruckte alle ganz ungemein. Nun kam auch der neue Chef herbeigeeilt. Er war im vorigen Jahr der zweite Manager gewesen, hatte inzwischen das Unternehmen vollständig übernommen und hoffte auf viele Touristen. Er bot uns alles an, was wir uns nur wünschten: Das beste Appartement, freies Essen, Aufenthalt, solange wir wollten und Safaris, wohin auch immer.

Diese lebendige, fast überschwängliche und warmherzige Aufnahme berührte uns zutiefst. Das Angebot aber war uns fast peinlich. In dieser Form konnten und wollten wir es auch gar nicht annehmen.

Als nach der stürmischen Begrüßung wieder etwas Ruhe einkehrte, besprachen wir mit dem Boss und seiner netten, jungen Mitarbeiterin unser umfangreiches Programm. Wir wollten sofort weiterfahren und schon morgen im SOS-Kinderdorf in Francistown sein. Nach unserer Rückkehr würden wir uns Zeit nehmen, um Maun anzusehen, die Klinik zu besuchen und auch der Einladung von Dr. Pobi Folge leisten, seine Familie zu Hause kennen zu lernen.

Vor allem aber baten wir, eine Safari ins Okawango-Delta vorzubereiten, bei der wir uns wie im vergangenen Jahr von Edwin aus dem Dorf Ditshipi führen lassen wollten. Für mich war es wie ein innerer Zwang. Ich musste einfach noch einmal die Ereignisse des Vorjahres an Ort und Stelle nachempfinden, um mich endgültig von diesem traumatischen Ereignis zu befreien. Hannelore ging es ähnlich. Der Chef der Company verstand das gut und hielt sein Versprechen, alles nach unseren Wünschen zu organisieren, wovon wir uns später überzeugen konnten.

Da wir heute noch so weit wie möglich kommen wollten, schwangen wir uns in unser Auto und fuhren in hohem Tempo quer durch die Kalahari in Richtung Osten. Die Wüste ist hier eher eine Halbwüste und dadurch nicht so durchgängig gnadenlos harsch und menschenfeindlich wie weiter im Süden. Oft ging sie in Savanne oder Akazienwälder über.

Ab und an kamen wir durch ein Dorf. Wir begegneten Einheimischen auf Fahrrädern, Herden von Tieren und halbwilden Eseln, die über die Straße trabten.

Der Weg führte entlang der Makgadikgadi-Salzpfanne und dem Nxai Pan-Nationalpark. Wieder brach die Dunkelheit viel zu schnell herein und es war Vorsicht geboten. Wir ließen hinter uns kommende Autos überholen, um in ihrem „Windschatten" weiterzufahren. Mehrmals konnten wir gerade noch den Warzenschweinen ausweichen, die es hier in großer Zahl gibt. Sie eilten meist in Familie über die Straße, und wir warteten geduldig, bis die trödeligen Kleinen vorbei waren. Beide starrten wir angestrengt auf die Straßenränder. Zweimal konnte Hannelore gerade noch rechtzeitig Signal geben, um den Rindern auszuweichen.

Gegen 22 Uhr waren wir in der Stadt Nata, einem Verkehrsknotenpunkt. Unsere Straße traf hier auf die Nord-Süd-Achse, die von den Victoriafällen zur Hauptstadt Gaborone und weiter nach Südafrika führt. Wir übernachteten in einer alten, verlassen wirkenden Reiseunterkunft an der Tankstelle, fühlten uns sicher, obwohl wir die einzigen Gäste waren und konnten sogar duschen.

Am nächsten Morgen ging es weiter nach Süden. Die Wüstenlandschaft wurde prägender. Gelegentlich mussten wir unterwegs anhalten. Die Polizei führte wegen der akuten Gefahr von Maul- und Klauenseuche Kontrollen durch und hatte die Straße mit zwei aufgestellten Fässern blockiert. Man versuchte, diese seit Jahren andauernde Rinderkrankheit einzudämmen, indem eine Reihe von Drahtzäunen sowohl durch Botswana als auch durch Namibia gezogen wurden. Dies hatte nur mäßigen Erfolg und den beträchtlichen Nachteil, dass die Bewegungsräume der Wildtiere eingeschränkt wurden.

Nach einer kurzen Kontrolle wurden die Fässer zur Seite gerückt und wir konnten weiterfahren.

Unterwegs nach Francistown

Durch die Kalahari

und die Makgadikgadi-Salzpfanne

Das SOS-Kinderdorf in Francistown

Am späten Vormittag erreichten wir Francistown. Die Stadt machte einen geschäftigen Eindruck. Auf den Straßen liefen unzählige Menschen und es herrschte starker Verkehr. Es gab einige moderne Gebäude, etwas Industrie, sonst nichts Aufregendes. Doch diese Menschen überall! Es war nachvollziehbar, dass hier Armut und Elend in beträchtlichem Ausmaß herrschen mussten.

Das gepflegte SOS-Kinderdorf am Rande der Stadt bildete dazu einen beeindruckenden Kontrast. Im März 1999 war es durch die dänische Prinzessin Benedikte eingeweiht worden und noch im Wachsen begriffen. Zur Zeit gibt es 15 Häuser, in denen jeweils eine „Familie" mit zehn bis 15 Kindern lebt. Diese wurden zum Teil aus für uns unvorstellbaren Verhältnissen gerettet, sind häufig aber auch verstoßene Waisen. Hier haben sie ein Zuhause gefunden und bekommen erstmalig die Chance auf eine menschenwürdige Zukunft. Sie besuchen den Kindergarten im SOS-Dorf oder die Schule in der Stadt. Die Größeren erhalten eine Ausbildung, die sie im Alter von 18 Jahren beenden. Nicht alle, aber doch viele schaffen es, sich anschließend eine Existenz aufzubauen, erzählte uns hoffnungsvoll die leitende Schwester.

Jedes Haus hat einen von einer Mauer umgebenen Innenhof, Küche, Wohnzimmer, drei Schlafräume und Bad. Je fünf Häuser bilden mit Spielplatz und Gemeinschaftseinrichtungen ein eigenes Areal. Hier leben die Kinder zwischen drei und 18 Jahren wie in einer richtigen Familie. Eine „Mama" ersetzt die leibliche Mutter, eine „Tante" wechselt sich mit ihr als zweites Familienoberhaupt ab. Alles wird selbst erledigt – kochen, waschen, sauber machen und die vielen anderen Haus- und Erziehungsaufgaben, die in einer Familie anfallen. Gemeinsam wird gegessen, die Schularbeiten werden beaufsichtigt.

Vor allem aber bekommen die Kinder Wärme und Geborgenheit. Die „Mama" und die „Tante" vollbringen eine bewundernswerte Arbeit, die in hohem Maße Umsicht, Einfühlungsvermögen und Verantwortung fordert. Wir gewannen in der kurzen Zeit höchsten Respekt vor diesen sich aufopfernden Frauen, die es oft selbst sehr schwer im Leben haben.

Die Tante des Hauses, in dem unser Patenkind lebt, war gerade dabei, das Mittagessen vorzubereiten. Sie begrüßte uns freudig, bat uns, im Wohnbereich der Kinder Platz zu nehmen, bot Tee an und führte uns dann im Haus herum. Leider sprach sie kaum englisch, doch Gefühle bedürfen keiner Worte. Die drei Kleinen waren zu Ehren unseres Besuches nicht in den Kindergarten geschickt worden. Wir spürten sofort das Vertrauen zwischen den Kleinen und der Tante. Ein Augenaufschlag genügte und Bantse flitzte in ihr Zimmer, um sich die Nase zu putzen. Alle Kinder trugen saubere und ordentliche Sachen, wenn auch einiges auf Zuwachs orientiert und sicher schon öfter getragen war.

Unsere vierjährige Bantse wirkte verstört und schüchtern, ihre großen Augen schauten ängstlich und hilfesuchend. Sie konnte es gar nicht glauben, dass die vielen Geschenke ihr gehören sollten. Das erste Mal in ihrem Leben hielt sie eine eigene Puppe in der Hand. Vorsichtig nahm sie alles auf und gab es einem anderen gleichaltrigen Mädchen weiter. Wir öffneten gemeinsam einige Tüten mit Süßigkeiten, die sie ebenfalls gleich verteilte. Ein kleiner Rucksack, Spiele, alles erweckte ihre Aufmerksamkeit. Langsam wurde sie zutraulich, ließ sich auf den Arm nehmen und vorsichtig streicheln.

Wir waren stolz auf unser kleines süßes Patenkind. Bantse war durch die erschütternden Umstände ihres bisherigen Lebens in ihrer Entwicklung zurückgeblieben. Doch seit dem knappen Jahr hier hatte sie gute Fortschritte gemacht. Sie war im Kreise ihrer Spielgefährten, ihrer drei Geschwister und im Kindergarten aufgeweckt und munter. An ihrer 13-jährigen Schwester, die ebenso wie ihre zwei Brüder in der gleichen Familie untergebracht waren, hing sie sehr. Gadimang, die Schwester, war in der Stadt in der Schule. Da der Unterricht bis in den Nachmittag hinein ging und der Weg weit war, konnten wir sie leider nicht kennen lernen.

Die leitende Schwester ist eine weiße Südafrikanerin, betreut seit über 20 Jahren Kinder in solchen Dörfern und ist die eigentliche gute Seele hier. Sie wirkte sehr erfahren und umsichtig, sodass wir sofort Vertrauen zu ihr fassten. Als sie uns erzählte, dass unser Patenkind bereits HIV-infiziert geboren wurde, war das ein Schock. Damit hatten wir nicht gerechnet. Doch als unser Verstand wieder

SOS-Kinderdorf Francistown

Leitende Schwester führt durch das Dorf

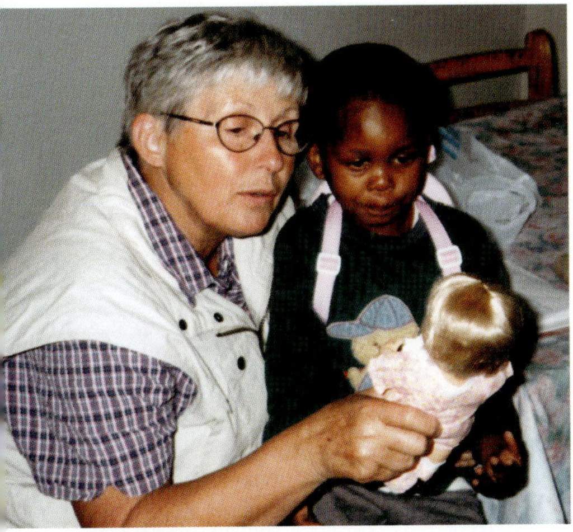

Unser Patenkind

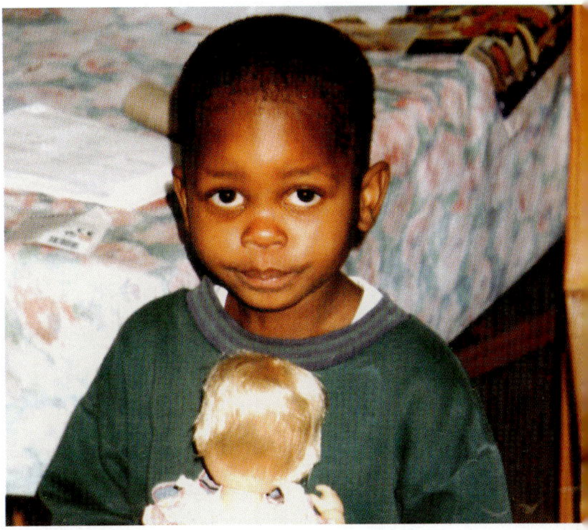

Bantse

„Tante" und Ersatzmutter

Die Leitung des Kinderdorfes

die Oberhand gewann, sagten wir uns beide: Nun erst recht. Sie soll alle Unterstützung bekommen, um unter diesen Umständen die bestmöglichen Chancen für ihr vielleicht nur kurzes Leben zu haben. Die Schwester versicherte, dass Bantse und 14 weitere HIV-infizierte Kinder im Dorf einer besonderen medizinischen Kontrolle und Fürsorge unterliegen. Sie erhalten regelmäßig und gute Medikamente, sodass sich die Gesundheit von Bantse seitdem stabilisiert hat. Die Schwester bestätigte auch, dass die Spende von 35 Euro monatlich je Patenkind für die Versorgung und Ausbildung reichen würde. Wir könnten sicher sein, dass dieses Geld nachweislich verwaltet wird und dem Kind zugute kommt. Da viele Kinder noch keinen Paten haben, entschlossen wir uns spontan, auch für Gadimang eine Patenschaft zu übernehmen.

Wir brachten unsere Anerkennung und den Respekt für die aufopferungsvolle und immer wieder mit Rückschlägen verbundene Arbeit der Mitarbeiter und Leiter zum Ausdruck, versicherten unsere weitere Unterstützung und versprachen, zu Hause um Hilfe für diese Kinder zu bitten. Mit der Übergabe einer weiteren Spende für das gesamte Dorf und der Zusage, im nächsten Jahr wiederzukommen, verabschiedeten wir uns.

Die Erlebnisse im Kinderdorf und die Gedanken an das Schicksal von Bantse ließen uns nicht los. Bantse war als viertes Kind zur Welt gekommen. Die ersten drei waren gesund geboren, doch inzwischen hatte sich die Mutter angesteckt. Möglicherweise durch den Vater, der wie üblich auf Arbeitsuche in anderen Städten war und dort auch Abwechslung geboten bekam. Kurz nach der Geburt von Bantse starb die Mutter. Der Verbleib des Vaters war ungeklärt. Bantse und ihre Geschwister wurden von der Großmutter aufgenommen. Diese hatte aber unterdessen noch 22 weitere Familienmitglieder zu versorgen, war selbst krank und mit der Betreuung der Kinder überfordert. In letzter Minute gelang es, die vier Kinder im SOS-Kinderdorf unterzubringen. Das genaue Alter von Bantse war nicht bekannt. Vor etwa einem halben Jahr erfuhren wir, dass das Geburtsdatum inzwischen korrigiert worden war. Dieses Familiendrama ist beileibe keine Ausnahme, sondern symptomatisch für eine Situation, die den gesamten Kontinent fundamental erschüttert.

Im Okawango-Delta: Wiedersehen mit Edwin

Nach einer exklusiven Übernachtung im Sedia Hotel in Maun brachen wir noch vor Sonnenaufgang mit dem Geländewagen ins Delta auf. In mir stiegen erinnerungsschwere Bilder hoch.

Die Fahrt auf dem holprigen Sandweg mit den tiefen Spuren war anstrengend und lang. Zebras, Paviane und Giraffen begegneten uns. Zwei Elefantenherden trafen wir bereits ziemlich dicht an Edwins Dorf. Am Wegesrand lagen Haufen von Bündeln mit geschnittenem Gras und Schilf. Frauen sichelten oder rupften es ab und trugen es zusammen. Je näher wir kamen, umso häufiger begegneten uns Rinder- und Ziegenherden und Esel. Dann kamen die Maisfelder und wir waren am Ziel, im Dorf Ditshipi, unmittelbar am Delta, bei Edwin.

So groß hatte ich die Ansiedlung gar nicht mehr in Erinnerung. Verstreut standen die Lehmhütten in dem weitläufigen Gras- und Sandgelände, die Innenhöfe abgeschirmt durch mannshohes Schilf, einige umgrenzt durch Dornengestrüpp, die typischen Krale. In der Mitte des Dorfes hielten wir vor einer Blechbude. Sie war umringt von Männern. Leere Bierbüchsen lagen im Sand verstreut. Edwin löste sich aus der Gruppe und kam mit ruhigen Schritten auf uns zu. Wir sahen ihm seine innere Bewegung an, und er sicher auch die unsere. Wir fielen uns in die Arme und schwiegen. Unsere Augen wurden feucht. Ich schluckte einen Kloß hinunter. Wir klopften uns auf den Rücken, schüttelten uns die Hände und konnten gar nicht glauben, dass wir uns tatsächlich hier wiedertrafen.

Als ich meine Stimme zurück fand und unsere Aufregung nachließ, sprudelte es aus mir heraus: „How are you, nice to meet you …“ Er hatte bereits auf uns gewartet und plauderte munter drauflos. Sein Poller, die Stange zum Staken des Mokoro-Bootes, lag bereit. Gestern hatte ihn jemand von der Safari-Company aus Maun aufgesucht, ihn über unseren Besuch und unser Anliegen informiert. Deshalb hatte er extra eine geplante Fischtour ins Delta verschoben. Er hatte nie geglaubt, dass er uns jemals wiedersehen würde. Nun fiel eine große Last von ihm ab. Endlich war alles wieder gut. Stolz kam in ihm auf, den er seinen Kumpels deutlich zeigte. Sie umringten uns, wollten sehen, dass wir tatsächlich gesund sind, obwohl sie schon im vergangenen Jahr davon überzeugt waren, dass ich von einem guten Geist beschützt sei. Der hatte uns nicht verlassen. Uns zu Ehren hatte Edwin die rote Mütze aufgesetzt, die wir ihm damals geschenkt hatten. Wir beendeten das Palaver. Mit den Worten: „Let's go to our Mokoro-Trip“, stieg er ins Auto und wir fuhren das kurze Stück bis zur Bootsanlegestelle.

Die Tour verlief genauso wie im vergangenen Jahr. Er stakte uns durch die verschwiegenen, von Schilf und Papyrus überwucherten Kanäle weit hinein in das Delta. Diesmal war Winter. Alles wirkte viel kahler, nicht so bunt, blühend und romantisch. Wir hatten eine weite Sicht. An verschiedenen Stellen brannten die Grasflächen. Das ließ man geschehen oder legte die Feuer selbst. So wurde die Vegetation erneuert und der Boden mit Mineralstoffen versorgt.

Nach Stunden erreichten wir den Platz, an dem wir im vergangenen Jahr unser Zelt auf einem Sandhügel aufgestellt hatten. Dort waren wir seinerzeit von drei Elefanten begrüßt worden, die uns aus dem hohen Gras heraus ihre Rüssel wie Trompeten in der Luft entgegengestreckt hatten. Sie waren die ganze Zeit in unserer Nähe geblieben. Auch jetzt sahen wir Elefanten. Waren es dieselben? „May be“, meinte Edwin.

Wir stiegen aus und unternahmen wie im Vorjahr eine ausgiebige Wanderung. Wieder sahen wir Herden von grasenden Tieren, verfolgten die Spuren von Löwen, Elefanten, Leoparden, Büffeln und der in Afrika nur noch selten vorkommenden Wildhunde. Und wieder begegneten wir Warzenschweinen, Affen, Straußen und vielerlei Vögeln. Edwin zeigte uns die Stelle, an der wir damals das erste Mal ein grasendes Flusspferd überrascht hatten, das Gott sei Dank flüchtete. Später wies er in die Richtung, wo der Unfall passiert war. „Dort hinten, ein Stück entfernt, da ist die Stelle.“ Das Hippo wurde niemals wieder gesehen, war vielleicht schon tot, denn es war ein großes, älteres Männchen von vielleicht 30 Jahren, erzählte Edwin.

Diesmal sahen wir auf der ganzen Tour kein Flusspferd. „Jetzt ist es zu kalt, da halten sich die Tiere im Schilf verborgen“, erklärte er. Gerade jetzt gibt es hier viele, denn sie kommen während der Trockenzeit aus anderen Gebieten der Kalahari in das Delta, in dem das ganze Jahr über gute Lebensbedingungen herrschen. Manchmal

Zum Okawango-Delta, am Rinderpest-Zaun

Wir erreichen das Dorf Ditshipi

Typischer Weg zum Delta

Stolzer Edwin (Mitte)

Edwin bereitet Mokoro-Tour vor

Seltenes Papyrusgras

Mit dem Einbaum in das

Schicksals-Delta

wandern sie, wie z. B. aus den ausgetrockneten Salzpfannen des Makgadikgadi-Nationalparks, bis zu 300 Kilometer durch die Wüste. Sie riechen das Wasser. Nach der Trockenzeit kehren sie zurück. Ein erstaunliches Ökosystem, ein dynamisches und sensibles Gleichgewicht im Wechsel der Jahreszeiten, von Wüste und Wasser, hatte sich hier gebildet.

Wir kamen erneut an Stellen, an denen giftige Spinnen ihr Netz quer über den Weg gespannt hatten, sahen wieder die mitten in der Wildnis aufgespannten weißen Tücher, die mit einem Mittel zur Bekämpfung der Tsetsefliegen getränkt waren.

In der Nähe eines großen Termitenhügels entdeckten wir eine Höhle. Ein Erdferkel hatte sie gegraben, dessen Hauptnahrung Termiten und Ameisen sind. Es gehört als nachtaktiver Kleinsäuger ebenfalls zu den „Phantomen" und hält sich tagsüber in der selbstgegrabenen Höhle auf. Unserem Hausschwein nicht unähnlich, hat es sich mit einem schmalen Kopf, langen beweglichen Ohren, starken Gliedmaßen, einem Stützschwanz und hufähnlichen Krallen perfekt den Lebensbedingungen angepasst. Da es durch den harten Lehmhügel der Termiten nicht hineindringen kann, gräbt es sich daneben durch die Erde, um dann von unten mit seiner klebrigen Zunge die Termiten als Delikatesse zu verspeisen.

Der Turm des Termitenhügels kann bis zu sieben Meter hoch werden und dient vorrangig als Klimaanlage. Ein ganzes System von Lüftungsschächten, Tunneln, Kammern und verschiedenen Zellen sorgt dafür, die Temperatur konstant zu halten. Das ist eine Stadt, eine perfekte Welt für das Leben eines Millionen-Volkes. Diese kleinen weißen Ameisen tragen sogar Wasser in ihren Bau, um ihn durch Verdunstung zu kühlen. Der Turm ist ein Panzer, hart wie Beton. Deswegen sieht man auch kaum einen zerstörten Hügel. Der eigentliche Aufenthaltsort der Termiten befindet sich unter dem Hügel in der Erde. Diese Ameisen lieben Wärme und sind lichtscheu. Welchen Schaden sie anrichten können, sah ich vor Jahren in einem Bergwerk in Äthiopien. Die kleinen Biester hatten sämtliches Holz und alle Kabel im Schacht so zerfressen, dass nur noch Schrott übrig blieb. Die Termiten leben in einem Sozialsystem mit perfekt organisierter Kastengliederung. Das Volk besteht überwiegend aus Arbeitern, die gemeinsam mit den Larven alle Tätigkeiten erledigen. Außerdem gibt es Geschlechtstiere mit Flügeln, die sie nach dem Hochzeitsflug abstoßen, und Soldaten mit größeren Köpfen und starken Kiefern für die Verteidigung. Diese können zum Schutz vor Feinden ein klebriges, äußerst wirksames Alarmsekret ausscheiden. Ernährt werden sie von den Arbeitern.

In bewährter Weise zeigte uns Edwin Nester, Höhlen und Fährten, die wir besser erkennen und lesen lernten. Wir verfolgten eine deutlich gezeichnete Elefantenspur, die noch frisch war. Obwohl er also noch nicht weit entfernt sein konnte, sahen wir den Elefanten nicht und gingen der Spur nach, die uns zu dem Kanal führte, in dem unser Boot lag. Verschwitzt und erschöpft setzten wir uns und tranken einen Schluck Wasser. Plötzlich trat unweit von uns der riesige Bulle aus dem Dickicht, ohne dass wir vorher etwas bemerkt hatten. Er stutze ebenso wie wir. Edwin legte den Finger an die Lippen, gab uns damit das Zeichen, ruhig zu bleiben. Sofort verharrten wir, verstummten. Er kam näher.

Doch der Elefant blieb gelassen, ließ keinerlei Anzeichen von Nervosität oder Aggressivität erkennen. Er begann nicht weit von uns ausgiebig zu trinken. Ab und zu nahm er mit einem Blick und Schnüffeln mit dem Rüssel von uns Notiz. Wir warteten, er schlürfte das Wasser in sich hinein. Schließlich schoben wir unser Boot ganz vorsichtig ins Wasser und ließen es im Kanal treiben, bis wir außer Sichtweite waren und Edwin weiterstakte.

Die Safari war für uns ein Schlüsselerlebnis. Einen ganzen Tag lang durchstreiften wir mit unserem vertrauten Führer das Delta zu Fuß und mit dem Mokoro. Wir fühlten uns frei, hatten uns endgültig versöhnt. Wir konnten unseren Rettern und Helfern, vor allem Edwin, danken, hatten eine Freundschaft geschlossen, die tief in unser Herz eingegraben ist. Edwin empfand genauso, wie er uns immer wieder versicherte. Die gemeinsame Tour befreite ihn von den Schuldgefühlen. Er freute sich, dass wir dieser Natur, seiner Heimat, treu blieben und dabei glücklich waren. Das machte auch ihn glücklich. „I'm very proud and happy."

Wir fuhren zum Dorf zurück, einen sandigen Seitenweg entlang bis zu einem Platz mit einem großen Baum, um den herum mehrere Rundhütten standen. Die meisten waren neu. Alles wirkte sauber und ordentlich. Das war der Teil des Dorfes, in dem Edwins

Paviane begrüßen uns

Das Delta brennt

Dort, damals erster Zusammenstoß mit Hippo

Große Elefantensuhle

Erdferkel-Höhle neben Elefantenlosung

Safari-Pause, plötzlich erscheint Elefant

Elefant dicht neben uns, trinkt, bleibt ruhig - wir auch

Heimkehr der Frauen mit geschnittenem Riedgras

Clan wohnte. Nun waren wir ganz bei ihm angekommen, in seinem direkten Lebensumfeld. Welch ein Vertrauensbeweis. Sofort umringten uns die Anwohner, Verwandte und Freunde. Auch Edwins Bruder eilte mit seiner hochschwangeren Freundin zu uns und tat sich lautstark hervor.

Wir hatten Edwin bereits vor Beginn der Bootstour unser Buch geschenkt. Er sah sich selbst, schon auf dem Umschlag, und all die Bilder von unserer Safari, strich ganz ergriffen und liebevoll darüber, wickelte es in ein Tuch und packte es sorgfältig in das Auto. Es war das größte Geschenk, das wir ihm machen konnten. Im Dorf zeigte er es mit sichtlichem Stolz herum, ohne es aus der Hand zu geben. Er schien gleichsam zu sagen: Hier seht ihr, ich bin in einem Buch abgedruckt, als Guide im Delta. Und das stammt von Weißen, meinen Freunden, die es mir persönlich gebracht haben. Und so war es ja auch.

Über seine Entwicklung in diesem Jahr waren wir angenehm überrascht. Er sprach ein gutes Englisch, war gesprächig und selbstbewusst. Souverän führte er uns durch das Delta. Sein Wissen war erstaunlich. Er erzählte uns über sich, das Dorf, über die Vergangenheit. Die Natur war sein Leben. Wir lernten viel Neues von ihm und erlebten alles noch intensiver als im vorigen Jahr.

Eine Frage interessierte mich schon lange: „Woher stammt ihr, wo kommt ihr her? Wieso könnt ihr hier im Delta leben? Das ist doch eigentlich verboten, da es ein Naturreservat ist.“

Edwin wusste die Antwort. Später schrieb er auf einen Zettel: *„Drei Volksgruppen bilden meinen Stamm: Buschmänner, Yei, Bokoshu.“* Er erzählte, dass sie einem alten Volk entstammen, Nachkommen von Ureinwohnern sind. Weil die Yei die Hauptgruppe waren, hatte er dieses Wort unterstrichen.

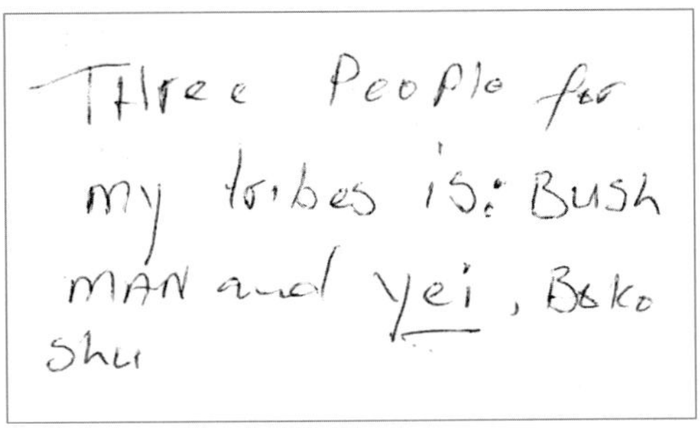
THree PeoPle for my tribes is: Bush MAN and Yei, Boko shu

Sie leben seit Jahrhunderten hier, direkt im Delta, inmitten und eins mit der Natur. Hier gibt es das ganze Jahr Wasser und Nahrung im Überfluss – Früchte, Wurzeln, Knollen und Tiere aller Art im Wasser, auf dem Land und in der Luft. Sie gehen fischen und jagen. 300 Arten von Fischen tummeln sich im Wasser, genauso viel verschiedenartige Vögel schwirren umher. Jegliches Getier Afrikas, vom Großwild bis zu den Kleinsäugern, Reptilien und Insekten ist hier versammelt. Nur die Nashörner sind weg. „They have gone“, meinte Edwin und ich fragte: „Durch die Wilddieberei?” Er sah mich an, zuckte mit den Schultern und nickte.

Doch auch vielerlei Gefahren gibt es, gegen die sie sich schützen müssen – giftige Spinnen und Schlangen, angriffslustige Tiere, die ringsherum lauern.

Die Menschen hier haben ein erstaunliches Wissen über die Natur. Hunderte von verschiedenen Pflanzen, Früchten, Kräutern und Samen sammeln und nutzen sie für Kleidung, Nahrung und Heilung. Alles, was die Natur bietet, lässt sich nutzbringend verwenden. Jedes Körperteil eines Tieres findet seine Verwertung. Voller Stolz wies Edwin auf das Mokoro-Boot, das seine Vorfahren erfunden hatten. Aus einem einzigen Stamm heraus gehauen, wegen der flachen Kanäle ohne Kiel, ist es zum Fischen, Angeln und Jagen im Schilf und für Transporte im Delta seit Jahrhunderten ein ideales Gefährt, mit dem man auch noch die entlegenste Stelle erreichen kann.

Sie leben buchstäblich wie im Paradies. Es gibt weder Hunger noch Elend und es herrscht eine soziale Ausgewogenheit. Dass man manchmal Ärger mit den wilden Tieren hat – na gut, das ist eben der Preis.

Durch die Abgeschiedenheit haben sie ihre Sitten und Gebräuche, ihre Kultur und ihren Ahnenglauben über Jahrhunderte hinweg erhalten. Erst in jüngster Zeit sind mit dem schnell wachsenden Tourismus Auswirkungen auf die Tradition erkennbar. Einerseits gab es jetzt etwas zu verdienen. Edwin war inzwischen einer der gefragtesten Guides, hatte seit einigen Monaten eine feste Vereinbarung mit einer Company in Maun und führte deren Touristen mit seinem Mokoro-Boot durch das Delta. Aber inzwischen gab es 26 weitere junge Männer, die sich als Guides versuchten. Da jedoch nicht für alle genug zu tun war, verbrachten viele ihre Zeit an der Bierbude.

Andererseits sind die Bewohner des Deltas dabei, langsam und noch unbewusst ihre angestammte Lebensweise aufzugeben. Ist das der Preis für den Tourismus? „Edwin", fragte ich ihn, „ist euch klar, dass ihr selbst mithelft, euer Kleinod, diese Natur, zu zerstören? Ihr beraubt euch eurer eigenen Lebensgrundlage. Diesen Schatz müsst ihr für euch und die nachkommenden Generationen unbedingt bewahren. Das hat euer Präsident schon vor 20 Jahren verkündet und so habe ich es auch in diesem Buch erwähnt."

„You are right", nickte er nachdenklich, „what can we do?"

„Vielleicht ist weniger mehr. Wenn ihr die Anzahl der Besucher im Delta auf ein Maß begrenzt, das die Natur verträgt, ohne dauerhaften Schaden zu nehmen, dann bewahrt ihr die Reichtümer für lange Zeit."

„Das versuchen wir. Aber das ist schwierig", bemerkte er leise.

Als ich daran dachte, welch riesige Gefahr dem Okawango-Delta droht, wurde mir ganz heiß. Edwin konnte es noch nicht wissen und ich verschwieg ihm, dass dieser paradiesischen Wildnis der Exitus droht, zumindest auf lange Sicht. Es gibt in Namibia neuerdings ein Projekt für den Bau eines Wasserkraftwerkes im Caprivi-Zipfel, nahe der Popa-Stromschnellen. Der gesamte Okawango soll dort gestaut werden. Das würde das unwiederbringliche Ende für dieses in der Welt einzigartige Ökosystems bedeuten. Namibia hat bereits Machbarkeitsstudien in Auftrag gegeben und auch Botswana soll dem Projekt zugestimmt haben. Unbegreiflich, wie man so etwas planen oder zulassen kann. Mit welchen ökonomischen oder technischen Begründungen lässt sich so ein Projekt denn rechtfertigen, wenn dabei ein einmaliger Schatz der Erde für immer verloren geht? Ich wurde ganz verzagt, konnte Edwin nicht in die Augen sehen und schwieg verlegen. Edwin, was wird dann aus euch und euren Kindern, schoss es mir durch den Kopf. Wo ist der Ausweg, der euch noch eine Chance lässt?

Wir hatten ziemlich nahe beim Dorf Elefanten gesehen und fragten nach der damit verbundenen Gefahr. „Ja, die ist da. Erst vorige Woche ist eine Herde direkt hier durchgelaufen, zwischen unseren Hütten. Das war knapp, aber es ist ja nichts passiert", erklärte uns sein vorlauter Bruder. Edwin ergänzte: „Am schlimmsten ist es, wenn der Mais reif ist. Dann fallen sie über unsere Felder her, auch direkt am Dorf. Wir stellen Tag und Nacht Wachen auf, die mit Rasseln Krach machen. Manchmal hilft es." Rundherum um die Felder hatten wir Plastestreifen gesehen, die im Wind flatterten. „Auch das ist ein gewisser Schutz", sagte Edwin. „Doch Elefanten sehen ziemlich schlecht. Aber sie riechen gut und der Mais zieht sie mehr an, als die Fähnchen sie abschrecken."

Auf die Frage nach seinem Vater, von dem er im vergangenen Jahr viel erzählt hatte und den er, wie es der Tradition entsprach, verehrte, antwortete er leise und resigniert. „Krank, sehr krank." Er sprach mit seinem Bruder und kurz darauf kam der Vater. Stolz sagte Edwin: „Er hat es sich nicht nehmen lassen, euch persönlich zu begrüßen." Da stand er, gebeugt und kränklich, das Gesicht eingefallen. Er atmete schwer, hatte eine gestrickte Sturmhaube über den Kopf gezogen und eine dicke Jacke an. Er fröstelte, konnte sich nur schwer auf den Beinen halten. Ich trat auf ihn zu und wir begrüßten uns mit Ruhe und Würde. Er sprach leise und wenig. Edwin übersetzte. Für die Familie sei es eine große Ehre, dass wir sie besuchten. Ebenso respektvoll drückte ich ihm unsere Freude aus, hier zu sein und so tüchtige Menschen wie seinen Sohn Edwin als Freund wieder treffen zu können. Seine Augen schauten erstaunlich klar und beobachteten aufmerksam. Arbeiten und fischen gehen schaffte er nicht mehr. Aber er konnte sich auf seine Kinder verlassen, die ihn und seine Frau ernährten. Sie waren es, die in der funktionierenden Großfamilie die Alten auffingen, versorgten und bis zum Ende in ihrer Mitte pflegten. Edwin meinte: „Und was war er für ein starker Mann, er hat uns erzogen und geprägt, war und ist unser Vorbild. Durch ihn sind wir so eng mit dem Delta, unserer Heimat, verbunden, wie mit unserem Stamm. Wir haben ihm versprochen, das Delta nie zu verlassen."

Eigentlich sollten die Dorfbewohner umgesiedelt werden, als das Naturreservat eingerichtet wurde. Doch niemals würden sie hier weggehen, das wäre ihr Aus gewesen, so wie es schon vielen Volksstämmen ergangen war. Seit Generationen leben sie hier im Delta in ihren Dörfern. Erst nach langwierigen Verhandlungen hatte die Regierung gestattet, dass die hier seit langem ansässigen Clans bleiben durften. Es wurde ihnen erlaubt, das und nur das von der Natur zu nehmen, was sie zum Leben brauchen, und dies in der traditionellen Art. Fischfang bildet die Lebensgrundlage. Die Männer fahren oft für mehr als eine Woche hinaus ins Delta, in dem sie reiche Beute machen. Jagen ist generell verboten, nur mit Sondergenehmigung für den Eigenbedarf, unter strengen Auflagen und in begrenztem Maße bei ausgewählten Tieren erlaubt. Da das ein ehernes Prinzip ist, besitzt auch niemand Schusswaffen. Das hatte mich im vorigen Jahr im Zusammenhang mit den Gefahren, wie wir sie durch den Unfall selbst erlebt hatten, verwundert. Jetzt verstand ich es.

Im Gegenzug verpflichteten sich die Dorfbewohner, beim Erhalt des ursprünglichen Zustandes der Natur mitzuhelfen. Sie erhielten Aufgaben zum Schutz und zur Überwachung, unterstützten die Ranger insbesondere im Kampf gegen Wilddieberei und die Zerstörung der Natur durch unberechtigte Eingriffe, verbotene landwirtschaftliche Nutzung oder ungenehmigten Aufenthalt. Es wurde ihnen erlaubt, Individualtouristen durch das Delta zu führen.

Aufmerksam und mit Freude registrierte ich, dass es keine Veränderungen in der Infrastruktur, weder asphaltierte Straßen noch Herbergen oder Restaurants in dieser Gegend gab. Möge das auch in Zukunft und für die Nachwelt so bleiben. In einigen Teilen des Deltas, z. B. im Moremi-Game-Reservat, ist das durchaus anders. Hier hat sich, noch in erträglichem Maße, Nobeltourismus verbreitet. Durch den zwischen Regierung und Einheimischen geschlossenen Kompromiss hat das Delta nicht den Status eines Nationalparks erhalten, sondern eines Naturreservates. Während in ersterem die Ansiedlung von Menschen und jeder Eingriff verboten ist, ist dies in letzterem in begrenztem Umfang gestattet.

In anderen Ländern, wie Tansania oder Kenia, gab es bei der Lösung dieses Problems erhebliche Konflikte, die bis zu kriegerischen Auseinandersetzungen führten. Noch heute herrschen dort beträchtliche Spannungen. Hier, in Edwins Dorf, konnte alles friedlich geregelt werden.

Die Freude war groß, als wir unsere Geschenke auspackten. Wir hatten Edwin das damals versprochene neue Zelt, dazu einen Schlafsack mitgebracht und zeigten ihm nun, wie alles aufgebaut und genutzt wird. Alles wurde mit großem Palaver und Kommentaren begleitet. Edwin platzte fast vor Stolz, bedankte sich ganz verlegen und zeigte allen seinen neuen Besitz. Sie krochen hinein, probierten es aus. Auf dem Platz unter dem Baum war es lebendig wie bei einem großen Fest.

Seine Frau arbeitete noch, war beim Grasschneiden. Kurze Zeit später kam ein Lastwagen, der mit überwiegend jungen Frauen und mit gebündeltem Riedgras beladen war. „Das wird zum Abdecken der Hütten benutzt und wir verkaufen es auch", erklärte Edwin. Entlang unseres Weges am Okawango-Fluss hatten wir in den Dörfern immer wieder solche am Straßenrand aufgeschichteten Bündel gesehen.

Edwins hübsche, junge Frau sprang vom Auto, und es gab erneut eine mit Freude und großem Hallo verbundene Begrüßung. Beide waren ganz aufgeregt, als er sie vorstellte. Sie konnte das alles gar nicht fassen, schaute auf das Zelt und den Schlafsack, dann ließ sie das Buch nicht mehr los. Nein, das war ja unvorstellbar: Bilder von ihrem Mann in einem Buch über das Delta, gemeinsam mit Weißen abgebildet. Es machte sie ungemein verlegen, dass sein Gesicht überall in dem weit entfernten Germany zu sehen war. Wir merkten ihr auch den Stolz an. Dann überreichten wir noch Geschenke für sie und die Kinder. Sie hatten seit unserem ersten Besuch weiteren Nachwuchs bekommen und inzwischen geheiratet, sodass sie nicht mehr wie im vergangenen Jahr sein „Girlfriend", sondern seine ihm angetraute Frau war. Wir sahen, wie zärtlich er mit ihr umging.

Die Kinder waren jetzt bei der Oma, doch wir hatten den kleinsten Nackedei bereits bei der Ankunft an der Bierbude gesehen, wo er neben Edwin mit einem kleinen Hund im Sand spielte. Sie hatten nun eine eigene Hütte, gemeinsam von der ganzen Familie neu gebaut und ein eigenes Feuer, für sie als Familie ein heiliges Zeichen. Ein dichter hoher Schilfzaun grenzte den Innenhof der Hütte ab, in dem sich das intimere Familienleben abspielte.

Zum Fotografieren stellten sich alle in Positur, ließen sich bereitwillig knipsen.

Edwin zeigte uns noch die Bilder, die wir ihm im letzten Jahr geschickt hatten und die nun einen Ehrenplatz in ihrer Hütte einnahmen. Sie waren tatsächlich angekommen, über die Mailbox, die es für das ganze Dorf in der Poststelle in Maun gibt.

Ein Teil von Edwins Familie. Sitzend: Edwins Bruder, von rechts: Seine schwangere Freundin, Edwin, seine Frau, schwerkranker Vater, Freund, unser Fahrer

Edwin mit Frau vor seiner Hütte

Typische Einzelhütte in der Siedlung

Unser Fahrer drängte schon seit einiger Zeit zum Aufbruch. Der Weg zurück nach Maun war noch weit und die Dunkelheit ließ nicht mehr lange auf sich warten. Wir verabschiedeten uns als Freunde, was auch Edwin immer wieder betonte, und versprachen wiederzukommen.

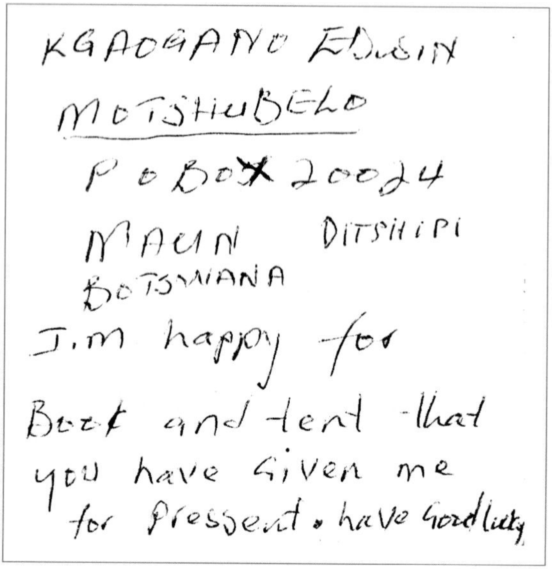
KGAOGANO EDWIN
MOTSHUBELO
P O BOX 20024
MAUN DITSHIPI
BOTSWANA
I.m happy for
Book and tent that
you have given me
for Pressent. have Goodluck

Edwin nahm einen Zettel und schrieb:

„Kgaogano Edwin, Motshubelo,

Ich bin glücklich für das Zelt und Buch, das Sie mir als Geschenk gegeben haben. Haben Sie viel Glück. PO Box 20024, Maun, Ditshipi, Botswana."

Ich würgte einen Kloß im Hals hinunter.

Wir ließen das Dorf und die Hütten allmählich hinter uns und der Fahrer kämpfte sich auf dem tief gespurten holprigen Sandweg durch die Savanne zurück nach Maun.

Zu Gast bei Dr. Pobi

Im Hotel besuchte uns Dr. Pobi, der mir nach meinem Unfall das Leben gerettet hatte. Später kam noch Mister Richard, der ehemalige Chef des Safariunternehmens, dazu. Von Dr. Pobi hatten wir uns erst vor einer guten Woche in Berlin getrennt, als er unser Gast war. Mister Richard sahen wir die Freude an, uns gesund und lebendig wiederzusehen. Über das Buch, das wir ihm schenkten, freute er sich riesig. Er konnte es zwar nicht lesen, da er kein Deutsch sprach, aber er sah seinen Namen darin stehen und seine Worte als Zitate.

Er hatte einen Bekannten, der des Deutschen kundig war und ihm das Buch vorlesen würde. „Geben Sie es doch auch in Englisch heraus“, empfahl er uns eindringlich.

Wir interessierten uns für seine jetzige Situation. „Die Mannschaft hat einfach nicht verstehen wollen, dass so ein Unternehmen nur bestehen kann, wenn es effektiv arbeitet. Als ich einige entlassen musste, da auf Grund der wachsenden Konkurrenz der Touristenstrom zu unserer Company nachließ und sich ihre Arbeitsmoral einfach nicht verbesserte, gab es Ärger und ich hatte schließlich die Nase voll.“

„Im vorigen Jahr waren Sie noch so voller Elan und Optimismus, auch was die Tourismusentwicklung und Perspektive hier anlangt und nun diese Enttäuschung?“, fragte ich ihn.

Ja, er hatte es sich anders vorgestellt, war vielleicht nach 16 Jahren Aufenthalt hier auch ein bisschen müde und seine Haut dünn geworden. Nun wollte er es noch einmal mit einem Spezialtourismus versuchen. Er war leidenschaftlicher Ornithologe. In dem zum Okawango-Delta gehörenden Moremi-Game-Reservat gab es eine vielfältige und seltene Vogelwelt, die er interessierten Touristen näher bringen wollte. „Vielleicht habe ich diesmal Glück“, sagte er.

Das klang nicht so leidenschaftlich und überzeugend, wie dieser rastlose Mann ansonsten auftrat. „Und wenn es schief geht?“, fragte ich. „Dann gehe ich nach England zurück, suche dort Arbeit. Dann ist aber auch mein Geld restlos verbraucht. In der letzten Zeit habe ich hier für das Hotel richtig geblutet. Ich muss dann ganz von vorn anfangen“, gestand er mit deutlich spürbarer Resignation.

Ich fragte noch einmal nach: „Aber im vergangenen Jahr hatten Sie das Land, die Stabilität, die kluge Politik, die touristischen Perspektiven gerade hier in Maun so gelobt.“

„Das ist richtig, doch seit geraumer Zeit nehmen auch hier Unsicherheit und Kriminalität zu.“ Als einen Hauptgrund nannte er die wachsende Anzahl von Südafrikanern, die sich wegen der wirtschaftlichen Prosperität hier Arbeit erhofften. Die Brutalität, die bisher mehr auf den Süden des Landes beschränkt war und nun auch zunehmend auf den Norden, ja das ganze Land übergriff, war vor allem auf die Enttäuschung der Leute zurückzuführen, weil sie keinen Job fanden. Das hatten uns auch Familie Breuninger, die nach sieben Jahren Tätigkeit in Botswana nach Deutschland zurückgekehrt war, und Dr. Pobi bestätigt.

Mister Richard lud uns ein, mit ihm das Moremi-Game-Reservat zu besuchen. Das versprachen wir und wünschten ihm von ganzem Herzen alles Gute und eine glückliche Hand für seine Unternehmung.

Am Abend waren wir Gast bei Familie Dr. Pobi und wurden mit großer Herzlichkeit empfangen. Sofort schüttete Frau Pobi ihr Herz aus, dass es unfassbar für sie gewesen sei, was wir alles für ihren Mann getan hätten. Er schwärmte davon, wie wir mit ihm durch halb Europa gefahren, im Palast der Königin von England, sogar bei der Generalaudienz des Papstes und im Hochgebirge in Schnee und Eis gewesen waren (siehe Anlage).

Die Pobis waren Kongolesen, er hatte in Kinshasa studiert. Auf Grund der anhaltenden Unruhen und Kriege verließen sie das Land. Anschließend war er einige Jahre in Simbabwe tätig. Auch dort nahmen unter Präsident Mugabe Unsicherheit, Kriminalität und Korruption drastisch zu. Die Verhältnisse im Land sind seit Jahrzehnten instabil, es balanciert am Rande schwerer Konflikte.

In Simbabwe hatte Dr. Pobi große Probleme mit der Bezahlung seiner Arbeit. Das Salär war ohnehin mager und ein erheblicher Teil wurde für die Rente einbehalten, ohne eine Chance zu haben, davon jemals etwas zurückzuerhalten. So siedelten sie in das ruhige Botswana über. Er fand eine gute Arbeit als Arzt im Delta Medical Center in Maun. Jetzt war hier ebenfalls eine komplizierte Situation entstanden. Ihre zwei Jungen, 18 und 15 Jahre alt, beendeten die Schule und wollten eine Ausbildung beginnen. Die 13-jährige Tochter ging noch zur Schule, das fünfjährige Nesthäkchen würde in Kürze ebenfalls die Schule besuchen. Natürlich wollten sie den Kindern eine gute Entwicklung ermöglichen. Da sie aber Ausländer waren und er nur eine befristete und spezielle Arbeitserlaubnis hatte, mussten sie jegliche Ausbildung selbst bezahlen. Und die war teuer. Das ansonsten für afrikanische Verhältnisse erstaunlich gute soziale System im Land schließt sie als Ausländer in einigen wesentlichen Bereichen aus. Wir versprachen zu helfen.

Die Mutter führte an dem netten Abend das Gespräch, die größere Tochter half dem Vater bei der Vorbereitung eines Abendbrotes, wie er es bei uns in Deutschland gesehen hatte. Das kesse Nesthäkchen genoss alle Freiheiten, hatte keinerlei Hemmungen, plauderte locker und ununterbrochen drauf los. Dr. Pobis Frau strahlte Harmonie und Mütterlichkeit aus. Man spürte, dass die „Mama" die Familie führt, wenn der Vater seinem langen und anstrengenden Dienst nachgeht. Sie wohnten in einer Haushälfte innerhalb einer kleinen Siedlung, die für leitende Angestellte der Klinik erbaut und mit Mauern und Spezialtoren gut gesichert war. Die Wohnung war nicht übermäßig groß, aber solide, durchaus mit europäischem Standard vergleichbar. Wir verabschiedeten uns in der Hoffnung, uns bald wiederzusehen.

Als wir am nächsten Morgen die Klinik besuchten, erwartete uns Dr. Pobi bereits. Er führte uns durch die kleine, aber für afrikanische Verhältnisse erstaunlich gut eingerichtete, peinlich saubere Klinik. Damals, nach dem Unfall, hatte ich von dem Umfeld kaum etwas mitbekommen. Voller Wärme begrüßten uns viele Bekannte, und wir wurden allen Mitarbeitern vorgestellt. Dr. Pobi zeigte uns sämtliche Räume, Labor, Röntgenanlage, Kardiologie, Ultraschalleinrichtungen und vieles mehr. Es gab eine Zahnarztpraxis, einen großen Dispensaire-Bereich mit einer Apotheke voller Medikamente, einige Arztzimmer, Verwaltungsräume, eine eigene Wäscherei und ein Restaurant, das auch die Patienten des Krankenhauses versorgte. Mit Herzklopfen betrat ich die Räume, in denen er mich operiert und im Ringen um mein Leben gepeinigt hatte. Wie froh waren wir damals, in die Hände eines solch hervorragenden Arztes geraten zu sein.

Die Behandlungen in der Klinik erfolgen normalerweise ambulant. Es gibt zwei Privatzimmer sowie je einen Kinder-, Frauen- und Männersaal für stationären Aufenthalt in schweren Fällen. Wir durften einen Blick in unser kleines Zimmer werfen. Sofort wurden die Erinnerungen in mir hellwach. Wie hatten wir uns hier an die Hoffnung auf Überleben und Rückkehr in die Heimat geklammert.

Manches hatte sich geändert. Einige Schwestern waren nicht mehr da, waren in das allgemeine Krankenhaus und die „Dralle" sogar nach England gegangen. Oder waren sie inzwischen Opfer des HI-Virus? Der Kardiologe war gegangen und der deutsch sprechende „Heidelberger" Arzt für Inneres war in eine andere Klinik in

Maun übergewechselt. Es gab einen neuen Direktor, der ausschließlich Manager war. „Die Fluktuation ist hoch und es gibt einige Sorgen für die Zukunft", deutete Dr. Pobi vorsichtig an.

Für Ausländer ist es schwer, mit den Einheimischen ein Vertrauensverhältnis aufzubauen, insbesondere wenn man die Hauptsprache der Einheimischen, Setswana, nicht beherrscht, bemerkte er niedergedrückt.

Familie Breuninger, im ersten Buch habe ich über sie bereits geschrieben, charakterisierte die Situation ähnlich und noch drastischer. Sie waren im Auftrag der Liebenzeller Mission seit Jahren in Afrika tätig, davon sieben Jahre in Botswana. Frau Breuninger unterstützte den Kampf gegen Aids, Herr Breuninger war als Rettungspilot tätig. Ihre drei aufgeweckten Kinder waren alle in Afrika geboren und lebten inmitten ihrer afrikanischen Freunde. An unserer Rettung nach dem Flusspferdunfall haben sie großen Anteil, wofür wir ihnen sehr dankbar sind. Es gibt vielerlei Kontakte zwischen uns, ja, wir haben enge Freundschaft geschlossen. Sie haben eine Pause eingelegt, sind wenige Monate nach uns nach Deutschland zurückgekehrt, wohl vorübergehend. Bei den zahlreichen und offenen Gesprächen ist uns vieles unter die Haut gegangen, das die Situation und zahlreiche Probleme noch deutlicher werden lässt.

„Die Sprache öffnet die Herzen, sie schafft Vertrauen. Das war auch für uns in all den Jahren ein Problem. Die Aidsaufklärung war dadurch sehr erschwert und ist zum großen Teil letztendlich erfolglos geblieben. Heute sind die Hälfte aller 15- bis 55-Jährigen in Botswana mit HIV infiziert", sagte Frau Breuninger. Das hatte zu Resignationen geführt. Die Folge dieser explosiven Zunahme von Aids wurde von Breuningers so umrissen: „Ganze Landstriche werden sich entvölkern, und auch die jungen Leute unter 15 werden dem Schicksal nicht entgehen. Selbst wenn man heute alles gegen HIV unternehmen würde, werden die meisten Menschen zwischen 15 und 55 in den nächsten zehn bis fünfzehn Jahren wegsterben. Die Epidemie ist wie die Pestseuche im Mittelalter, es bleibt nur die Hoffnung, dass sie sich irgendwann ausbrennt."

Dr. Pobi äußerte sich zum ersten Mal ebenfalls zu dem Tabu-Thema (siehe auch Anmerkungen). „Die Situation in den anderen Ländern im südlichen Afrika ist ähnlich. An Medikamente und

Therapien, wie sie in den Industriestaaten das Leben über Jahre verlängern, ist hier nicht zu denken. Kein Geld, keine Medikamente, wenig Interesse zu helfen. Es handelt sich in dieser Region um einen modifizierten, afrikanischen HI-Virus, der noch intensiver Erforschung bedarf. Generelle Probleme sind mangelnde Aufklärung und Schulbildung, die Verhaftung im traditionellen Ahnen- und Geisterglauben, die Macht der Schamanen und Heiler, das Verleugnen dieser Krankheit und deren Ursachen, die Verwendung von untauglichen, ja schädlichen Mitteln. All das geht mit einer brutalen, menschenverachtenden Stigmatisierung der Betroffenen einher."

Wir erzählten ihm vom Schicksal unseres Patenkindes Bantse in Francistown und fragten nach deren Chancen. „Wenn Sie ein Kind in das Leben begleiten und seine Entwicklung unterstützen wollen, ist dies nicht die richtige Patenschaft. Werden die Medikamente regelmäßig und in ausreichender Menge eingenommen, prognostizieren wir eine fünfjährige, vielleicht auch etwas längere Überlebenserwartung. Aber eine Zukunft ...", kopfschüttelnd brach er ab.

Dann erklärte er uns: „Wissen Sie, wie schwer wir Ärzte es haben, an die Kranken heranzukommen? Diese kommen erst, wenn die Hilfe der Heiler versagt hat, und dann ist es oft schon zu spät. Dass wir in diesem Fall auch nicht mehr helfen können, nutzen die Heiler als Argument gegen uns. Für sie stirbt ein Mensch niemals an Aids und die Krankheit wird auch nicht durch Sexualkontakte, sondern wie andere Leiden auch, durch den Fluch eines bösen Menschen verursacht. Und wenn die Heiler nicht helfen können, dann war eben der vom Heiler ausgesprochene Gegenfluch nicht ausreichend, um den ursprünglichen Fluch zu beseitigen. Diese Menschen kommen nur widerwillig zu uns und geben uns auch nur selten ein Dankeschön nach der Behandlung. Die meisten verschwinden, ohne auf Wiedersehen zu sagen, verlassen fluchtartig die Klinik. So eine Dankbarkeit, wie wir sie bei Ihnen erlebt haben, ist hier nicht vorstellbar. Dabei ist das Sozialwesen dieses Staates außerordentlich großzügig. Für eine Behandlung zahlt man lediglich zwei Pula, das sind rund 20 Cent."

Das klang mehr als hoffnungslos und wir verstanden das ganze Ausmaß des Dramas immer besser.

Familie Frau und Dr. Pobi, zwei Mädchen, zwei Jungen

In der Klinik, Dr. Pobi im Dienst

Hererofrau in traditioneller Tracht

Markus Breuninger erzählte: „Vor kurzem starben in einer Gegend viele kleine Kinder plötzlich an Darmverschluss. Nachforschungen ergaben, dass sie alle mit einem speziellen Wundermittel vom Heiler behandelt worden waren. Das hatte offensichtlich nicht geheilt, sondern wurde zur Ursache ihres Todes. Der Heiler fühlte sich aber absolut schuldlos. Er trug ja keine Verantwortung, denn es war ein böser Geist gewesen und sein Bemühen zu helfen, hatte nicht ausgereicht.

Ein anderes Beispiel: Ein junger Mann hatte eine intime Beziehung zu einer verheirateten Frau und meinte, dass ein Fluch auf ihm laste. In seinen Gewissensnöten vertraute er sich einem Heiler an, dessen verabreichtes Mittel große Schmerzen verursachte. Der junge Mann starb noch während unseres Rettungsfluges in die Klinik. Der Fluch war zu stark, so der Kommentar des Heilers, sein Gegenfluch hätte nicht geholfen.

Die Touristen sind oft verwundert, dass an einer Beerdigung so viele Menschen teilnehmen, zumeist das ganze Dorf, und sie vermuten, dass der Tote sehr viele Freunde und Verwandte haben müsse, wie es in Großfamilien üblich ist. Doch oftmals versteckt sich ein ganz anderer Grund dahinter: Man will mit der Teilnahme vermeiden, dass der Verdacht entsteht, man selbst habe den Fluch ausgesprochen, an dem der Betreffende gestorben ist. Das könnte drastische, stigmatisierende Folgen haben."

„Denken Sie an die Situation der Frauen", ergänzte Frau Breuninger. „Die grausame Beschneidung ist in vielen Volksgruppen und Ländern noch heute ein Grundbestandteil der Kultur. Wer sie ablehnt, wird ausgestoßen aus der Gemeinschaft oder darf nicht heiraten. Darüber befindet das Dorf, das heißt dessen Männer. Erste Projekte durch internationale Hilfsorganisationen in einer Reihe von Ländern zeigen einen Ausweg, aber auch die enormen Schwierigkeiten dabei. Es ist ein längerer und komplizierter Weg, diese unsägliche Tradition endgültig überall zu beseitigen." (siehe Anmerkungen)

Und sie fuhr fort: „Wie ergeht es einer Frau im afrikanischen Alltag? Sie hofft, durch eine Heirat abgesichert zu sein. Aber das stimmt nur formal. Sie ist völlig abhängig vom Mann, ihm ausgeliefert, wird sein Besitz. Per Gesetz verliert sie die einfachsten menschlichen Grundrechte, wird entmündigt. Er bestimmt ihr Leben und wenn ihm irgendetwas nicht mehr passt, setzt er sie mitsamt den Kindern vor die Tür. Die Rückkehr in ihre Großfamilie ist dann für sie die einzige Hoffnung.

Viele Paare leben deswegen ohne Hochzeit und Trauschein zusammen. Das hat den Vorteil, dass die Frau über ihr Schicksal im Rahmen des Möglichen selbst bestimmen kann und laut Gesetz mehr Rechte besitzt. Der große Nachteil besteht darin, dass sie in keiner Weise abgesichert ist. Das Verhalten der Männer ist immer nur 'good will'. Sie haben keine Verpflichtungen, übernehmen weder Verantwortung für die Kinder noch für die Gemeinschaft. Vielfach ist der Mann auf Wanderschaft, um irgendwo Arbeit zu suchen, und kommt er einmal wirklich zurück, schleppt er häufig auch noch das HI-Virus ein. Die Frauen tragen die viel schwerere Last, haben ein hartes Schicksal auszuhalten. Auch das ist Afrika."

Mit dieser verdammt bitteren Seite des Lebens waren wir noch nie so direkt konfrontiert worden. In so einem Umfeld mussten sich die Menschen hier zurechtfinden, darin leben und arbeiten. Wir sahen auch Dr. Pobi plötzlich mit ganz anderen Augen. Wie schwer musste es sein, als Arzt in solch einer Situation voller Sorgen und Probleme erfolgreich tätig zu sein.

Mich erfassten plötzlich Bitterkeit und eine Leere. Nicht nur in der Klinik hatte sich allerhand verändert.

Breuningers waren nicht mehr da. Mister Richard wollte unternehmerisch neu starten. Der umtriebige Nikolas Holt vom Paramedic Rescue, der mich während der Überführung von Maun nach Frankfurt/Main Tag und Nacht intensiv medizinisch betreut hatte, war nach England gegangen, um zu studieren. Unsere Bemühungen, mit ihm in Kontakt zu kommen, waren bisher erfolglos. Dr. Pobi trug sich mit dem Gedanken, wegzugehen, vielleicht in seine Heimat zurück, in den Kongo, wo ihn im Hinblick auf die bürgerkriegsähnlichen Zustände wohl kein leichtes Leben erwartete. Aber dort, bei seiner Familie und den Freunden, war er zu Hause.

Im Herbst 2003 informierte er uns, dass es seinem Vater in Kinshasa gesundheitlich sehr schlecht gehe, er ihn dringend besuchen müsse. Ende März erhielten wir eine alarmierende Mitteilung: „... Das Hospital bezahlt bereits seit Januar kein Geld ... Ich werde versuchen, eine andere Arbeit zu finden ... Der Besuch bei meiner Familie im Kongo ist jetzt sehr schwer geworden ... Es ist Zeit, dass mein ältester Sohn die Universität besucht. Das ist gegenwärtig nicht möglich, da das Studium hier sehr viel Geld kostet."

Wie versprochen, boten wir Unterstützung an, halfen finanziell und sicherten nochmals für das Studium eine regelmäßige geldliche Hilfe zu.

Am 21. Juli 2004 teilte er uns mit: „Greetings to you and to all your family. It has been a longer time now since we did communicate. We are allright here, I do not know how you are in Germany. Do not worry about me. We are O. K. I am planning to have my leave in August this year ... It is cold in Maun ..."

„Ich habe geplant, im August diesen Jahres wegzugehen." – Dieser Satz erschreckte uns, nichts Näheres, warum, wohin etc. Noch ist keine Antwort da. Wir suchen Verbindung, möchten Klarheit, um ihm auch weiter konkret zu helfen.

Nach dem Klinikbesuch hatten wir ein enges Gefühl in der Brust, fühlten uns ohnmächtig, klein und entmutigt. Wo war sie geblieben, die Illusion eines heiligen Ortes, der großartigen Stätte meiner Wiedergeburt? Wir waren in die Realität zurückgekehrt, auf den Boden des zerrissenen, widersprüchlichen afrikanischen Alltags voll unsäglicher Probleme. Nachts hatte ich dunkle Träume. Aber wir wollten ja das „stinknormale" Leben kennen lernen und nun erlebten wir es, diese andere Seite, das tatsächliche Afrika. Nun erst recht – schworen wir uns beide und zogen uns allmählich aus diesem Loch heraus, in das wir gefallen waren.

Bei den Buschmännern in der Kalahari

Wir fuhren entlang der Central Kalahari Game Reserve zügig nach Südwesten. Etwa 400 Kilometer auf botswanischer Seite und über 300 Kilometer auf namibischer Seite lagen vor uns. Der Winter sorgte für erträgliche Temperaturen. Hier, in dieser unwirtlichen Kalahari-Wüste, ist die Heimat der San. Ursprünglich über weite Gebiete des südlichen Kontinents verteilt, lebten sie seit zwanzig-

bis vierzigtausend Jahren als Jäger und Sammler in völliger Übereinstimmung mit der Natur. Sie sind von zierlicher Gestalt, haben eine hellere bräunliche Hautfarbe, ein schmales feingliedriges Gesicht und besitzen erstaunlich umfassende Kenntnisse über die Natur. Sie verwenden über 900 verschiedene Pflanzen für alle möglichen Zwecke, jagen erfolgreich mit Pfeil und Bogen. Alles, was sie brauchen, bietet ihnen die Natur. Sie sind die besten Fährtenleser. Ihre Vorfahren haben bereits vor zehntausend Jahren in Höhlen und auf Steinen Kunstwerke geschaffen, einmalige Zeichnungen.

Mit der späteren Besiedlung durch Negerstämme, wie die der Hereros und Namas, und mit der Kolonialisierung durch die Europäer wurde für sie als Nomaden ihr Lebensraum immer weiter eingeschränkt. Weil die Ländereien für Herden und Farmland benötigt wurden, drängte man die San immer tiefer in die Wüste ab. Es gelang ihnen, sich anzupassen und zu überleben. Die Zahl der San, die im Gebiet der Kalahari leben, wird auf ca. 55 000 geschätzt. Etwa 15 000 von ihnen sollen noch in der traditionellen Art ihrer Vorfahren als Nomaden leben. Versteckt in den unwirtlichsten Ecken der Wüste und Buschsteppe, sind sie schwer zu finden. Wie lange wird es sie wohl noch geben?

Viele versuchten, sich anzupassen, sesshaft zu werden, in Siedlungen zu wohnen. Sie erleiden ein ähnliches Schicksal wie viele Aborigines in Australien, Indianer in Amerika oder Eskimos in Alaska, werden ihrer ursprünglichen Lebensgrundlage beraubt und entwurzelt. Alkoholismus und Kriminalität nehmen zu. In der Hierarchie der Völkergruppen stehen sie auf unterster Stufe. Wegen ihrer „primitiven“ Lebensweise als Jäger und Sammler werden sie verachtet. Die viel später zugewanderten Negerstämme sind als Ackerbauern und Viehzüchter in Dörfern sesshaft geworden, nehmen dadurch einen gesellschaftlich höheren Rang ein.

Vor allem Missionare versuchen, ihnen mit Entwicklungsprojekten eine Chance zu erschließen, bisher mit mäßigem Erfolg. Doch ohne derartige Projekte wäre die Lebensfähigkeit dieser letzten Ureinwohner als Volksgruppe völlig gefährdet.

„De facto sind die San als eigenständiges Volk schon tot. Sie sterben aus oder werden in große Volksgruppen assimiliert, wie es bei den Nama in Namibia oder in Südafrika schon geschehen ist“, schätzen Kenner der Situation ein. „In weniger als 50 Jahren wird alles vorbei sein."

Dazu ereichte uns ganz aktuell die folgende Pressemeldung: „Mehrere Jahrtausende lang durchstreiften die Buschleute im südlichen Afrika als Jäger und Sammler die Kalahari-Trockensteppe zwischen Botswana, Namibia und Südafrika. 'Bassarwa' heißen die Ureinwohner in Botswana. Dort zogen die letzten Überlebenden vor Gericht. In dem Ort New Xade ging es um ihr Recht auf das Land ihrer Ahnen, in dem sie so lange in Einklang mit der Natur lebten. Denn die Regierung des einstigen britischen Mandatsgebiets hat Ende der 90er Jahre begonnen, sie im Rahmen eines Entwicklungsprogramms für verstreut lebende Siedler aus dem einst eigens für sie errichteten Naturreservat zu vertreiben und in Umsiedlungslager zu bringen. Der afrikanische Staat ... zog sich wegen der Vertreibung den Zorn internationaler Menschenrechtsgruppen zu. Als Hauptmotiv der Regierung sehen Kritiker den Aufbau eines Luxustourismus im Zentralkalahari-Naturschutzpark. Botswanas Regierung wiederum wirft ihren Kritikern vor, die Buschleute als folkloristischen Teil der Flora und Fauna zu sehen. Die Regierung hat bereits erklärt, dass sie ihre Argumente bis zur letzten Instanz durchfechten will. Die Zahl der in Botswana lebenden Bassarwa wird auf 20 000 bis 48 000 geschätzt." (Märkische Oderzeitung vom 16.07.2004)

Wir fuhren durch Busch- und Grassavanne, durch steppenähnliche Gebiete, Sand und Wüste, so weit wir sehen konnten. Die Missionsstation in D'kar war unser erstes Ziel. Hier wird seit Jahren ein Buschmannprojekt verwirklicht: Es gibt eine Schule, Geschäfte, Werkstätten, ein kleines Museum, einen Sonnenofen. Ein solcher Ofen stellt einen bemerkenswerten Fortschritt dar, weil man das immer knapper und teurer werdende Holz spart. Bei der intensiven Sonneneinstrahlung ist das eine ideale Lösung.

Inzwischen gibt es Kontakt zu einer Fördergruppe im Eichsfeld in Thüringen, die in Uganda ein interessantes Projekt durchführt: Die Einzelteile für derartige Anlagen werden nach Uganda gebracht und dort zu kompletten Solaröfen montiert. Das schafft gleichzeitig Arbeit für die Einheimischen. Zu dem Projekt in D'kar gehört eine Ansiedlung von Hütten, einige in traditioneller Bauweise aus Zwei-

Schutzhütte der nomadisierenden San

Missionsstation D'kar, San-Kinder

Siedlung inmitten der Projekt–Farm

San-Frau übergibt Oubwe (Fingerharfe)

Solarofen, erzeugt Energie und spart Holz

Transkalahari, Grenzübergang Mamuno

gen und Gras, einige Lehmhütten, einige mit Überdachungen aus Plastik. Auf einer Farm wird Landwirtschaft und Viehzucht betrieben. Die Kinder gehen zur Schule. Es ist ein Versuch, die San sesshaft zu machen, ihnen zu helfen, eine Perspektive zu finden. Das Ganze sieht erfolgversprechend aus, auch wenn es nur ein Tropfen auf den heißen Stein sein kann.

Wir kamen mit einigen San auf Englisch ins Gespräch. Ihre eigene Sprache ist eigentümlich. Sie ist durchsetzt mit Klicklauten, ein Charakteristikum dieser Ursprache. An die Klangfarbe muss man sich gewöhnen. Mit den Kindern, Jungen und Mädchen getrennt, gab es sofort Kontakt, leider nicht sprachlich, sozusagen Kaugummikontakt.

Die nächste und letzte größere Ansiedlung auf botswanischem Boden war Ghanzi, ein Zentrum der San. Wir besuchten das San-Museum. Mit einem dort tätigen Eingeborenen, einem attraktiven jungen Mann, gebildet, aber in allem, was er sagte, sehr vorsichtig, unterhielten wir uns längere Zeit. Er machte auf uns den Eindruck: „Es geht so lala, glücklich sind wir nicht."

Er bestätigte, dass es weiter draußen in der Kalahari noch Familien gibt in traditioneller Lebensweise. Aber sie haben es schwer, dort in der lebensbedrohlichen Natur. „Wo kann man sie finden?", fragte ich. Er wiegte nachdenklich den Kopf, runzelte die Stirn, lächelte dann mehr in sich selbst hinein. „Das ist schwierig", sagte er und schwieg.

Da kommt so ein weißer Tourist, der unser sowieso schon schwieriges Leben stören will, mag er gedacht haben – zu Recht.

Wir erwarben einige San-Gegenstände, Pfeil und Bogen, Perlenketten, bemalte Straußeneier. Es sind originale Schmuck- und Gebrauchsgegenstände, deren Verkauf ihnen hilft, zu überleben und damit ein Stück ihrer Kultur zu erhalten.

Dann ging es auf gut gepflegter Straße weiter durch öde trockene Wildnis, Wüste und Savanne, das letzte Stück auf der Transkalahari in Richtung Namibia. Kurz vor der Grenze, an der letzten Tankstelle, übernachteten wir. Es war Winter und wir waren immerhin 1 400 Meter über dem Meeresspiegel, sodass sich empfindliche Kühle in unser Auto schlich. Gegen Morgen, auf der zugigen Ladefläche unseres Van eingemummelt und zusammengerollt in Schlafsäcken und Decken, froren wir tierisch, wie Hannelore es ausdrückte. An den Grenzübergängen Mamuno auf der botswanischen und Buitepos auf der namibischen Seite gab es keine Probleme. Nun fuhren wir auf der B 6 nach Westen, Richtung Windhoek. Der Transkalahari-Highway zog sich als gerades Band endlos durch den „roten Sandkasten".

Nach etwa 120 Kilometern legten wir in Gobabis einen Zwischenstopp ein. Der Ort wurde 1856 von der Rheinischen Mission gegründet. Mit dem Bau der Transkalahari gewann die Stadt an wirtschaftlicher und verkehrstechnischer Bedeutung. Fährt man von hier über einen der zahlreichen Farmpads, die Schotterwege, zu den riesigen Farmen, kommt man in südlicher Richtung direkt in die Sandwüste mit den hohen Dünen aus rotem, feinkörnigen Sand hinein. Die Gegend war Schauplatz harter Auseinandersetzungen zwischen der deutschen Schutztruppe und den Eingeborenen, besonders mit den Nama und Herero.

Die Nama, einer der größten Volksstämme des Landes, waren in den Weiten des südlichen Namibia angesiedelt. Sie wurden von den Deutschen wegen der Klicklaute in ihrer Sprache verächtlich als Hottentotten oder Stotterer bezeichnet.

Annähernd 100 000 Hereros leben heute in Namibia, die Mbanderu-Hereros. Die aus Botswana angesiedelten und in dieser Gegend sesshaften Tswana haben in Gobabis ihr Zentrum. San besiedeln die Stadt, in der auch Europäer, meist führende Geschäftsleute und Farmer, leben. So ist diese Stadt als multikultureller Ort ein Beispiel dafür, wie die verschiedenen Volksgruppen friedlich miteinander leben können. Das attraktive Geschäftszentrum mit modernen Steingebäuden wurde durch den Staatspräsidenten erst vor kurzem eingeweiht. Ringsherum pulsiert das Leben in vielen kleinen Geschäften, bei Dienstleistern und Handwerkern, aber auch in Supermärkten. Moderne und Tradition behaupten sich dicht nebeneinander.

Die Eisenbahnschienen und die Drahtzäune der Farmer links und rechts der Straße begleiteten uns bis nach Windhoek. Ursprünglich gab es quer durch Namibia, ähnlich wie in Teilen Botswanas, einen Zaun zum Schutz gegen die Rinderpest. Jetzt war das Farmland eingezäunt und die Bewegungsräume der wilden Tiere wurden da-

In Gobabis, San-Familie vor dem Supermarkt

Im Geschäftszentrum, Hererofrau, Dienstleistung Nähen

Überall freundliche Menschen

Hererofrau und Kinder vor ihrem Geschäft

durch stark eingeschränkt. Immer wieder sahen wir durch die vorbeifahrenden Autos nervös gewordenes Wild, das verzweifelt am Zaun entlang lief, um ein Schlupfloch zu finden, darunter Strauße und allerlei Herdentiere. Geier machten sich direkt neben der Straße über die Reste eines Gnus her – die Naturpolizei räumte auf, sorgte für Ordnung.

Das Ökosystem wird durch diese Barrieren ernsthaft gestört. Das gab uns auch ein Farmer freimütig zu verstehen: Wir hatten eine Pause am Eingang der Okasewa Ranch eingelegt. Gegenüber der Straße befand sich eine Haltestelle der Bahn gleichen Namens. Schwarze bauten dort am Eingangstor. Ein Weißer kam auf uns zu, Ulrich Pak, ein Deutscher. Seit der dritten Generation wird die Farm von der Familie betrieben. Der Großvater hatte sie mit der Ansiedlungskampagne während der deutschen Kolonialzeit Anfang des 20. Jahrhunderts aufgebaut. Herr Pak fühlte sich wohl hier. Zurück nach Deutschland? Nein, niemals. Und die manchmal befürchtete Vertreibung der Weißen durch die Regierung ähnlich wie in Simbabwe? Nein, kaum vorstellbar. Ist er sich so sicher, fragte ich mich, nachdem es erste Informationen über ein „Brodeln und Gären", einen scharfen Streit zur Landverteilung gibt und die Regierung eine Landreform plant?

Die 80 000 Weißen von insgesamt 1,7 Millionen Einwohnern Namibias, darunter 30 000 deutschstämmige, spielen für die Ökonomie des Landes eine wichtige Rolle. Handel, Handwerk sowie das beste Farmland sind fest in ihrer Hand. Sie sind die Träger der Wirtschaft, des Wohlstandes, der Entwicklung. Seit Beginn des 20. Jahrhunderts leben sie hier, siedelten sich als Bauern, Offiziere oder Beamte an. Die Regierung weiß, dass sie ein erheblicher Garant von Ruhe und Ordnung im Land sind.

Und die Farmen? Viehzucht ist eine der wichtigsten Grundlagen.

„Ich verstehe die Deutschen nicht", sagte er. „An ihrer Stelle gäbe es für mich nur eins: Hierher ziehen und Farmer werden."

„Aber ist es nicht ein bisschen einsam hier?"

„Ja, schon, das ist Gewohnheit."

„Und wie geht es so mit den Afrikanern?"

„Eigentlich gut, sie sind anstellig und treu, auch geschickt und fleißig. Man muss sie nur richtig anleiten und kontrollieren. Sehen

Schnurgerader Transkalahari Highway

Vorsicht Wild, Warzenschweine

Da sind sie, zum Glück ein Loch im Zaun

Herr Pak vor seiner Farm

Gegenüber: Gepflegte deutsche Technik

Entlang der Kalahari, typische Siedlung der Einheimischen

Strauße suchen Schlupfloch im endlosen Zaun

Geier am gerissenen Wild, „Umweltpolizei" räumt auf

Sie hier, ich bin ständig dabei, um nachzusehen, wie es bei der Reparatur dieses Eingangstores vorangeht. Und wenn mal einer meinen Erwartungen nicht entspricht, wird er ausgetauscht. Die meisten sind froh, hier Arbeit zu finden und die Familie ernähren zu können. Das schafft Zufriedenheit und uns Ansehen. Das wird die Regierung wohl kaum aufs Spiel setzen …"

„Und die Schule, Bildung, Kinder?"

„Das ist eine wichtige Frage. Unsere drei Kinder sind zur Zeit in Deutschland und studieren dort. Das erzeugt Bindung zur Heimat, zum dortigen Leben. Und neue Kontakte werden geknüpft."

„Was ist mit diesen Zäunen?", bohrte ich.

„Ja, die sind schon ein Problem. Doch was sollen wir machen, wir müssen unsere Herden schützen, die wilden Tiere abhalten."

Er war ganz offen: „Eigentlich machen wir Farmer einen großen Fehler, indem wir immer mehr Tiere halten, immer mehr Flächen abweiden. Durch die hohe Tierdichte werden die Grasflächen ernsthaft geschädigt, erholen sich nur sehr langsam. Wir überweiden unser Land, berauben uns so allmählich der eigenen Grundlagen. Das beschäftigt mich seit langem, aber alle machen es so."

Er sah wohl zur Zeit keine Lösung. „Alternative?", wiederholte er meine Frage. „Es gibt Wildfarmen, z. B. im Norden Namibias, wo die Farmer Parks für wilde Tiere auf ihren Ländereien geschaffen haben, für Löwen, Leoparden, Elefanten und andere. Das trägt auch zum Schutz und Erhalt dieser Tiere bei und gibt Gelegenheit für touristische Vermarktung." Daran hatte er auch schon gedacht. „… kostet aber eine ganze Stange Geld und großes Engagement."

Er lud uns auf einen Tee ein. Doch wir entschuldigten uns, dass unsere Reisepläne nicht erlaubten, länger bei ihm zu bleiben. Wir versprachen, in Kontakt zu bleiben und fuhren weiter.

Wieder unterwegs, erlebten wir es: Strauße in Scharen rannten am Zaun auf und ab, ebenso Warzenschweine. Gazellen und Antilopen hüpften entlang des schmalen Streifens Busch und Gras zwischen Straße und Zaun. Selten fanden sie ein Loch, durch das sie sich eiligst durchzwängten und verschwanden. Straßenschilder mit Piktogrammen einer Antilope oder eines Warzenschweins warnten vor den Gefahren für die Fahrzeuge. Der Verkehr war vor allem von großen Trucks geprägt. Schließlich war dies die Ost-West-Verbindung durch das gesamte südliche Afrika, vom Atlantik, d. h. von Swakopmund über Windhoek bis Gaborone, nach Südafrika, und bis zum Indischen Ozean.

Zur Westküste Namibias

Über Witvlei und Seeis, vorbei an vielen Farmen, erreichten wir Windhoek. Wir änderten unseren ursprünglichen Plan und machten nur einen kurzen Tankstopp. Es zog uns weiter nach Westen, an den Atlantik, nach Swakopmund und Walvis Bay, durch die Wüste Namib-Naukluft. Für Windhoek wollten wir uns später Zeit nehmen. Über die B 1 fuhren wir wieder bis Okahandja, bogen dann nach Westen auf die B 2 ab, die als gut asphaltierte Straße 360 Kilometer bis nach Swakopmund und dann weitere 35 Kilometer entlang der Küste nach Süden bis Walvis Bay führt. Daneben verläuft der 1902 gebaute Eisenbahnstrang von Swakopmund nach Windhoek.

Swakopmund, als deutscher Hafen 1892 gegründet, war damals zu einem wichtigen See-Umschlagplatz für die Kolonie geworden. Noch jetzt ist die Bahn in Betrieb. Hier verkehren auch die noblen und beliebten Touristenzüge, z. B. der Wüstenexpress. So wie in Windhoek, erinnert auch in Swakopmund vieles an das Deutschland der Kaiserzeit. Berlin zu Beginn des zwanzigsten Jahrhundert lässt grüßen.

Die Gegend wurde immer baum- und strauchloser. Kies, Steine, Sand und Felsbrocken beherrschten die Landschaft. Wir näherten uns der Namib-Wüste. Dieses Gebiet trägt die Bezeichnung Namib-Naukluft. Hier gibt es Berge bis zu 2 300 Meter Höhe.

Wir fuhren an Arandis und Rössing vorbei, einem wichtigen Bergbauzentrum. In Rössing wird im Tagebau Uranerz abgebaut. Hier befindet sich die größte Uran-Mine der Welt. Diese Gegend ist eine verbotene Zone und entsprechend gesichert. Eine Missachtung kann schnell lebensgefährlich werden. In der nahe gelegenen Siedlung Arandis gibt es als typisches Überbleibsel der Apartheid drei strikt voneinander getrennte Wohngebiete: einfache Hütten

Durch die Namib von Windhoek nach Swakopmund, Wüstenexpress

Rössing-Arandis, größte Uranmine der Welt

Oase mit Wasserdepot, deutsche Kolonialzeit, 1903

für die schwarzen Arbeiter, eine Siedlung im gehobenen Standard für das leitende Personal und ein komfortables Areal für die Chefs und Bosse. Ebenso gnadenlos scharf sind die Sicherheitsmaßnahmen in den Diamantminen in der Namib im Südwesten des Landes. Diamanten sind auch heute ein äußerst wichtiger Faktor für die wirtschaftliche Prosperität von Namibia. Dort, wo die Stadt Lüderitz sich zum Drehkreuz am Diamantensperrgebiet entwickelt hat, begann die Diamanten-Geschichte Deutsch-Südwestafrikas, nachdem 1908 der Thüringer Strauch mit dem ersten Fund im Wüstensand das Diamantenfieber ausgelöst hatte.

Rund 60 Kilometer vor Swakopmund bogen wir auf eine Schotterstraße nach Süden ab und fuhren in eine Mondlandschaft hinein, baumlos, pflanzenlos, mit Steinen, Felsen, Bergen, Canyons. Unsere größte Sorge war, nicht zu schnell zu fahren, um nicht gerade hier liegen zu bleiben. Leicht konnte man in einen Graben oder ein Loch rutschen. Durch die zahlreichen von den Reifen aufgeschleuderten Kiesel bestand für die Frontscheibe die Gefahr, zerstört oder zur „Sandstrahlscheibe“ zu werden. Und diese Wege waren üblich im Inneren des Landes. Wenn man mit so einer Scheibe zurückkam, kannte der Vermieter keine Gnade. Weil das Glas vorsorglich aus dem Versicherungsschutz ausgeschlossen war, musste sie voll bezahlt werden. Fuhren wir aber zu langsam, bestand die Gefahr, nicht mehr bei Tageslicht ans Ziel zu kommen. Bei Nachtfahrten jedoch war das Risiko besonders groß, irgendwo stecken zu bleiben.

Wir wollten heute unbedingt noch die einzigartige Pflanze Welwitschia mirabilis finden. Es gibt sie in der Welt einzig und allein in der Namib, inmitten der unwirtlichen Wüste, an einem Platz, den zu suchen wir die strapaziöse Fahrt auf uns genommen hatten.

Nach etwa 20 Kilometern fuhren wir durch Felsen hinab in einen Canyon mit einem jetzt im Winter ausgetrockneten Flussbett. Völlig überraschend stießen wir dort unten auf eine Oase mit Palmen, viel Grün, einigen Gebäuden und einem Wasserdepot aus deutscher Zeit mit der Jahreszahl 1903. Einige Arbeiter, die wir nach dem Weg fragten, pflegten den Rasen. Obwohl man eigentlich eine spezielle Erlaubnis benötigte, ließ man uns ziehen. Auf der anderen Seite wand sich der Weg in engen Serpentinen wieder hinauf auf das

Hochplateau. Nicht ein Pflänzchen und kein Tier waren zu sehen, nur Steine, Sand und Staub.

Nach weiteren 15 Kilometern erreichten wir einen historischen Ort. Hier hatte die deutsche Schutztruppe im Jahre 1904 in harten Wüstenkämpfen gegen die Eingeborenen ihre gesamte Ausrüstung liegen gelassen. Und so sieht man hundert Jahre später Fahrzeugketten, Öl- und Benzinfässer und andere verrostete Teile aus dem Sand herausragen.

Wir mussten das trockene Flussbett noch einmal in umgekehrter Richtung durchfahren. Hier gab es wenigstens ein bisschen Grün, einige Büsche. Dann, kaum zu fassen in dieser Öde, kam eine Herde Paviane, ca. 30 bis 40 Tiere, von den Felsen herunter. Unbegreiflich, dass sie hier leben können. Wir fuhren an Wänden aus dunklem vulkanischen Magmagestein entlang, der so genannten „Chinesischen Mauer". Hinsichtlich der Herkunft ist man sich unsicher. Die Frage nach einem möglichen Vulkanismus in dieser geologisch uralten Gegend Namibias wurde lange Zeit kontrovers diskutiert. Heute dominiert die Auffassung, dass das Magma nicht durch eigenen Vulkanismus, sondern durch Einwirken von außen entstanden ist.

Durch endlose braune Wüste ging es weiter stetig bergauf. Dann, nach etwa zehn Kilometern, war sie da, diese einzigartige Spezies der Flora. Links und rechts des Weges sahen wir sie – die bizarre Welwitschia – in größeren Abständen einzeln und flach dahingebettet, mitten im trockenen, staubigen Sand. Wir fuhren noch einige Kilometer bergauf bis zu einer breiten Bergkuppe. Da lag das majestätischste Exemplar vor uns: Eine Überlebenskünstlerin, die Ur-Welwitschia, zirka 1 500 Jahre alt, zum Schutz vor achtlosen Besuchern und respektlosen Sammlern eingezäunt.

Zwei Millionen Jahre soll es diese Pflanzen hier schon geben. Das Durchschnittsalter beträgt 500 bis 600 Jahre. Es ist kaum zu fassen, dass eine solche Pflanze in der Gluthitze der Namib leben kann. Wir konnten uns an dem Naturwunder nicht satt sehen und fragten uns, warum sie hier und nur hier gedieh? Die verholzte Sprossachse ragt nur bis zu einem halben Meter über dem Boden hervor, die Wurzel soll bis zu zwei Meter tief in den Boden dringen. Eigentlich ist sie ein Baum, der durch die extremen Bedingungen derart

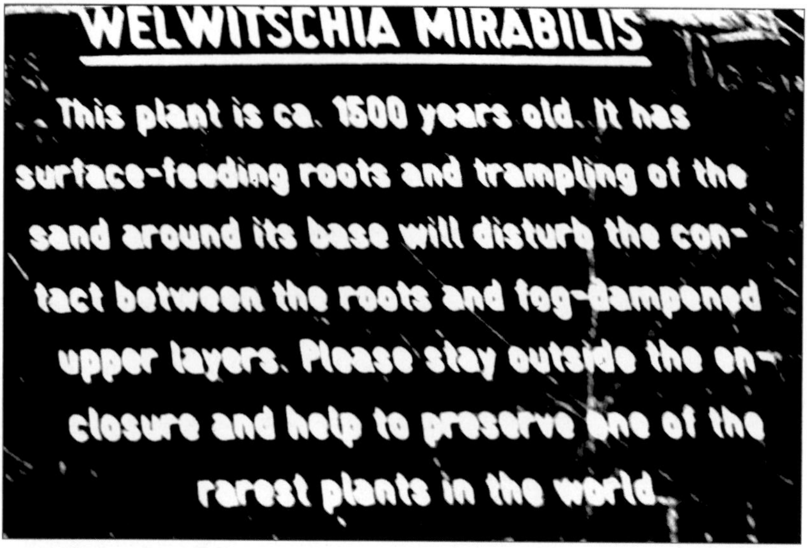

Welwitschia Mirabilis
Diese Pflanze ist ca. 1 500 Jahre alt. Ihre Wurzeln werden von der Feuchtigkeit der Oberfläche gespeist. Das Herumlaufen auf dem Sand rund um die Pflanze zerstört den Kontakt zwischen den Wurzeln und den nebel-feuchten oberen Schichten. Bitte bleiben Sie außerhalb der Umgrenzung und helfen Sie, eine der seltensten Pflanzen der Welt zu erhalten.

degenerierte. Sie ist eingeschlechtlich und zweihäusig. Die männlichen und weiblichen Blüten befinden sich an jeweils unterschiedlichen Pflanzen in verschiedenfarbigen Zapfen. Die Bestäubung erfolgt durch Insekten, die sich ebenfalls hier der rauen Wüste angepasst haben.

Die bandförmigen und ledrigen Blätter, jeweils immer nur zwei, werden bis zu drei Meter lang, neigen sich seitlich nach unten und legen sich auf den Sand. An der Spitze sterben sie ab, treiben aber ständig nach. In einer guten Regenzeit können die Blätter in einem Monat bis zu zehn Zentimeter wachsen. Auf den Blattrinnen sammelt sich in der Nacht der Tau, wird darin auf den Boden geleitet, versickert und gelangt so zu den Wurzeln. Durch dieses Wasser wird das Überleben gesichert. Vielleicht spielt es eine Rolle, dass durch

Bergglühen, auf dem Weg zur Welwitschia

Welwitschia einzeln und verstreut auf dem Wüstensand

Älteste Welwitschia, 1500 Jahre alt, einzigartiges Naturwunder in der Wüste

die Nähe des Atlantik ab und an ein Hauch Luftfeuchtigkeit bis hierher gelangt.

Es gibt in dieser harrschen Wüste ein überraschend vielfältiges Leben. Sie ist bei weitem nicht tot. Hier siedelt zahlreiches Kleingetier, Käfer, Insekten und Schlangen. Sie alle haben erstaunliche Überlebensstrategien entwickelt. In den Sanddünen der Namib gibt es zum Beispiel einen Käfer, der sich nachts auf die Vorderbeine stellt, das Hinterteil hochhebt und die sich auf den zusammengewachsenen Flügeln sammelnden Tautröpfchen auf seinen Kopf und weiter in den Saugrüssel abgleiten lässt.

Wir vergaßen die Zeit und kamen erst zur Besinnung, als die Sonne den Horizont berührte. Nun nichts wie los. Nach zehn Kilometern erreichten wir gerade noch die gepflegtere Schotterstraße C 28, bevor es stockdunkel wurde. Angestrengt schauten wir, jeder auf seiner Seite aus dem Autofenster. Es war nichts zu sehen, keine Straßenbegrenzung, nicht der geringste Schatten – der reinste Blindflug. In völliger Dunkelheit und durchgeschwitzt erreichten wir schließlich Swakopmund. Unsere Fahrt war schnell und riskant. Wie leicht hätten wir seitlich wegrutschen und hoffnungslos stecken bleiben können.

Kurz vor Mitternacht fanden wir nach längerem Suchen einen Campingplatz direkt am Meer, wo wir uns den Staub abduschen konnten. Endlich zur Ruhe gekommen, lauschten wir dem gleichmäßigen Rauschen des Atlantik, gingen gedankenversunken im silbernen Widerschein des Mondes am Ufer entlang und wünschten uns beim Niederfallen einiger Sternschnuppen weiterhin eine glückliche Reise. Dann krochen wir auf die Ladefläche unseres Van, fielen erschöpft und erleichtert in einen tiefen Schlaf. „Endlich mal schlafen, ohne zu frieren“, raunte mir Hannelore noch zu.

Am nächsten Tag eroberten wir die Stadt. Wir fuhren überall herum, bummelten durch die schönen Straßen, verweilten an schattigen Plätzen, in Parks und Museen, besichtigten den Bahnhof und sprachen mit den freundlichen Menschen. Die Stadt hat ein ganz eigenes Flair. „Hier könnte ich mich richtig wohlfühlen“, so lautete Hannelores Kommentar.

Das „südlichste mondäne Seebad Deutschlands“, so nannte man Swakopmund einst. Vom ersten Moment an waren wir von der

Stadt angetan und überrascht. Die Bewohner sind stolz – auf die einstigen deutschen Leistungen und technischen Errungenschaften, die hier realisiert wurden, ebenso wie auf die deutschen Tugenden wie Fleiß, Ordnung, Disziplin. Straßen und Gebäude aus der damaligen Zeit sind gut erhalten, tragen deutsche Namen. Geschäfte werden von den Nachkommen der deutschen Einwanderer geführt. Deutsche Produkte gibt es an jeder Ecke. Die Schwarzwälder Kirschtorte schmeckte wie zu Hause. Der Kolonialpalast mit dem kaiserlichen Bezirksgericht aus dem Jahr 1901 ist heute Sommerresidenz des namibischen Präsidenten. In der Nachbarschaft steht der alte Leuchtturm aus jener Zeit. Ein Teil des ehemaligen Bahnhofs wurde zu einem komfortablen Hotel umgebaut. Daneben befindet sich das Bahnhofsmuseum, in dem man deutsche Technik vom Anfang des 20. Jahrhunderts bestaunen kann.

Ein Stück weiter draußen kann man heute noch die im Sand stecken gebliebene eiserne Dampfmaschine aus dem Jahre 1896 bestaunen, die auch spöttisch „Martin Luther“ genannt wird. Sie war aus Deutschland vor dem Bau von Eisenbahn und befestigten Straßen für die umfangreichen Transporte von der Küste durch die Wüste bis in die Hauptstadt Windhoek herangeschafft worden. Ein Fehlschlag, wie sich zeigte, denn das dafür tonnenweise benötigte Wasser gab es nicht in der Namib.

Auf der anderen Seite des Bahnhofes prangt das mondäne Casino. Swakopmund ist auch heute eine gepflegte Kleinstadt, ein Atlantikbad, ein wenig verträumt, verstaubt und liebenswert, eben ein bischen Afrika aus der „guten alten Zeit“.

1902 wurde für die deutschen Überseeschiffe eine große Mole in den Atlantik gebaut. Sie war Kernstück des Hafens, versandete jedoch innerhalb von wenigen Jahren und wurde bereits 1906 wieder stillgelegt. Nun musste weiter draußen alles auf kleine Schiffe umgeladen und an Land transportiert werden. 1911 wurde mit der Errichtung einer 640 Meter langen Pier, „Jetty“ genannt, begonnen. Es wurden jedoch nur 262 Meter gebaut. Die Mole steht noch, ist vom Einsturz bedroht. Heute befinden sich auf dem Uferareal Restaurants, ein modernes Aquarium, eine Schule und schöne gepflegte Villen, viele noch aus der deutschen Zeit sowie eine einladende Strandpromenade. Inmitten der vom Kolonialstil geprägten

Swakopmund, Mole vom Einsturz bedroht

Swakopmund, deutsches Amtsgericht 1903

Altes mondänes Seebad, Nostalgie pur,

liebevoll und verträumt,

hier Tradition, dem gegenüber

supermoderne Kristallgalerie

Swakopmund, die Kaiserzeit lässt grüssen

Denkmal für die deutsche Schutztruppe

Kolonialpalast, alter Leuchtturm und

Bezirksgericht – heute Präsidentenresidenz

Innenstadt bildet das supermoderne Gebäude der Kristallgalerie einen gelungenen Kontrast.

1497 landete Bartholomäus Diaz als erster Europäer, der den Weg um die Südspitze Afrikas erkunden wollte, in der Walfischbucht, Walvis Bay genannt. Der dort von den Engländern gegründete Hafen versandete nicht. So gewann diese Enklave zunehmend an wirtschaftlicher Bedeutung. Namibia wurde zwar 1990 selbstständig, doch Walvis Bay erst 1994 von den Südafrikanern an Namibia zurückgegeben. Heute ist dort der einzige Übersee- und Ölhafen, das wichtigste Seeumschlagzentrum des Landes. Die Stadt ist nicht besonders interessant, aber ein Eldorado für Windsurfer.

Wir fuhren auf schnurgerader Asphaltstraße nach Süden, immer tiefer in den Namib-Naukluft-Nationalpark hinein. Rechts lag das tiefblaue Meer, vor uns tauchte allmählich Walvis Bay auf. Schiffe, Häuser und Öltanks wurden sichtbar. Linker Hand gab es nur noch Wüste. Der feine Sand war zu hohen Wanderdünen aufgetürmt, die wunderlichste Formen bildeten. Der Wind betätigte sich unermüdlich als Künstler. Ab und an sah man Fußstapfen auf die Dünen hinaufführen. An einigen Stellen gab es Skispuren. Dieser Sport, Abfahrtslauf mit Ski und Surfbrett die Dünen hinab, ist in den letzten Jahren auch hier populär geworden, trotz oder vielleicht gerade wegen der Verbote. Dauerhafte Schädigungen und Zerstörung dieser einmaligen Landschaft mit den bis zu 300 Meter hohen Sanddünen sind zu befürchten. Ein fragwürdiger Kompromiss besteht darin, dass man dieses Sand-Skiing nur auf der Luvseite ausgewählter Dünen gestattet, weil man hofft, dass die heruntergefahrenen Sandmengen vom Wind wieder hochgeblasen bzw. die Schäden durch das Wandern der Dünen beseitigt werden.

Für die Rückfahrt nach Windhoek wählten wir den Schotterweg quer durch die Wüste und über Gebirge nach Osten über die C 14 und C 26. Das war in dieser Jahreszeit mit einem vierradgetriebenen Auto zwar möglich, aber auch riskant. Immerhin lag ein Weg von mehr als 350 Kilometern vor uns, mit wenigen Ausnahmen menschenleer, ohne Ansiedlungen, Bäume und Sträucher nur an ganz wenigen Stellen. Wir prüften nochmals unsere Ausrüstung, nahmen Sprit, Verpflegung und Wasser in ausreichender Menge an Bord. Den Flugplatz, ein Stück von Walvis Bay entfernt, ließen wir links liegen. Wir fuhren zunächst entlang einer Eisenbahnlinie und vorbei an einem Abzweig mit dem Hinweisschild: „Siemens 220 KV Kuiseb Projekt Office“. Mitten in der Wüste wurde moderne deutsche Technik installiert und Entwicklungshilfe bei der Elektrifizierung geleistet. Nach einer knappen Stunde machten wir einen Abstecher zur Düne Nr. 7, die man besteigen darf. Touristen tummelten sich hier, machten Picknick in einer kleinen Oase oder krabbelten den langgestreckten 50 Meter hohen Sandberg hinauf. Wir taten es ihnen gleich.

Dann ging es immer tiefer in die menschenfeindliche Natur hinein, über Hochland, Senken und Bergrücken, durch trostloses, heißes und unwirtliches Gebiet. Es gab nichts. Fata Morganas gaukelten uns Wasser vor, in dem sich Inseln mit den Bergen der umgebenden Landschaft widerspiegelten. Lediglich drei Autos begegneten wir. Jedes Mal zogen sie riesige Staubfahnen hinter sich her, die über lange Strecken die Sicht behinderten. Nach etwa 150 Kilometern Fahrt stießen wir auf zwei Raupenfahrzeuge, die Steine vom Weg schoben, so wie bei uns im Winter der Schneepflug die Straßen frei schiebt. Ab und an zogen sich Steinwälle aus dunklem Magmagestein durch die Landschaft – interessante Formationen in einer der ältesten Wüsten der Welt. Sie waren während der erdgeschichtlichen Zeitläufe aus der Umgebung herauserodiert. „Lass nur nichts passieren“, sagte Hannelore voller Bangen. „Wenn wir liegen bleiben, was dann?“ Sicher würden wir einige Zeit überstehen, auch die Nacht. Wie aber sollten wir bei den großen Entfernungen und dem schwer befahrbaren Weg herauskommen?

In der glühenden Mittagshitze machten wir einen Abstecher über einen nur für Crossfahrer geeigneten Weg zu dem tief eingeschnittenen Kuiseb Canyon. Wir wanderten ein Stück auf dem schutzlosen Plateau, einer puren Steinwüste, entlang. Alles, was es gab, waren wenige kleine Sträucher und verdorrtes Gras. Doch da entdeckten wir überraschend eine schöne bodenkriechende Pflanze in leuchtendem Gelb, wie wir sie noch nie gesehen hatten. Ein paar Insekten krabbelten herum, ansonsten kein Leben, Totenstille.

Auf dem Rückweg stieß mich Hannelore plötzlich an. „Sieh dort, das kann es doch nicht geben!" Tatsächlich, auf einem nahen Hügel standen Oryx–Antilopen und Gazellen. Was für eine Überraschung in dieser Öde. Auch sie hatten sich angepasst, fanden offensichtlich Schutz und Nahrung in den Schluchten des Canyons.

Später quälten wir uns in steiler Fahrt bei elf Grad Steigung knapp 2 000 Meter hoch bis auf den Kuiseb Pass. Die Luft flimmerte, alles kochte, die Sonne brannte gnadenlos. Trotzdem zwangen wir uns auszusteigen. Nachdem wir eine ganze Weile durch die Gluthitze gewandert waren, hatten wir endlich die gesuchte Attraktion entdeckt: Köcherbäume, die es nur an wenigen Stellen gibt. Hier standen wir in einem kleinen Hain dieser interessanten Gebilde, die bis zu fünf Meter hoch werden. Sie sind wie Bäume mit Stamm, Ästen und länglichen fleischigen Blättern versehen. Doch es sind keine Bäume, sondern Aloen. Diese Sukkulenten sind in der Lage, ähnlich wie Agaven, im Stamm, im Geäst und den spitz auslaufenden Blättern Wasser zu speichern. Im Oktober haben sie schöne weiße Blüten. Wir untersuchten einen abgestorbenen Baum. Der Stamm war weich und faserig wie ein Schwamm. Die gelbliche Färbung soll vom Kupfer herrühren. Ähnlich den Eukalyptusbäumen werfen sie die Rinde ab. Etwa 300 davon soll es hier geben.

Jetzt waren wir mit unserer Kondition ziemlich am Ende. Die Hitze hatte mich geschafft und Hannelore übernahm das Steuer. Frauen sind eben doch ausdauernder als Männer. Wieder wand sich die Straße eine Ewigkeit bergauf und bergab, führte uns kurvenreich durch die Einsamkeit. Ein mächtiger Berg lag vor uns. Der Weg schlängelte sich endlos die Hänge hinauf. Endlich hatten wir den Gamsbergpass, direkt neben dem Gipfel des 2 347 Meter hohen Gamsberges, erklommen. Das war die höchste Stelle unseres Weges, der erst heute früh am Meer bei null Meter begonnen hatte. Wir gönnten uns eine kleine Pause, genossen den weiten Blick in alle Richtungen. Hinter uns lag das tote Tal, rechts neben uns flach wie ein Brett das majestätische Bergplateau und vor uns die allmählich abfallende Landschaft mit kilometerweiter Sicht und schnurgerader Straße.

Die Hitze ließ am Nachmittag nach und wir fühlten uns wieder wohler. Die Wüste ging in Savanne über, mit Gras, Büschen und Bäumen, vielen Akazien. Hier begann das Land der Farmer, gutes Weideland. Hin und wieder sahen wir Strauße, Gazellen und Antilopen. Vögel hatten ihre Nester auf die hier beginnenden Strom-

Nach Süden, links Wüste, rechts Atlantik

Walvis Bay

Gewaltige Sanddüne 7, davor kleine Oase

Wandernde Dünen

Auch wir kraxeln hinauf

Stop! Eisenbahn in der Wüste

Durch die Namib-Wüste Richtung Windhoek

Kuiseb-Projekt, deutsche Entwicklungshilfe

Raupenfahrzeuge halten Weg frei.
Fata Morgana, schwimmender Berg?

Kuiseb Canyon

Die heiße Steinwüste lebt

Der schönste Köcherbaum

In dieser Einöde – Gazellen

Seltene Ansammlung von Köcherbäumen

Am Gamsbergplateau, 2347 m

Bergab durch Furten und Schluchten

Erstmals wieder Menschen, Farm Hohenheim

masten gebaut. Noch 180 Kilometer bis Windhoek lagen vor uns. Wir fuhren entlang der berühmt-berüchtigten Einzäunungen der Farmländereien. Manchmal ging es durch eine Furt, die jetzt im Winter ohne Wasser war. Einmal kamen wir an einer verlassen wirkenden Farm vorbei. Doch dann kam die Erinnerung an zu Hause, wir sahen ein großes Hinweisschild als Information für die Touristen. Dies war „Weisenfels". Das ist eine für Gäste eingerichtete Farm mit Unterkünften, Camping, Betreuungs- und Betätigungsmöglichkeiten. Bald waren wir in „Hohenheim". An dieser Farm begegneten wir erstmals wieder Menschen, Schwarzen, die hier arbeiteten. Der Weg wurde allmählich besser. So kamen wir doch noch zügig voran und erreichten mit einbrechender Dunkelheit Windhoek.

In dem Backpacker-Hotel „Hakuna matata" fanden wir Unterkunft in einem sauberen Zimmer mit überdimensioniertem Küchen- und Sanitärtrakt. Das riesige Bad war inmitten des großen Raumes aufgebaut. Vielleicht war es als Spielwiese gedacht? Alles war bestens, ruhige Lage, freundlicher Empfang, das Auto sicher im Innenhof geparkt. Wir machten uns schick und spazierten in den Abend hinein durch die nahe gelegene Innenstadt von Windhoek, die Hauptgeschäftsstraße, die „Independence Avenue", die frühere Kaiserstraße. Nach der anstrengenden Wüstenfahrt genossen wir dieses Flair von Beschaulichkeit und Geschäftigkeit, die Mischung von Alt und Neu, von Kolonialstil und modernen Hochhäusern. Auf der Veranda eines Steakhauses aßen wir ausgezeichnet schmekkendes einheimisches Rind, tranken namibisches Bier, genossen das Lichtermeer der Häuser und das Sternenmeer des südlichen Himmels. Wir träumten uns in die wunderschöne Nacht.

Am nächsten Tag durchstöberten wir Windhoek, eine sehenswerte Stadt mit 175 000 Einwohnern, davon 30 000 Weißen. Die alten Gebäude aus der Kolonialzeit, Rathaus, Glockenturm, Nationaltheater, Offiziershaus, Post, Bürgerhäuser, Schulen und das Kudu-Denkmal beeindruckten uns. Hinter dem so genannten Zoo, der keiner ist, stand hügelaufwärts die Christuskirche, 1910 eingeweiht und ein Wahrzeichen des „weißen" Windhoek. Sie ist das älteste Gotteshaus, von der evangelisch-lutherischen Gemeinde errichtet. Drei Festungen wurden hier oben erbaut. Die „Alte Feste" beheimatet heute ein Museum über den Weg in die Unabhängigkeit. Davor hält der „Reiter von Südwest“ zu Ehren der deutschen Gefallenen auch heute noch Wacht. Er wurde anlässlich Kaisers Geburtstag im Jahre 1912 aufgestellt.

Hinter dem Museum stehen in einem Park das alte Regierungsgebäude aus dem Jahre 1913, im Volksmund als „Tintenpalast“ bezeichnet, daneben das moderne Parlamentsgebäude, dazwischen neuzeitliche Gebäude, Banken, Büros, Hotels aus Glas und Beton. Ganz in der Nähe unserer Unterkunft stand der historische Bahnhof von 1911, der im ursprünglichen deutschen Kolonialstil erhalten, liebevoll gepflegt und noch in Betrieb ist. Wir bestaunten die alte deutsche Technik, von Reparaturwaggons und Lokomotiven bis zu schienengebundenen Schutzpanzerwagen – Eisenbahnnostalgie pur. Hier ist der Ausgangspunkt des Wüstenexpresses nach Swakopmund, dem wir unterwegs begegnet waren. Nicht weit davon entfernt durchstreiften wir ein Viertel mit zahlreichen Ministerien und internationalen Einrichtungen.

Lange suchten wir nach der berühmten Turnhalle. Mindestens fünf Mal fragten wir Fußgänger, Portiers, patrouillierendes Militär, aber niemand wusste Bescheid. Endlich führte uns eine Wächterin zu diesem Gebäude an der Ecke Robert Mugabe Avenue und Bahnhofstraße. Die Turnhalle stammt aus dem Jahre 1903. Sie wurde durch die „Turnhallenkonferenz“ weltbekannt. Auf ihr wurde 1975 im Kampf der Machtgruppen von gemäßigten Kräften und unter der Schirmherrschaft der Südafrikaner ein Verfassungsentwurf für die Entlassung Namibias in die Unabhängigkeit entworfen. Diese wurde aber erst 1990 erreicht.

Im Zentrum entdeckten wir einen interessant gestalteten Brunnen, der aus Bruchstücken des 1838 entdeckten „Gibeon Meteoriten“ errichtet wurde, und auf denen man metallische Klänge erzeugen kann.

Wir nahmen Abschied von einem Land, das ein Beispiel des friedlichen Zusammenlebens vieler Volksgruppen ist. Der Regierung ist in relativ kurzer Zeit der komplizierte Balanceakt gelungen, die Probleme trotz vielfältiger Widersprüche und der auch hier herrschenden Armut zu lösen. Namibia ist einer der Hoffnungsträger unter den afrikanischen Ländern, eines der wenigen Beispiele für Ent-

Windhoek, Blick von der Festung

Hauptgeschäftsstraße mit Glockenturm

„Alte Feste“ mit „Reiter von Südwest“

Christuskirche, 1910

„Tintenpalast“, Regierungssitz

Kudu-Denkmal, Blick ins weite Land

Turnhalle 1903, berühmte Konferenz 1975

Englisch und Deutsch nebeneinander

Interessante Straßennamen

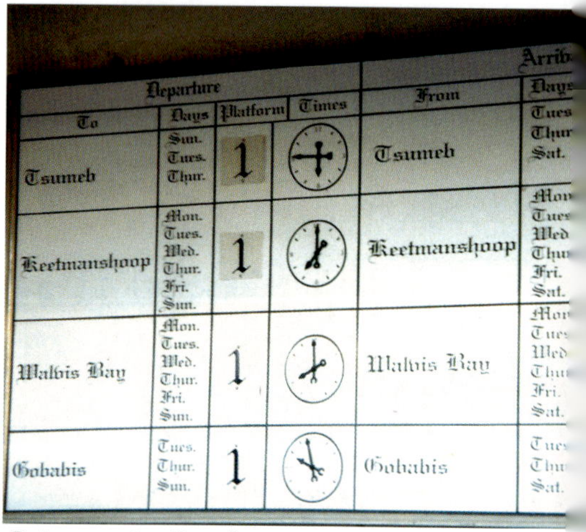

Reisezüge ins Land

Alte deutsche Eisenbahntechnik,

sogar schienengebundene Panzerwagen

wicklung und relativ guten Wohlstand im heutigen Afrika. Dabei darf man nicht vergessen, dass sich die wichtigsten Wirtschaftszweige, allen voran die Diamantengewinnung und die sich zusehends entwickelnde Farmwirtschaft, in den Händen der ansässigen Weißen bzw. von Ausländern befinden. Um so bewundernswerter ist das funktionierende Zusammenleben von Schwarz und Weiß und von Volksgruppen ganz unterschiedlicher Tradition und Kultur. Hoffentlich hält dieser noch brüchige Frieden für immer.

Ein positives Beispiel dafür ist Katutura. Das ehemalige Ghetto ist heute mit 150 000 Bewohnern der größte Stadtteil. Hierher wurden ab Ende der 50er Jahre, in der Zeit schlimmster Apartheid, die Schwarzen zwangsweise umgesiedelt, um das Elend aus dem weißen Windhoek fern zu halten. Es entstand ein Ort voller Armut, erbärmlicher Wohnverhältnisse und höchster Kriminalität. Die Plätze und Straßen wurden nach ethnischer Zugehörigkeit zugewiesen und, wie auch heute noch zu sehen ist, mit entsprechenden Buchstaben bezeichnet: N für Nama, D für Damara, H für Herero, W für Wambo usw. Es gab Unruhen, 1959 waren 13 Tote zu beklagen. Doch nach der Unabhängigkeit begann schrittweise eine positive Entwicklung. Die miserable Infrastruktur wurde verbessert, Schulen, Kindergärten, Post und moderne Häuser entstanden. Heute befindet sich Katutura im Aufbruch. Es gibt weniger Kriminalität und die Sicherheit verbessert sich zunehmend.

Interessant erscheint Folgendes: Dort lebende Eingeborene erheben seit geraumer Zeit Forderungen an Deutschland nach Entschädigungsleistungen für das in der Kolonialzeit zugefügte Unrecht.

Wir brachten unser Auto zur Vermietstation zurück. Die kleinen Schäden an den Scheiben ließ man durchgehen. Die Angestellten staunten über die in so kurzer Zeit zurückgelegten 5 000 Kilometer und dass es nicht mal einen Reifenwechsel gegeben hatte. Wir verabschiedeten uns in gutem Einvernehmen. Dass man uns noch bis zu dem 45 Kilometer entfernten Flugplatz brachte, war selbstverständlicher Service. Inzwischen haben wir bei dieser Company für unsere nächste Safari durch mehrere Länder Südafrikas bereits ein Auto vorbestellt.

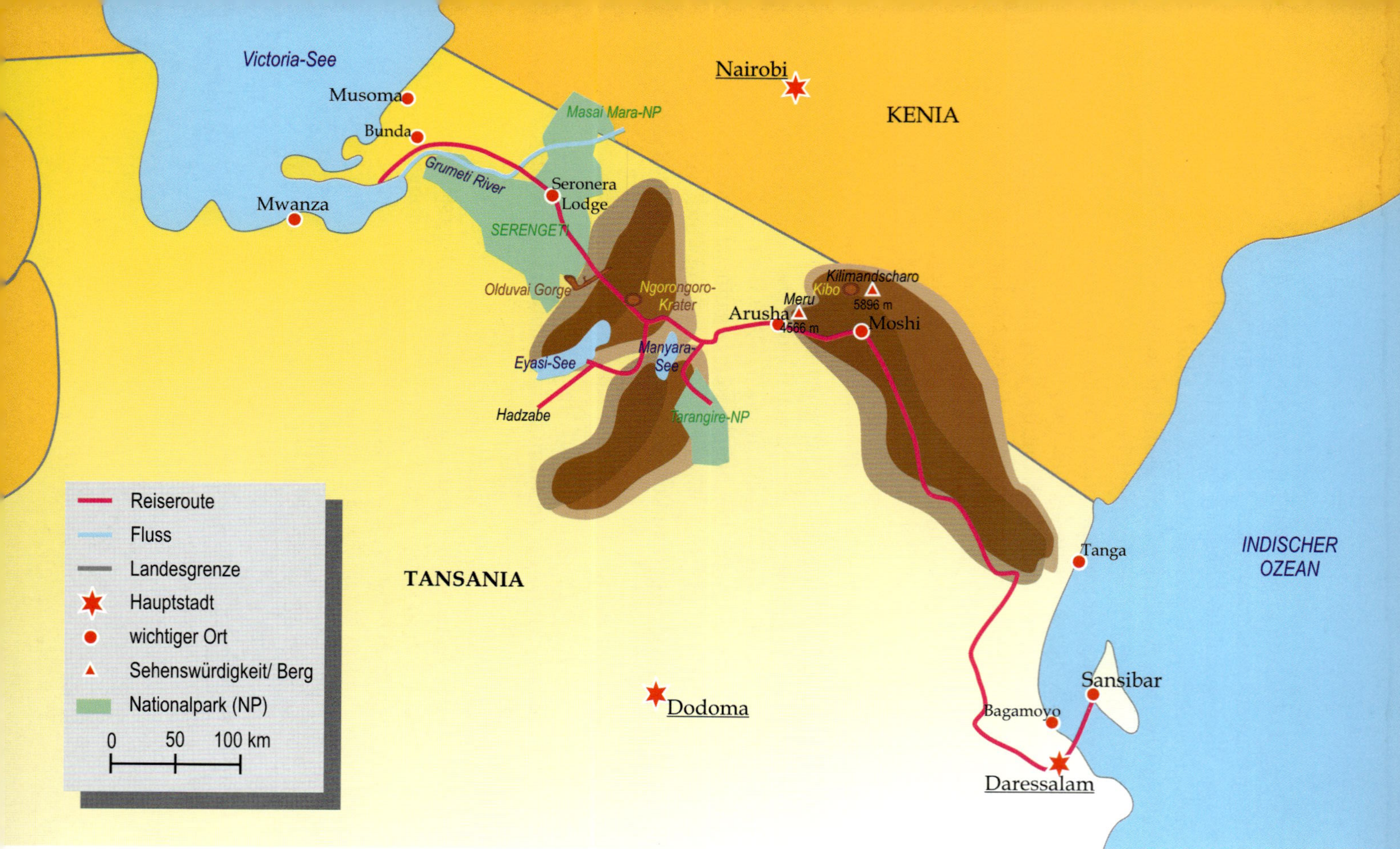

Reiseroute Tansania

Tansania und Sansibar

Arusha – das Tor zur Wildnis

Der Flug nach Johannesburg verlief problemlos. Wir trafen uns mit Colin Mead und übergaben ihm wieder eine Tasche mit Sachen, die wir für unsere Weiterreise nicht benötigten. Die Nacht verbrachten wir auf dem Flugplatz. Reisende mit Flugticket durften in der Empfangshalle übernachten. Wir krochen in unsere Schlafsäcke, streckten uns über je vier Sitze aus, lauschten den angenehmen polyphonen Klängen aus dem Lautsprecher und schliefen abwechselnd. Je weiter die Nacht voranschritt, umso dunkler wurden die Gestalten, die um uns herumschlichen. Wir wechselten das Terrain und zogen uns in eine Ecke zurück, in der ein Wachmann herumstolzierte.

Die Rucksäcke, an denen wir uns festgebunden hatten, dienten als Kopfkissen. Das Handgepäck hatten wir an den Handgelenken befestigt. Unsere wichtigsten Papiere befanden sich wie immer in Brust- bzw. Bauchtasche am Körper. Das Geld trugen wir verteilt in verschiedenen verdeckten Taschen in unserer Kleidung. Irgendwann war ein heftiger Streit unter zwei Gruppen entbrannt, später entstand ein richtiger Aufruhr. Wachdienst und Polizei griffen ein und hatten die Situation schnell im Griff. Die undurchsichtigen, herumschleichenden Typen verschwanden allmählich oder wurden nach Mitternacht hinausbugsiert.

Um halb sechs am Morgen kam Bewegung auf. Die Menschen, die sich jetzt hier aufhielten, waren Reisende. Wir erfrischten uns auf der sauberen Toilette mit separater Waschgelegenheit, frühstückten in einem der netten kleinen Restaurants und kauften die letzten Sachen für die Weiterreise ein: Mehr als 30 Filme, Ersatzbatterien, Trockenfleisch „Biltong“, Süßigkeiten, Zigaretten, Kaugummis und ähnliches.

Längere Zeit dauerte es, bis wir genügend 50-Dollar-Noten in kleinere Scheine gewechselt hatten. Das war notwendig, um in Tansania passend bezahlen zu können, damit es nicht unnötig teuer wurde. An einigen Schaltern der hier vertretenen Banken lehnte man das Wechseln kategorisch ab. Das war vielleicht eine Vorsichtsmaßnahme gegen Falschgeldhandel, sodass wir mehrere Schalter abklappern mussten.

Heute, am 6. Juli, waren wir um acht Uhr mit Andy Tinker auf dem Flugplatz verabredet. Er hatte uns ebenfalls erlaubt, eines seiner Bilder in unserem Buch zu veröffentlichen, lud uns zum Kaffeeplausch ein und erzählte von seinem Leben als Wildlifefotograf. Monatelang hält er sich mitten in der Wildnis auf, beobachtet und verfolgt tagelang Tiere, bis er seine spektakulären Bilder auf den Film gebannt hat.

Das Buch gefiel ihm und er sagte: „Sie müssen es unbedingt ins Englische übersetzen und hier verkaufen. Und mit den Hippos, das ist so eine Sache, mit denen ist nicht zu spaßen." Ihn selbst, so erzählte er uns, hatte es vor einem Jahr auch fast erwischt. Er saß am Rande eines Gewässers im Boot, konzentrierte sich auf ein Objekt zum Fotografieren. Um die Szenerie besser erfassen zu können, trat er mit einem Bein aus dem Boot in das knietiefe Wasser. Ein Hippo tauchte auf und griff ihn sofort an, ritzte ihm mit den Hauern das Bein auf. Er konnte sich gerade noch rechtzeitig ans Ufer retten.

„Das ist ja hier wie in der Provinz, gar nicht wie in einer Hauptstadt", meinte Hannelore, als wir in Daressalam auscheckten. Es war wenig Flugverkehr. Die Temperatur von 30 Grad Celsius empfanden wir nur im ersten Moment als angenehm warm, denn die hohe Luftfeuchtigkeit ließ uns bald ins Schwitzen kommen. Die Ruhe war trügerisch. Kaum waren wir durch die Kontrollen, umringten uns die Schlepper, die so genannten „Flycatcher". Als Weiße waren wir für sie eine lohnenswerte „Beute". Sie bedrängten uns dermaßen, dass es bedrohlich eng wurde. Lautstark überboten sie sich mit ihren Offerten: „What can we do for you? We are the best, the cheapest, we can all what you want, I am the most excellent guide …" Es war einfach verrückt. Nur mit Gewalt, Rucksack und Handgepäck vor die Brust gedrückt, konnten wir uns durch die Menge schieben. Wir gingen einfach weiter, Hannelore dicht hinter mir, bis an die Tür eines Büros, schafften uns so etwas Distanz und eine Atempause.

Wir brauchten dringend Tansania-Schillinge. An dem einzigen Bankschalter in der Halle quälte sich eine sonntagsschläfrige Dame mühselig etwas Aufmerksamkeit ab. Das wurde wieder eine lange Geduldsprobe. Ich versuchte wie üblich zu handeln, doch auf dem Ohr war sie absolut taub. Nichts zu machen, keinerlei Regung war in ihrem Gesicht zu sehen. Der Kurs war recht ungünstig, wie wir später feststellten, ist aber auf Flugplätzen oft so. Wir beschränkten uns zunächst auf den Tausch von 50 US-Dollar, zum Kurs von 1:1 000. Wir wollten sofort weiter nach Arusha fliegen und Tickets kaufen. Als wir uns Hilfe suchend umsahen, kamen sogleich wieder die Beutegeier und umzingelten uns.

Ich wählte einen weiter hinten aufgeregt winkenden jungen Mann aus. Als erstes bat ich ihn, dafür zu sorgen, dass uns alle anderen in Ruhe ließen. Es gelang ihm schließlich mit viel Palaver, Hin- und Hergestikulieren, Rempeln und Schieben. Er zog uns zur Seite. Drei Männer kamen mit ihm. „These are my friends, no problem." Nun endlich konnten wir zur Sache kommen. „Wann können wir schnellstmöglich weiter nach Arusha fliegen?", fragten wir. Das waren bis an den Fuß des Kilimandscharo ein bis zwei Stunden Flug.

„Heute ist Sonntag, da fliegt keine Maschine mehr."

„Doch, das hat man uns in Johannesburg gesagt."

„Die haben eben keine Ahnung da unten."

Energisch widersprach ich.

„Okay", sagte er, „dann müssen wir rüber zum Inlandflugplatz."

Ehe wir uns versahen, schob er uns in ein Taxi. Der Fahrer war einer von seinen drei Freunden. Gut gemanagt, dachte ich. In einem kleinen Office wurden wir freundlich empfangen. Es wurde Tee gereicht, und das übliche Palaver begann. Wir ließen uns nicht darauf ein und ich wiederholte: „Wir wollen unverzüglich nach Arusha fliegen, heute noch!"

Man holte den Diensthabenden, der lange in einem dicken Aktenordner blätterte und studierte. Schließlich sagte er erleichtert: „In der 17-Uhr-Maschine ist noch ein Platz, aber nur einer."

„Nein, wir fliegen nur zusammen, wir brauchen zwei."

„Der andere kann gleich morgen früh hinterher fliegen."

„Nein, wir fliegen zusammen."

„Really, Madame and Mister, we don't have any chance today, believe it."

Nach langen Diskussionen sicherte er uns für die erste Maschine am nächsten Morgen zwei Plätze zu, wenn wir sofort die Tickets kauften. „190 US-Dollar für jeden." Wir fielen aus allen Wolken. Jetzt wurde hart um den Preis gerungen. Manchmal ging es richtig ruppig zu. Mein Gott, sind die hartleibig, dachte ich. Wir blieben genau so verbissen. Doch sie und auch wir fanden in letzter Minute immer wieder zur Freundlichkeit zurück. Ohne Geduld, Höflichkeit und Lächeln bringt man in Afrika kaum etwas zustande. So auch hier. Nach einer halben Stunde hatten wir ihn schließlich auf 140 US-Dollar heruntergehandelt. Das war der Preis, den wir bereits in Deutschland als günstiges Angebot erkundet hatten. Sie aber taten, als müssten sie dabei sterben. Schließlich versprachen wir ihnen, nach unserer Rückkehr aus dem Landesinneren mit ihnen eine gemeinsame Tour zu unternehmen, wenn die Zeit noch ausreichen würde. So waren dann alle zufriedengestellt.

Unsere drei Begleiter fuhren mit uns in ein nahe gelegenes, afrikanisches Wohnviertel. Da standen Hütte an Hütte, kleine Häuschen, Buden aller Art. Es gab keine festen Straßen. Die lehmigen und schmutzigen Wege waren voller Menschen. Es herrschte Leben und Trubel wie auf einem großen Markt. Die meisten Menschen waren sonntäglich gekleidet. Unsere Begleiter setzten uns schließlich in einem Hotel ab, das sie als gut und preiswert bezeichneten. Uns war zunächst nicht geheuer, dass es sich inmitten einer derartigen Gegend befand. Doch das Objekt war von einer großen Mauer mit einem verschlossenen Tor umgeben. Der Hof war gekehrt, mit viel Grün ausgestattet, umsäumt von Büschen und Palmen. Unter einer überdachten Freifläche standen Theke, Tische, ein Billard, Fernsehapparat. Musik ertönte. Das Zimmer war einfach, aber sauber. An der Decke hingen zwei ordentliche Moskitonetze.

Aus der Dusche kam kein Wasser. Wir fragten die uns begleitende junge Dame, die mit würdevollen Schritten zum Waschbecken stolzierte, den Hahn aufdrehte, Wasser laufen ließ und sagte: „Look, water."

„Aber was ist mit den Duschen?", fragte ich.

Sie stutzte, geriet in Bewegung. „Mister, no problem!", nahm ein Stück Schlauch und steckte es über den Wasserhahn. Der Schlauch ragte über den Beckenrand, unter dem ein Eimer stand, den sie voll laufen ließ. Dann demonstrierte sie, wie wir uns diesen vollen Eimer über den Kopf gießen sollten. Sie lächelte dabei so bezaubernd, dass sie uns entwaffnete. „Perfekt", lobten wir sie, und sie flötete zurück: „Thank you so much." Na ja, eine Nacht würde es schon gehen, trösteten wir uns.

Später saßen wir bei einem leckeren Abendbrot im Innenhof unter Palmen. Vom Lärm der Straße war wenig zu hören. Das tansanianische Bier schmeckte gut. Ein Afrikaner mittleren Alters, Pilot bei der Tansania-Airlines, setzte sich zu uns. Er übernachtete ebenfalls hier. Das beruhigte uns endgültig.

Wir ordneten die Sachen, duschten afrikanisch, schliefen wie die Bären. Als uns gegen Morgen die Mücken scharenweise belästigten, ließen wir die Moskitonetze herab.

Man hatte versprochen, uns pünktlich um sechs Uhr zu wecken. Doch nichts passierte, typisch afrikanisch. Überall herrschte absolute Finsternis. Wir packten alles fertig ein, suchten in der Rezeption und im Restaurant nach einem Lebenszeichen. Auf unser Klopfen erfolgte keine Reaktion, sodass wir hinein gingen. Endlich gab es ganz hinten in einer Art Küche und Abstellraum Bewegung. Ein verschlafener Mann kam herausgelatscht. „Moment please", begrüßte er uns, wusch sich gemächlich, zog sich Kellnerkleidung an und brachte schließlich auf dem Hof das Holzfeuer in Gang. Geduld und Ruhe bewahren, was blieb uns sonst übrig? Kurz nach sieben Uhr bekamen wir tatsächlich unser Frühstück, wurden mit Kaffee, gebratenen Eiern und Toast für die Bummelei entschädigt.

Draußen stand bereits unser Taxi. Wir fuhren zum Inlandflugplatz, gaben unser Gepäck ab, wurden zum Warten aufgefordert. Lange Zeit passierte nichts. Auch hier herrschte noch große Stille. Nach etwa einer Stunde wurde uns eröffnet, dass der Flug nicht direkt nach Arusha ginge, sondern einen Zwischenstopp in Sansibar hätte. Später erfuhren wir, dass die Flüge grundsätzlich nach Bedarf erfolgen, je nachdem, wie viele Passagiere wohin mitfliegen wollen. Uns war es recht, konnten wir doch dadurch schon mal einen Blick auf Sansibar werfen.

Gegen neun Uhr flog dann endlich die mit 13 Passagieren voll gestopfte Maschine los. Der Pilot, der seit acht Jahren hier in Tansania flog, war Franzose. Als ich ihm erzählte, dass ich Privatpilot

Ankunft in Daressalam

Weiterflug mit „Coastal"

über den Indischen Ozean

Blick auf Stone Town

Zwischenstopp auf Sansibar

Feuerwehr in Bereitschaft

bin, durfte ich während des Fluges als Copilot tätig sein. Das war aufregend. Etwa 30 Minuten flogen wir über den Indischen Ozean und wunderschöne kleine Inseln, hatten eine herrliche Sicht auf Sansibar und deren Hauptstadt Stone Town. Die meisten Passagiere stiegen hier aus. Dann flogen wir nochmals eineinhalb Stunden bis Arusha. Dunkle Wolken zogen auf, es regnete, wir hatten kaum Sicht, stiegen auf 8 500 Fuß Höhe und absolvierten einen reinen Instrumentenflug mit GPS und Radar. Den stärksten Regenzentren wich der Pilot aus. Wir kamen gut zwischen den hohen Bergen hindurch. Die sind mit dem Mount Meru immerhin 4 566 Meter hoch und das nicht weit entfernte riesige Kilimandscharomassiv bringt es auf stolze 5 896 Meter.

In Arusha gab es einen ähnlichen Ansturm von Beutesuchenden wie in Daressalam. Wir schlugen uns wieder stur und verbissen durch die Menge, nahmen das nächstbeste Taxi, bezahlten ohne zu murren die verlangten zehn US-Dollar und ließen uns zum YMCA-Hotel direkt im Zentrum bringen. Mit Herbergen des YMCA, der Assoziation christlicher junger Männer, hatten wir in Afrika gute Erfahrungen gemacht. Die Zimmer waren sauber und ordentlich, mit Dusche, heißem Wasser, Aircondition, Moskitonetzen, und es gab Frühstück. Für 13 Dollar pro Nacht war das ein gutes Preis-Leistungs-Verhältnis. Dazu gehörte in einem ruhigen, von hohen Mauern umgebenen Innenhof ein Restaurant mit freundlichem Personal. Was wollten wir mehr?

Nun waren wir angekommen, wo es uns am meisten hinzog: In Nordtansania mit seinen grandiosen Naturparks. Im März hatten wir auf der ITB in Berlin mit der Roy Safari Company vereinbart, gemeinsame Safaris zu unternehmen, hatten damals allerdings noch keinen Vertrag abgeschlossen. Nun waren wir da. Doch sie wollten sich offenbar nicht an unsere Abmachung erinnern. Der junge Mann, den wir sofort wiedererkannten, war ein Inder mit vornehmen Manieren und überlegenem Gehabe. Er war und blieb zugeknöpft, diktierte die Bedingungen: 145 US-Dollar pro Tag. Von einem ITB-Rabatt wollte er nichts mehr wissen. Außerdem wäre der Start erst in zwei Tagen möglich. Wortreich erklärte er uns, wie gut das Unternehmen floriert. „Wollen oder können Sie nicht?“, fragte ich ihn ohne Umschweife.

„Mister", antwortete er pikiert, „ich habe Ihnen doch alles erklärt, wollen Sie das nicht verstehen? Etwas anderes kann ich nicht tun."

„Dann haben wir Sie ganz richtig verstanden." Um das zu bekräftigen, erhoben wir uns und sagten ganz einfach Tschüss. Das verblüffte ihn, sein Gesicht erstarrte. Er wurde steif wie ein Gehstock und vergaß sein Gehabe. „Also, wir betrachten das dann als erledigt", sagte ich energisch.

Mit „Ja, bitte ...", wollte er uns aufhalten, doch wir gingen los. Schließlich gab es hier mehr als 100 Safari-Companys. Das billigste Angebot musste nicht das günstigste und das teuerste nicht das beste sein. Die Stadtverwaltung erstellte sogar eine Liste der so genannten schwarzen Schafe, vor denen die Touristen offiziell gewarnt wurden.

Wir fragten einen jungen Mann nach dem Weg. Sofort bot er sich als Führer an und gab uns seine Visitenkarte. Welch ein Zufall, die Company darauf war die Nummer zwei auf unserer aus dem Reiseführer ausgewählten Liste. „Erfahren, professionell, solide, gutes Preis-Leistungs-Verhältnis, empfehlenswert", so stand es dort. Also los. Er führte uns zum Büro der „Shidolya Tours und Safaries Ltd". Es befand sich mitten im modernen internationalen Konferenzcenter, was wir positiv werteten.

Dieses Zentrum besteht aus drei großen Komplexen und wird auch als das „Genf Afrikas" bezeichnet. Zahlreiche nationale und internationale Institutionen haben hier ihren Sitz. Es ist weltberühmt geworden, als das internationale UN-Tribunal hier jahrelang die entsetzlichen Verbrechen untersuchte und ahndete, die 1994 in Ruanda durch die rivalisierenden Hutu und Tutzi in einem wahnwitzigen Völkermord begangen wurden. In nur zehn Monaten waren 800 000 Menschen auf bestialische Art niedergemetzelt worden. Die zehnjährige Wiederkehr dieses grausamen Verbrechens wurde vor kurzem unter Teilnahme des UNO-Generalsekretärs, Kofi Annan, hier begangen.

Im Büro der Company herrschte eine sachliche und freundliche Atmosphäre, die unser anfängliches Misstrauen dämpfte. Bei einer Tasse Tee äußerten wir unsere Wünsche und bekamen Empfehlungen und Vorschläge, die uns gut durchdacht erschienen. Als Guide und Kraftfahrer wurde uns Selim vorgestellt. Auf einen separaten

Arusha, Glockenturm aus der Kolonialzeit

„Genf von Afrika", Fackel der Freiheit

Sitz vieler Institutionen, u. a. Ostafrika-Gesellschaft, UN-Tribunal für Ruanda

Arusha, Deutsches Fort von 1889

im Internationalen Konferenzzentrum,

Koch wollten wir verzichten. Man beharrte jedoch darauf, da es ansonsten bei den tagelangen Touren durch die Wildnis schwierig wäre, genügend zu essen und zu trinken zu bekommen. Dieser Mann wäre zusätzlich „Mädchen für alles“ und 24 Stunden am Tag für uns da. Also wurde Ari als zweiter Mann eingesetzt. Er und Selim waren erfahren, erwiesen sich als Profis.

Der Boss zeigte uns den 4x4-Geländewagen, einen neuen Fünfsitzer-Toyota-Landcruiser, der ab morgen zu unserer Verfügung stünde. Alles war da und in Ordnung: Gute Reifen, zwei Ersatzreifen, Werkzeug, Ersatzkanister, Wasserkanister, Zelte, Kochgeräte, Geschirr, Holzkohle als Brennmaterial usw. Wichtig war für uns die aufklappbare Dachluke, damit wir während der Fahrt die Tiere frei von oben beobachten konnten. Besonders stolz war der Boss auf das eingebaute Funkgerät, das für uns von beachtlichem Vorteil war. Die Guides konnten sich damit während der Tagessafaris gegenseitig informieren, wo es Wild zu beobachten gab oder etwas Aufregendes passierte.

Jede unserer Fragen wurde konkret und ohne Umschweife beantwortet. Wir wollten vor allem die jährliche Migration in der Serengeti, eines der größten Wilderlebnisse und einmalig in der Welt, beobachten. Der genaue Zeitpunkt war nicht taggenau vorherzusehen. Doch Selim war stets gut informiert.

Nun wurde unsere Route festgelegt: Manyara-Nationalpark, Olduvai Gorge, Serengeti-Nationalpark, Victoria-See, Ngorongoro-Krater, Tarangire-Nationalpark. Auf den ursprünglich geplanten Besuch des Olmati-Kraters verzichteten wir später. Dafür baten wir Selim, zu versuchen, zum Eyasi-See und von dort zu den Hadzabe zu gelangen, dem letzten im Norden Tansanias beheimateten Buschmannvolk, bei dem noch ein kleiner Teil in traditioneller Weise lebt. Insgesamt lagen 3 000 Kilometer auf Schotterstraßen und holprigen Feld- und Waldwegen vor uns. Das Programm verhieß eine Safari voller außergewöhnlicher Erlebnisse – für uns aufregendes Abenteuer pur.

Nachdem im Büro alles geklärt war, schlenderten wir durch die Stadt, besichtigten das ehemalige deutsche Fort, das in einem kleinen Park liegt. Die Wehranlage der deutschen Schutztruppe aus dem Jahre 1889 wirkt aus heutiger Sicht bescheiden. Hier befand sich der Sitz der ersten Schutztruppen-Kompanie Deutsch-Ostafrikas. Das Örtchen Arusha wurde Sitz des Bezirksamtes der Region. Es folgte eine Ansiedlungswelle von Deutschen. Bauern ließen sich besonders an den fruchtbaren Südhängen des Mount Meru nieder. Dem waren seit 1896 harte Kämpfe zwischen den einheimischen Völkern, den Meru und den Arusha, mit der deutschen Schutztruppe vorausgegangen. In einer Ausstellung erfährt man, wie die Besiegten, darunter die kriegerischen Masai, mit ihren eigenen Speeren das Baumaterial aus der Erde stechen, ihre Dolche und Messer als Schaufel nutzen, es mit den Schilden transportieren und mit den Händen zu Steinen formen und verbauen mussten. Auch Frauen und Kinder verrichteten diese Sklavenarbeit. 1915 nahmen die aus dem nördlichen Kenia heranrückenden englischen Truppen das Fort ein.

In den folgenden Jahren, besonders nach dem Bau der Eisenbahn, entwickelte sich Arusha ab 1930 zu einem bedeutenden Handelszentrum vor allem für den Kaffeeexport und gewann als Verwaltungshauptstadt der East African Community an Bedeutung. Ziel der Community ist die Förderung der wirtschaftlichen Zusammenarbeit von Uganda, Kenia und Tansania. In den letzten Jahren hat sich Arusha als Tor zu den weltberühmten Naturwundern und dem größten Tourismuszentrum des Landes entwickelt.

Im Park des Forts sahen wir eine Gruppe junger Menschen, die gerade unterrichtet wurden. Es schien um medizinische Hilfe und besonders um Aids-Aufklärung zu gehen. Wir freuten uns, dass so etwas durchgeführt wird. Dann spazierten wir durch das Zentrum. Kunstgewerbe, Handel und Wandel, vor allem für Touristen, beherrschte die Straßen. Besonders auffällig waren die Masai in ihren roten Tüchern und dem Schmuck aus bunten Glasperlen. Jeder trug Hütestock und Speer, die sie als Viehhirten und Krieger auswiesen. Diese große Volksgruppe hält zwar unverrückbar an ihren jahrhundertealten Traditionen fest, vermarktet diese aber auch zunehmend für den Tourismus. Das bringt Geld.

Typisch afrikanisch ging es auf dem Markt der Einheimischen zu, der ein ganzes Stadtviertel umfasst. Hier gab es zahlreiche Taschendiebe und Schlepper, also Sachen festhalten, alles verstecken, hinein und durch. Wir ließen uns treiben und fühlten uns an die riesigen

Wunderschöne Kunstgegenstände

insbesondere Masaischmuck

Er bietet freundlich an,

Hannelore kann nicht widerstehen

Sie fertigt vor Ort

Märkte in Accra, Kumasi oder Addis Abeba erinnert, wo ausgedehnte Stadtbereiche ein einziger, turbulenter Markt sind.

Am späteren Nachmittag kamen wir im Innenhof unseres Hotels mit drei jungen Leuten ins Gespräch. Sie waren Guide und Bergführer. Der Job sei gut, aber es gäbe zu wenig Arbeit und die Bezahlung wäre mager, erzählten sie. Oft müsste man sich ausschließlich mit dem Trinkgeld der Gäste zufrieden geben. Unsere Tour fanden sie toll und unsere Company in Ordnung. Sie selbst gingen mit den Touristen meistens auf den Kilimandscharo. Immer wieder gäbe es dort aber auch Unfälle. Die Leute würden die Strapazen unterschätzen, obwohl die Besteigung nicht besonders anspruchsvoll ist. Viele Gäste sind nicht genügend akklimatisiert. Erst vor wenigen Tagen war ein Japaner bei einer solchen Tour vor Erschöpfung gestorben. Auch ein junger, trainierter Mann, der im Herbst 2003 in Berlin eine unserer Lesungen besuchte, war während der Besteigung zusammengebrochen und musste heruntergebracht werden. Die Anzahl der Besteigungen ist streng limitiert und der Preis entsprechend hoch. Das leisten sich dann oft Leute, denen man eigentlich davon abraten sollte. Da sie aber gut zahlen, werden sie gern von den Companys angenommen.

Viele wollen den Gipfel erklimmen, um noch den „Schnee auf dem Kilimandscharo" und die Gletscherreste zu sehen. Er verliert in rasantem Tempo seine ehemals majestätische Eiskappe. In zwanzig Jahren werden voraussichtlich Schnee und Eis gänzlich verschwunden sein. „Dann wird der Kilimandscharo ärmer sein und wir sicher auch", sagten die drei resigniert.

Wir plauschten und tranken Bier. Der Wortführer, ein athletischer Mann Ende zwanzig, verabschiedete sich als erster aus unserer Tischrunde. Er hatte am nächsten Morgen ganz zeitig eine Tour, für die er fit sein musste. Außerdem hatte er seine Tochter zu versorgen, die er jetzt von der Oma holen wollte. Wieso das?, wollten wir wissen. Mit brüchiger, weicher Stimme sagte er: „Meine Frau ist vor vier Monaten gestorben, mit 26 Jahren …"

„Es tut uns leid, was ist passiert?", fragten wir. Er schwieg. Dann riskierte ich es: „Aids?" Er sah mich lange und nachdenklich an, zuckte mit einer Geste der Hilflosigkeit die Schultern. Ganz klein kam er mir da vor.

Um sieben Uhr morgens waren wir für die Safari bereit. Eine halbe Stunde später bekamen wir unser Frühstück. Schnell stopften wir alles in uns hinein, denn um halb acht Uhr sollte uns das Auto abholen. Doch nichts war zu sehen. Es hieß mal wieder warten. Eine junge Frau kehrte den Hof, lauthals und mit angenehmer Stimme singend. Vor der Küche wurde das offene Feuer entfacht, Wasser erhitzt und große Fleischstücke zum Kochen hineingelegt. Um mich abzulenken, ließ ich mir in einer winzigen Schuhmacherbude neben dem Hotel die Schuhe putzen. Für 50 Cent einschließlich Trinkgeld erhielt ich auf Hochglanz polierte Schuhe und viel Freundlichkeit. Wir gingen ums Viertel, durch die schon am Morgen quirligen Straßen, tauschten nochmals Kleingeld ein und warteten weiter.

Ich wollte gerade das Büro anrufen, als Selim und Ari fröhlich pfeifend angefahren kamen und mit freundlichem Hallo grüßten. Der sensible Selim erkannte offensichtlich die Stimmungslage, entschuldigte sich auf seine gewinnende Art und fand glaubhaft klingende Gründe für die Verspätung. Zunächst mussten wir noch einmal ins Büro zurück, gemach, gemach, erst einmal Tee trinken. Wir hätten noch ein Papier zu unterschreiben und den Rest zu bezahlen, sodass die gesamte Summe im Voraus entrichtet war. Sonst ginge nichts, eröffnete man uns. Alle waren wieder sehr freundlich, doch uns drängte es fort. Wir deponierten einige Wertsachen, wie z. B. Flugtickets und Fahrerlaubnis, im Office. Unser Vertrauen wurde nicht enttäuscht.

Auf großer Safari

Erneut fuhren wir quer durch die Stadt. Wir hielten an einer Coca-Cola-Fabrik, weil es nur hier möglich war, größere Mengen Eis zu erhalten. Das Essen in unserer Kühlbox für vier Personen musste fast zwei Wochen frisch gehalten werden. Danach fuhren wir in ein Viertel der Einheimischen, über Lehmwege, an Buden und Hütten, quirligen Menschen und Kindern vorbei. Hier arbeitete Selims Frau, mit der er noch etwas zu regeln hatte, in einem kleinen Laden. Afrikanische Gelassenheit war gefragt, bis endlich alles auf den Weg gebracht war. Auf dem zentralen Verkehrsplatz umrundeten wir den alten Glockenturm, ein Relikt aus der Kolonialzeit. Es wird behauptet, dass dieser in der Mitte der Nord-Süd-Achse Afrikas steht. In beide Richtungen sollen es jeweils 4 000 Kilometer sein.

Kurz nach zehn Uhr ging es hinaus, am Flugplatz vorbei. Nun schlug Selim ein hohes Tempo an. Auf den zahlreichen Kaffeeplantagen um Arusha war gerade die Ernte in vollem Gange. Wir fuhren durch Masaidörfer, an zahlreichen Rinderherden vorbei. Nach anderthalb Stunden hatten wir die Twiga Campsite am Ausgang des Ortes Manyara erreicht. Alles wurde ausgeladen, Zelt und Tisch aufgebaut und Ari zauberte ein Mittagessen aus Sandwiches, gekochten Bananen, Apfelsinen, Fettgebackenem und Saft. Er empfahl sich mit einem wohlschmeckenden Menue, wie er es uns künftig fast täglich servierte.

Unser Zelt war mit zwei Liegen, Decken und Matten ausgestattet. Ari und Selim lehnten es ab, sich bei der Arbeit helfen zu lassen. Immer wieder betonten sie, dass wir die Gäste seien. „That's our job and we like it." Wenn unsere Hilfe bekannt würde, könnte ihnen das als Faulheit ausgelegt werden und ihren Job kosten. Sie verwöhnten uns, so gut ihnen das möglich war. Das wollten wir gar nicht. Doch später, als es richtig hart wurde, waren wir froh, versorgt zu sein und uns nicht um alles kümmern und mit zahlreichen Ärgernissen herumplagen zu müssen.

Das Camp lag in der Nähe des Eingangs zum Manyara-Nationalpark. Es offenbarte sich als gediegener Zeltplatz inmitten von Grün, unter schattigen Bäumen, gepflegt, eingezäunt und sicher, mit ausreichenden Dusch- und Waschmöglichkeiten. In der Mitte stand eine nach allen Seiten offene und massiv gebaute Rundhütte. Hier hatten die Safari-Köche, die wie Ari die Touristen versorgten, ihr Revier. Sie suchten sich einen freien Platz, bauten dort ihre Kochutensilien auf, stellten die Vorräte ab und jeder gestaltete sich sein eigenes Küchenreich innerhalb der Kochgemeinschaft. Das meiste spielte sich vor der Hütte ab: Geschirr spülen, Gemüse schälen, kochen, grillen. Jeder Koch arbeitete völlig eigenständig, doch man half sich natürlich gegenseitig. So ähnlich ging es auf allen Campingplätzen zu, auf denen wir uns in den nächsten zwei Wochen aufhielten. Die Küchenhütte war das Zentrum, in dem das Leben pulsierte. Es ging locker und fröhlich zu, man trieb Schabernack oder sang. Nie gab es ein lautes Wort oder Streit.

Unsere beiden Jungs waren hilfsbereit und zuvorkommend. Sie lasen uns unsere Wünsche fast von den Augen ab. Ari kam immer mit einem Lächeln auf den Lippen zu uns, Selim war der umsichtige Organisator. Wenn wir am Morgen aufstanden, hatte Ari bereits eine Schüssel mit heißem Waschwasser und Seife vor unserem Zelt abgestellt. Der Tisch war pünktlich und ordentlich gedeckt. Sogar eine Tischdecke mit afrikanischem Muster fehlte nicht. So viel Komfort mitten in der Wildnis hatten wir nicht erwartet.

„Doch, Mama, das muss so sein", erklärte uns Ari lächelnd. Das Essen schmeckte, war vielseitig und ausreichend. Hauptnahrungsmittel waren gekochte Bananen. Ari eilte während der Mahlzeit ständig zwischen Kochstelle und uns hin und her, beobachtete alles aufmerksam und freute sich, wenn wir ihn lobten, bedankte sich dann mit „Karibu, santa sana". Ebenso oft sagte er: „Papa, hakuna matata." Das hieß soviel wie: Alles nicht so schlimm, nimm's gelassen, das kriegen wir schon hin, nur keine Panik. Wenn es Unzulänglichkeiten, Probleme oder auch mal richtigen Ärger gab, entschuldigte Ari sich mit bedauernder Stimme: „Mama, that's Africa."

Selim war tatsächlich ein Profi. „My best guide", bestätigte uns der Boss, als wir ihn nach der Rückkehr lobten. So einen exzellenten Führer hatten wir bisher noch nicht gehabt. Er besaß das erstaunliche Talent, viele Dinge, auch in ganz ungewöhnlichen Situationen, rechtzeitig zu erkennen und schnell und umsichtig zu reagieren. Dazu hatte er den Ehrgeiz, seine Sache perfekt zu machen. Das war beileibe nicht typisch für einen Guide, ganz im Gegenteil. Warum ist er so anders, fragte ich mich? Eine Erklärung fand ich im Zusammenhang mit seiner äußeren Erscheinung, auch wenn ich mir nicht sicher bin, ob sie wirklich stimmt. Er war zierlich, grazil aber drahtig, nicht schwarz, sondern eher braun, hatte ein kluges, feingliedriges Gesicht, verkörperte also nicht den negroiden Typ, sah aus wie ein Buschmann, ein San. Als ich Selim später einmal nach seiner Herkunft fragte, bestätigte er mir, dass seine Vorfahren Buschmänner waren. Den Begriff „San", der eigentlich dasselbe bedeutet, kannte er allerdings nicht. Diese Menschen bekommen erstaunliche Kenntnisse über die Natur quasi in die Wiege gelegt. Sie benötigen Umsicht, Gewandtheit und Disziplin, um im Busch zu überleben. Selim verhielt sich auch exakt so. Zu Beginn der Safari fragte er, was uns besonders interessiere, das würde er uns gerne zeigen. Wir sagten ihm: „Das Beste, das Außergewöhnlichste, was die Wildnis bietet. Und das Leben der Menschen, vor allem der Ureinwohner, ihre Traditionen, interessiert uns brennend. Zeig uns soviel wie möglich. Wir machen alles mit." Das nahm er als eindeutige Marschrichtung auf.

Noch am gleichen Tag zogen wir zur ersten Tour in den Manyara-Park los. Er ist über 35 Kilometer lang und ca. vier Kilometer breit, eingekeilt in die bis zu 800 Meter hohen Bruchwände des Rift Valley, dem afrikanischen Grabenbruch. Dieser zieht sich über 5 000 Kilometer längs durch Afrika und driftet ständig weiter. Die Geologen sind sich einig, dass hier der afrikanische Kontinent in ferner Zeit auseinander brechen wird.

Beeindruckend im Manyara ist der abflusslose salzhaltige See, der die Saisonheimat für zahllose Flamingos ist. Der ganze Horizont flimmerte pinkfarben von diesen wunderschönen Vögeln. Pelikane und Reiher, insgesamt 400 Vogelarten sind hier zu finden und viele davon sahen wir. Dazwischen lümmelten sich in erstaunlicher Anzahl Hippos und Wasserbüffel. Auf der umgebenden Savanne grasten Gruppen von Giraffen, Herden von Zebras, verschiedene Antilopenarten und andere Weidetiere. Meerkatzen und Paviane kletterten herum.

An der gesamten Abbruchkante entlang zieht sich bis zu dieser Ebene ein breiter Streifen feucht-heißen, tropischen Waldes. Er ist dicht bestanden mit Feigen-, Mahagoni- und Tamarindenbäumen, dazwischen Akazien, Leberwurstbäume, Affenbrotbäume, so genannte Baobab, und Palmen. Zahlreiche, meist kristallklare Flüsse und Bäche entspringen an den Berghängen und speisen den See. Das Wasser kommt aus dem gewaltigen bewaldeten Bergmassiv des Ngorongoro, durchdringt das poröse Vulkangestein und tritt hier an die Oberfläche. Welch ein Paradies für Tiere! Hier gibt es, trotz der anhaltenden Wilddieberei, eine der dichtesten Elefantenpopulationen Afrikas. Sie sind, wie auch andere Tierarten, an den rücksichtsvollen Safariverkehr und an die Menschen gewöhnt. Völlig arglos wandern sie umher und lassen sich kaum stören oder beunruhigen.

Trotzdem war Aufmerksamkeit geboten. Wir waren von unberechenbaren Raubtieren umgeben. Beim Befahren der schmalen Waldwege traten plötzlich vor oder neben dem Auto Elefanten aus dem Dickicht heraus. Im Wissen um ihre Vorherrschaft zogen sie an uns vorbei. Die Weibchen sorgten mit Hilfe von Schwanz und Rüssel und manchmal auch mit leichtem Fußanstupsen dafür, dass ihre Jungen immer in ihrer Nähe blieben. Zum Anfassen nah liefen sie mitunter eine lange Strecke neben uns her. Bisher hatten wir die Mutter-Kind-Beziehung bei Elefanten noch nie aus solcher Nähe beobachten können.

Als wir am späten Nachmittag an einem Rastplatz ankamen, wo man aus dem Auto aussteigen durfte, liefen Hannelore und ich vom Rand des Waldes quer über das Gras zum See, obwohl das eigentlich nicht erlaubt war. Zunächst gingen wir über weiße, hart verkrustete und aufgerissene Erde, doch allmählich sanken unsere Schuhe immer tiefer ein, bis wir schließlich bis zu den Knöcheln im zähen Modder stecken blieben. Aber so waren wir dem fantastischen Anblick, den die Flamingos boten, ein ganzes Stück näher gekommen. Der See war bis zum Horizont voll von diesen exotischen Vögeln.

Plötzlich traten links von uns fünf Elefanten aus dem Wald, rissen uns aus den Betrachtungen dieses wundervollen Panoramas. Sie hatten nichts Besseres zu tun, als direkt auf uns zuzukommen. Oh je, das könnte dramatisch werden. Würden wir es bis zum Auto schaffen, ehe sie bei uns waren? Wir kämpften wie die Wilden, um aus dem zähen Brei herauszukommen. Je mehr wir uns anstrengten, die Beine herauszuziehen, umso tiefer sanken wir ein. Die Elefanten kamen immer näher. Als Selim das bemerkte, kam er sofort angerannt. Mit seiner Hilfe gelang es uns gerade noch rechtzeitig, das rettende Auto zu erreichen, ehe die Elefanten bei uns waren. Selim lächelte vielsagend. „Be carefull“, meinte er.

Eine große Familie der tagaktiven Mangusten, auch Mungos genannt, huschte durch das Unterholz. Direkt neben uns zählten wir mehr als zwanzig Tiere, die davonrannten, als Selim noch näher an

Dichter Regenwald entlang der Abbruchkante

Urplötzlich vor uns: Ein Stoßzahn, Sekretfluss, unruhig

Ari richtet unsere Küche ein

Die Jungen werden stets

von den Weibchen bewacht und geführt

Viel zu nahe

Warzenschwein sucht Futter

Warzenschweine im Rudel

Idylle und Zärtlichkeit

Harmonie und Neugier

Selim, Blick in den Manyara-Nationalpark

Manyara-See, Paradies für vielerlei Wild

sie heranfahren wollte. Diese Schleichkatzen sind äußerst gewandte und räuberische Bodentiere. Sie sind ausgezeichnete Jäger von Schlangen, deren Gift sie schadlos vertragen. Meist leben sie in größeren Kolonien in Höhlen. Welche von den insgesamt 35 Arten war das? „Das sind eindeutig Streifenmangusten." Zweifel daran ließ Selim nicht aufkommen.

Uns überraschte eine Kobra. Es war die einzige, die wir bisher in Afrika gesehen haben. Ich bemerkte sie erst im letzten Moment. Drohend richtete sie sich am Wegrand auf. Als wir neben ihr waren, überquerte sie blitzartig den Weg hinter unserem Auto, sodass mein schneller Fotoschuss sie nur unscharf festgehalten hat.

Einen selten zu erlebenden Anblick bieten in diesem Park die Löwen, die manchmal auf Bäume klettern und dösend auf den Ästen liegen. Das ist ein völlig ungewöhnliches Verhalten, das bisher nur noch im Qeen Elisabeth Nationalpark in Uganda beobachtet wird. Dieses abnorme Gebaren könnte seine Ursache in der Tsetsefliegen-Plage haben, gegen deren starke Belästigung im feuchten Gras und Unterholz sogar der König der Tiere auf die Bäume geht. Die südlichen Sümpfe des Manyara-Gebietes sind von diesen Überträgern der Schlafkrankheit verseucht. Wir machten hier und auch später häufig Bekanntschaft mit den unangenehmen Insekten, die sich auf unseren Körpern und im Auto äußerst wohl zu fühlen schienen. Selim jagte sie jedes Mal, bevor wir in das Auto stiegen, und wir setzten unser Autan als Waffe und zum Schutz ein.

Der Besuch des Manyara-Tales war eine gelungene Ouvertüre zu dieser exotischen Welt. Als wir zurückkamen, erwarteten uns eine warme Dusche und ein zauberhaftes „Ari-drei-Gänge-Menü". Unter dem traumhaften Sternenhimmel erholten wir uns von dem anstrengenden Tag. Eine stimmungsvolle Musik aus tausendfachem Zirpen der Grillen lag in der Luft. Alle Geräusche der Savanne waren zu vernehmen.

Um acht Uhr am nächsten Morgen war alles verpackt. Eine beträchtliche Tagesstrecke lag vor uns. Die ersten zehn Kilometer ging es auf asphaltierter Straße bergan, bis auf den Kamm in mehr als 1500 Meter Höhe. Wir gönnten uns eine kurze Pause und genossen den herrlichen Blick von der Kante des Grabenbruches, auf die steilen Abhänge des Regenwaldes und in die Weite des Tales. Bis

Tausende Flamingos, pinkglänzender Salzsee

Tsetsefliegen im Auto, eine Plage

Nach Drohung schlängelt die Kobra dicht vorbei

Grandioser Blick von der Abbruchkante des Rift Valley in den Manyara

zum Horizont zog sich der Manyara-See hin. Schemenhaft waren die Berghänge auf der anderen Seite des Rift Valley zu erkennen. Wieder war die Ebene mit Tausenden von Vögeln übersät, wieder leuchteten in herrlichem Pink die Flamingos, Büffel konnten wir erkennen und Massen friedlich grasender Herdentiere. Eine Elefantenfamilie schritt geruhsam aus dem Wald in die Savanne. Deutlich hoben sie sich vom Gras ab. War es etwa die von unserer gestrigen Begegnung?

So sieht das Paradies von oben aus, dachte ich.

Die nächsten 15 Kilometer kamen wir wegen einer Baustelle nur schleppend voran. Hier bauten die Japaner die für den Tourismus wichtige Straße aus – als Geschenk an Tansania. Danach gab es während der ganzen Safari nur Schotter, Sand- und Feldwege. Die Fahrt ging über Stock und Stein, war mühselig und anstrengend. Wir zogen lange Wolken des rötlichen Staubes hinter uns her. Doch Selim meisterte alles. Er steuerte stundenlang gelassen und gekonnt den Landcruiser so zügig wie möglich, wich den Steinen und Löchern aus, suchte nach der besten Fahrspur.

Wir kamen durch kleine Ansiedlungen, sahen Mais und Sonnenblumen auf den zahlreichen Feldern. Diese Gegend ist fruchtbar, da sich in dem bergigen Gelände des beginnenden Ngorongoro-Massivs eine regenreiche und warme Zone erstreckt.

Lehmhütten beherrschten das Bild, doch zunehmend fielen uns auch massive Häuser aus sonnengetrockneten Lehmziegeln auf. Wie sie zwar noch in Handarbeit, aber dennoch fabrikmäßigem Umfang hergestellt werden, konnten wir unterwegs sehen, in der einzigen Ziegelsteinproduktion – Zeichen eines zaghaft beginnenden technischen Fortschritts. Größtenteils wird der Ton für die Steine einem wässrigen Loch direkt neben der Stelle entnommen, an der das Haus entstehen soll. Am Victoria-See konnten wir später zuschauen, wie die weiche Masse in Holzrahmen zu Steinen geformt und in der Sonne getrocknet wird. Diese schwere Arbeit wurde von Frauen bewerkstelligt.

In der etwas größeren Siedlung Karatu stoppten wir, um zu tanken. Sofort gerieten wir mit den Händlern, die echte Masai-Gegenstände anboten, ins Palavern. Selim empfahl uns, einige der wunderschönen rot- oder blaukarierten Tücher zu erwerben, weil hier

Im weiten Tal der Manyara-Salzsee. Letzter Eindruck auf Fahrt zum Ngorongoro.

Lehmziegelproduktion en gros

Zwischenstopp in Karatu

Typischer Weg, Achtung Hund!

Siedlungen, Lehmhütten, Felder

gute Qualität und echte Handarbeit geboten wurde. Er half uns beim Feilschen, sodass wir sie zu günstigen Preisen kaufen konnten.

Danach ging es weiter bergan und immer tiefer in den Regenwald hinein. Plötzlich standen wir vor einem großen Tor, vor dem einige Autos parkten. Wir waren am Haupteingang des weltberühmten „Ngorongoro Conservation Area" angelangt. In zwei lang gestreckten Gebäuden waren ein Museum und das Park Office untergebracht. Hier ging es gelassen, doch auch bürokratisch zu. Die uniformierten Angestellten strotzten vor Selbstbewusstsein angesichts der Bedeutung dieses Ortes und ihres Amtes. Am Schalter für die Eintrittsformalitäten gab es Streit, und es ging nur im Schneckentempo voran. Jeder hatte es eilig, in das Gebiet zu gelangen. Aber Selim ließ sich nicht abdrängen. Nach fast einer Stunde war er endlich an der Reihe, erhielt ein mehrseitiges Dokument mit grün-gelb-roten Durchschlägen. Die einzelnen Scheine wurden später an den verschiedenen Stellen im Park abgefordert und entwertet. Preußisch genau wurde auf die Zeit geachtet. Eine Genehmigung galt jeweils für genau 24 Stunden Aufenthalt. Überschritt man diese 24 Stunden auch nur um fünfzehn Minuten, musste der Aufenthalt für den angebrochenen Tag voll bezahlt werden. Da half keinerlei Diskussion. Verließ man den Park jedoch vor Ablauf der 24 Stunden, verschenkte man Zeit. Selim passte genau auf, weil der Eintrittspreis speziell auf Touristen ausgerichtet – also hoch war.

Während wir auf Selim warteten, nutzten Hannelore und ich die Gelegenheit, uns umzusehen und eine kleine, aber interessante Ausstellung zu besuchen. Dort stand ein räumliches Modell des nördlichen Tansania. Berge, Savanne, Krater, alles war sehr plastisch dargestellt und deutlich zu erkennen.

In dem Panoramamodell bedeuten:
1. Manyara-Nationalpark 2. Karatu 3. Olduvai Gorge
4. Ngorongoro-Krater 5. Serengeti 6. Victoria-See
7. Eyasi-See 8. Grabenbruch 9. Vulkankette
10. nach Tarangire und Arusha

Durch den tropischen Wald ging es auf den Rand des Ngorongoro-Kraters in über 2 300 Metern Höhe. Es wurde merklich kühler, was wir auch ein paar Tage später beim Zelten deutlich zu spü-

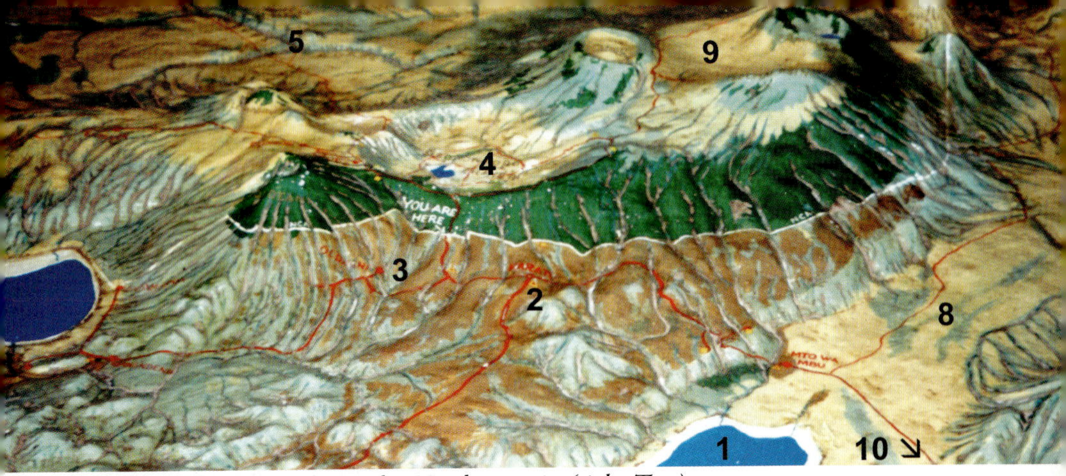

Panorama-Modell Weltwunder Nordtansania (siehe Text)

Eingang zum Ngorongoro-Reservat

Am Kraterrand, Grzimek-Denkmal

Langer Weg zur Serengeti, hinunter ins Hochtal mit Masaisiedlung

ren bekamen. Die Temperaturen sanken in dieser Höhe nachts oftmals bis auf null Grad, und wir froren wie die Schneider.

Der Blick in das 600 Meter tiefer gelegene Kraterbecken öffnete sich. Wie eine große Schüssel lag es unter uns. Es misst 18 Kilometer im Durchmesser, ist platt und eben und von steil aufragenden Bergwänden umrandet. Nebel beeinträchtigte die Sicht, aber uns durchströmte ein erhebendes Gefühl. Wir waren in einem Paradies auf Erden, am Ziel einer großen Sehnsucht angekommen.

Ehrfurchtsvoll standen wir am Gedenkstein für Professor Grzimek und seinen Sohn. Der Sohn kam im Jahre 1959 im Alter von 25 Jahren bei Dreharbeiten zum Film „Die Serengeti darf nicht sterben" ums Leben. Sein Flugzeug stürzte ab, und er ist hier begraben worden. Sein Vater, der langjährige Direktor des Frankfurter Zoos,

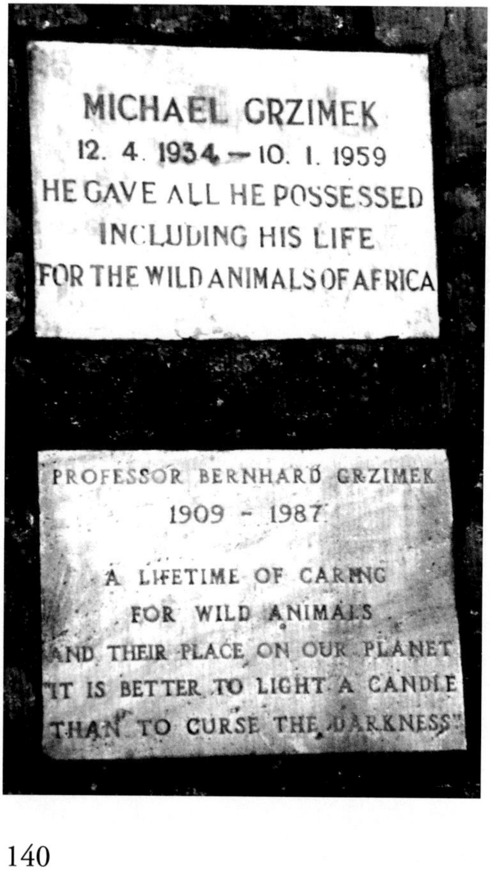

Michael Grzimek, 12.4.1934–10.1.1959. Er gab alles, was er besaß, sogar sein Leben, für die wilden Tiere Afrikas.

Prof. Bernhard Grzimek, 1909–1987. Ein Leben für die Sorge um die wilden Tiere und ihren Platz auf unserem Planeten.
Es ist besser, eine Kerze zu entzünden, als die Finsternis zu verdammen.

eine im ganzen Land hochverehrte und weltberühmte Persönlichkeit, ließ sich nach seinem Ableben 1987 daneben beerdigen. Professor Grzimek entdeckte und erforschte jahrelang das sensible Ökosystem der Serengeti, vor allem die Migration und die in einem geschlossenen System lebende, völlig isolierte Tierwelt des Ngorongoro-Kraters. Seinem jahrzehntelangen Kampf ist es zu verdanken, dass der Welt diese Wunder erhalten geblieben sind.

Selim steuerte das Auto auf dem Kraterrand entlang, bis sich der Wald lichtete und den Blick in eine riesige Hochebene, eine baumlose und hügelige Grassavanne freigab. Das war ein angestammtes Weidegebiet der Masai. Auf dem gemächlich abwärts führenden Weg sahen wir schon von weitem das erste Masai-Dorf: Hütten, Krale, weidende Rinder- und Ziegenherden. Die Masai hoben sich mit ihren Stöcken, Speeren und den leuchtend roten Tüchern deutlich von der Landschaft ab. Sie trugen ihren traditionellen Schmuck um Kopf, Hals und Arme, einige auch an Füßen und Zehen. Die meisten Kinder und ebenso junge Männer hatten sich das Gesicht weiß bemalt. Das sahen wir später auch bei den Masai in der Gegend des Tarangire-Nationalparkes und bei den Hadzabe. Die Masai hier waren längst auf Touristen eingestellt, wussten genau, wie sie sich mit ihrer exotischen Kultur vermarkten konnten. Sie zeigten jedem, der es wünschte, ihr Dorf gegen „money", ließen sich fotografieren gegen „money", gaben Einblicke in ihr Leben innerhalb der Siedlung – gegen „money".

Wir fuhren in die Ebene hinunter, und der holprige Weg schien ohne Ende. Am frühen Nachmittag hatte es Selim geschafft. Wir waren am Olduvai Gorge, hielten direkt oberhalb dieser tief eingefrästen Schlucht an dem archäologischen Museum. Die Sicht weit hinein in das Tal war einzigartig. Wir standen an einer der Wiegen der Menschheit, einer der bedeutendsten prähistorischen Fundstätten. Man spricht auch vom „großen Tal der Evolution". Der Fluss hat diesen 100 Meter tiefen und langen Graben über Jahrtausende geschaffen und dabei sechs Ablagerungsschichten verschiedener Erdzeitalter freigelegt. Ein großes Buch der Menschheitsgeschichte wurde so geöffnet.

Bereits während der deutschen Kolonialzeit fand Professor Kattwinkel im Jahre 1911 bei der Suche nach Schmetterlingen zufällig ein Skelett und wurde so auf dieses Gebiet aufmerksam. Doch erst seit den 30er Jahren gab es intensive Untersuchungen, die bis heute andauern. Sie sind eng mit den britischen Anthropologen Mary und Louis Leakey verbunden. Unmengen von Steinwerkzeugen wurden gefunden. 1959 entdeckte man einen halben Schädel des so genannten Nussknackermenschen „Boisei", der etwa 1,7 bis zwei Millionen Jahre alt ist. Zwei Jahre später wurde der „Homo habilis", der „geschickte" Mensch gefunden. Sein Alter wird auf zirka 1,6 Millionen Jahre geschätzt. Er soll als erster das Feuer entdeckt und genutzt haben. 1978 stieß Mary Leakey etwa 40 Kilometer südlich von Olduvai auf die „Laetoli Footprints". Diese Fußabdrücke dreier Vormenschen des Typs „Australopithecus afarensis" sind vor 3,6 Millionen Jahren entstanden. Der 23 Meter lange Fußweg ist eine einmalige Momentaufnahme der frühen menschlichen Entwicklungsgeschichte, stammt aus der gleichen Zeitepoche wie die berühmte Lucie in Äthiopien, die bereits vor 50 Jahren gefunden wurde. Im „Bed 2", das einen Zeitraum von etwa einer Million Jahre freilegt, fand man Fossilien des „Homo erectus", des aufrecht gehenden Menschen, der den Siegeszug nach Norden in die „neue" Welt angetreten hat. Hier wurden auch die ersten präzise gearbeiteten Faustkeile gefunden. Die drei obersten Schichten, die einen Zeitraum umfassen, der vor einigen hunderttausend Jahren beginnt, gaben in großer Menge Knochen und Zähne von mehr als 150 Tierarten frei, ebenso Reste von Mahlzeiten, Siedlungsformen und Behausungen.

Im Museum ist ein großer Teil der Steinwerkzeuge und Gerätschaften aus den einzelnen Schichten und Erdzeitaltern ausgestellt. Fossilien werden gezeigt und Skelette heute ausgestorbener Tiere, z. B. von einer Riesengiraffe mit Hörnern, von Vorläufern der heutigen Fleischfresser mit gewaltigen Reißzähnen und von Wildschweinen, so groß wie Nashörner. Wir bestaunten Schädel- und Knochenteile der oben genannten Hominiden. Weitere Originalfunde haben wir später im Museum von Daressalam bewundern können.

Ich stand am Rand der Schlucht und träumte vor mich hin, als mich Sehnsucht nach meiner Heimat erfasste. Was war plötzlich los? Ich fühlte mich in das Land, in dem ich aufgewachsen bin, nach

Stopp am Olduvai Gorge, dem großen „Tal der Evolution“

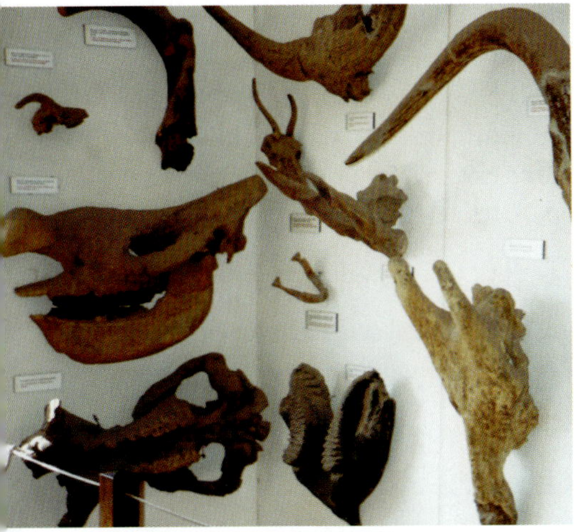

Funde ausgestorbener Tiere

Laetoli-Fußabdrücke

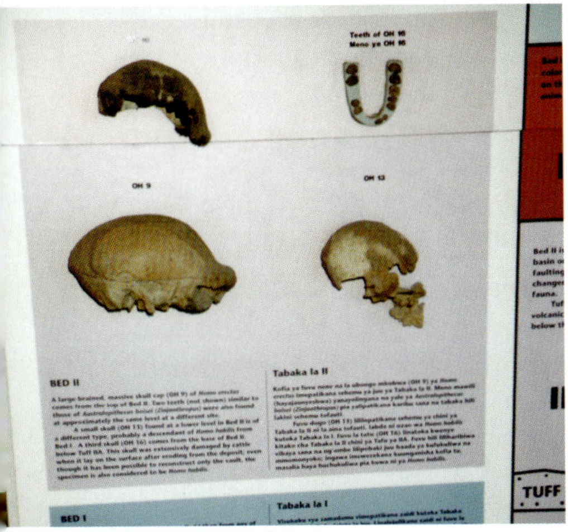

Schädelfunde und

Steinwerkzeuge verschiedener Epochen

Thüringen versetzt. Ist das nicht ein ebensolches prähistorisches Wunderland wie das südliche Afrika? Funde im Werragebiet oder im nordthüringischen Raum beweisen, dass dort in grauer Vorzeit Flusspferde, Löwen, Waldelefanten, Nashörner, Mammuts und andere längst ausgestorbene Tiere gelebt haben. Der Fund des Bilzinglebener Frühmenschen und der berühmten Nebraer Mond-Scheibe aus der Bronzezeit – welch ein reicher Schatz liegt unter den Fußstapfen meiner Kindheit.

Nun ging es in die riesige Serengeti hinein. Der zweitgrößte Nationalpark Afrikas ist von grenzenloser Schönheit. Er besitzt die artenreichste Tiervielfalt auf der Erde, ist Lebensraum von Millionen Herdentieren und weist die höchste Konzentration an frei lebenden Raubtieren auf. Es ist der Wildpark der Superlative in der Welt. Eine endlos erscheinende hügelige Savannenlandschaft empfing uns, die „Serengeti Plains", bestehend aus Kurzgrasflächen mit vereinzelt stehenden Schirm- oder Pfeifenakazien und Leberwurstbäumen. Herden der verschiedenen Antilopenarten, darunter das Elen, der größte Vertreter dieser Art, begegneten uns. Giraffen, Zebras, Gnus, Gazellen und viele andere Tiere kreuzten unseren Weg. Bei einer kurzen Rast an einem Pool trafen wir unsere speziellen Freunde, die Hippos. Drei Löwen rekelten sich faul im Gras in der Nachmittagssonne.

Da, welche Überraschung: Eine ganze Familie, sechs wunderschön gezeichnete, geschmeidige Geparden, mehrere Erwachsene und Jungtiere, relaxten direkt neben uns am Weg. So viele, das ist selten in diesem für Geparden gut geeigneten Jagdrevier. Insgesamt 13 Mal hatten wir während der Safari das Glück, die eleganten und schnellen Tiere beobachten zu können, mehrmals direkt bei der Jagd. Die Jahreszeit kam uns zweifellos zugute. Da das Wasser knapp war, konzentrierten sich die Tiere dort, wo sie das Nass fanden. Und wo Wasser war, gab es auch etwas zu fressen.

Die im Winter trockene Savanne brannte an vielen Stellen, teilweise legten die Ranger selbst das Feuer und ließen es kontrolliert abbrennen, ganz ähnlich wie im Okawango-Delta. Wir hatten eine weite Sicht über die freien, abgebrannten Flächen. Das Wild hob sich deutlich von der Umgebung ab und war auch über größere Entfernungen gut zu sehen.

Wir näherten uns einem Fluss, der von herrlichen Galeriewäldern umgeben war. Ein Leopard auf einem Leberwurstbaum hing mit seinem Körper und herunter baumelnden Beinen lässig auf einem starken Ast. Leoparden sind Einzelgänger. Im dichten grünen Geäst sind sie nur schwer auszumachen. Ganz vorsichtig fuhren wir heran, um ihn nicht zu beunruhigen. Mit dem Fernglas versuchten wir, Details zu erspähen. Was war das? Ich zwinkerte mit den Augen, konnte gar nicht glauben, was ich sah. „Hannelore, Selim, seht, da, ungefähr drei Meter von ihm links oben, hängt da eine Gazelle?“ Und tatsächlich, da hing sie, Kopf nach unten, teilweise zerfleischt.

Das zu entdecken, war ein aufregender Höhepunkt. Oft ziehen die Leoparden ihre Beute nach oben, hängen sie in ihren Baum, wo sie sicher vor Konkurrenten wie Hyänen oder Löwen sind. Diese einzigartige Lebensweise unter den großen Raubtieren verschafft ihnen einen entscheidenden Vorteil. Sie legen sich einen unangreifbaren Vorrat an, aus dem sie sich jederzeit bedienen können, wie aus einer eigenen Speisekammer. „Mister Schneider, Sie sind ein Glückspilz. Tatsächlich, das ist eine Überraschung“, sagte Selim. „Thank you“, antwortete ich artig und voller Stolz auf die Entdeckung.

Nun kam das Funkgerät zum Einsatz. Es hatte eine beträchtliche Reichweite, bis etwa 100 Kilometer. Selim verständigte einige seiner Kollegen. Mit seinem Freund Mandela, der auf einer ähnlichen Tour wie wir war, pflegte Selim täglichen und intensiven Kontakt. Schon früh, noch im Dunkeln, kaum waren wir vom Camp losgefahren, rief Selim in sein Mikrophon: „Mandela, Mandela …, Mandela, Mandela …“ bis Mandela antwortete.

„Was hast du heute vor, wo fährst du hin, gestern gab es dort etwas Besonderes zu sehen …“ Sie gaben sich Informationen, wenn etwas Interessantes entdeckt worden war. Anscheinend führten sie einen richtigen Wettbewerb darüber, wer seinen Gästen das meiste und Beste zeigen konnte. Das erhöhte letztlich das eigene Image und den Marktwert. Und Selim war in seinem Job unbestritten hervorragend.

Während unseres Aufenthaltes hatten wir insgesamt sechs Mal das Glück, Leoparden so ausgiebig studieren zu können, waren in

Serengeti: Beute im Geäst,

bewacht vom Leopard

Löwen-Siesta in lähmender Hitze

Wunderschöner Gepard relaxt,

er sondiert das Terrain,

die Familie abgeduckt im Gras

der Beobachtung der zahlreichen anderen Tiere ähnlich erfolgreich und erlebten jeden Tag neue Überraschungen.

In der Landschaft ragen verstreut Felsgruppen, so genannte Kopjes, heraus. Das sind bizarre Gebilde mit zum Teil gigantischen Brocken aus Granit. Sie wurden durch die Erdabtragung über Jahrmillionen freigelegt, erodiert und glatt gescheuert. Umwachsen von Gebüsch und Bäumen bilden sie einen idealen Lebensraum für zahlreiche Tiere. Dikdiks und Gazellen halten sich hier ebenso gern auf wie kleinere Säugetiere, z. B. Klippschliefer und Mangusten, aber auch Schlangen wie Kobras und die sehr giftige Puffotter. Für Löwen ist es ein idealer und gern genutzter Ort für die Kinderstube. Die Jungen finden unter der Obhut der Mutter Schutz, Wärme und Platz zum Spielen. Ab und zu sonnten sich Eidechsen und Geckos, die sich der grauen Steinfärbung gut anpassen. Wenn sie uns bemerkten, verschwanden sie in den Felsspalten.

Selim kannte die Kopjes genau, wusste, wo sich welche Tiere aufhielten. Da lagerten zwei Löwenbabys, niedlich wie Katzen, auf den warmen Steinen in der blendenden Sonne. Die Mutter wachte oder döste abseits auf einem erhöhten Findling vor sich hin. Als wir zu dicht herankamen, gab es einen einzigen Laut von ihr und sofort flüchteten sich die beiden Kleinen zwischen die Felsblöcke.

Wir fuhren hinein in das Herz der Serengeti, das Seronera Valley, in 1 500 Meter Höhe gelegen. Da es bei Strafe verboten war, sich bei Dunkelheit in der freien Serengeti aufzuhalten, mussten wir unbedingt noch vor Einbruch der Nacht auf dem Zeltplatz sein.

Die Grassavanne ging allmählich in eine Busch- und Baumsavanne mit mannshohem Gras über. Einige Flüsse und Bäche, u. a. der Seronera River, durchziehen das Gebiet. Die Ufer sind von Galeriewäldern mit Palmen, Feigen, Leberwurstbäumen und Akazien gesäumt. Hier gibt es größere Bestände an Löwen, Leoparden, Elefanten, Büffeln, Hyänen, Giraffen und anderen Tieren. In den Pools lagen Hippos, an den Flüssen Krokodile. Riesentrappen, Sekretäre, Tukane und viele andere Raub-, Greif-, Schreit- oder Singvögel belebten das Bild. Alles Getier Afrikas schien hier versammelt zu sein. Jetzt öffnete sich das Paradies in voller Schönheit. Wir hatten ausreichend Gelegenheit, alles in uns aufzunehmen und konnten doch nicht genug davon bekommen.

Zwei Löwenbabys wärmen sich

Mutter döst, aber wachsam

Streifenmanguste am Wegrand

Erster Abend im Dikdik Campsite

Zauberkoch Ari in Aktion

Schnell waren die zwei Zelte auf dem Dikdik Campsite aufgestellt und alle Sachen verstaut. Das Abendessen servierte uns Ari bei Petroleumlicht in einem separaten Speiseraum, einer strohüberdachten Hütte, die ringsherum mit feinmaschigem Draht abgedichtet war. Hier saßen die Camper an ihren mitgebrachten Tischen. Die Tür war unbedingt zu schließen. „Das ist wichtig", sagte Ari, „direkt hinter uns in den Kopjes lebt eine große Herde Paviane, Baboons, mit denen nicht zu spaßen ist." Da sie geschickt vorgingen und blitzartig wie gerissene Diebe zuschlugen, hatte man keine Chance, sie am Stehlen des Essens zu hindern. Wir hatten schon gesehen, dass sie den Leuten während der Mahlzeit das Essen aus der Hand oder vom Teller stibitzten. Bei unserer Tour im vorigen Jahr hatten wir selbst erfahren, wie während unseres Aufenthaltes in der Masai Mara eine Baboon-Herde eine Mango durch die einen Spalt geöffnete Dachluke aus dem Auto herausangelte.

Wir wollten bei dem herrlichen Wetter natürlich lieber im Freien essen, aber Ari stellte unseren Tisch immer wieder in den Speiseraum hinein.

Nach dem Abendessen brachte er uns eine Schüssel und warmes Wasser zum Waschen und Zähneputzen, wie er es jeden Morgen tat. Wir suchten die Latrine auf, entnahmen noch etwas Wasser aus dem einzigen Wassertank, blickten beim silberhellen Mondschein weit hinaus in die Savanne. Wir fühlten uns wohl, mitten in der Wildnis. Die Wasserarmut nahmen wir in Kauf. Jetzt war eben die Trockenperiode. Die Tiere mussten auch damit klarkommen. Ehe wir schlafen gingen, warnte uns Selim noch: Achtung, ganz in der Nähe sind Löwen. Vorsicht in der Nacht und bitte das Camp nicht zu Fuß verlassen. Später hörten wir Simba brüllen, so wie in jeder Nacht. Doch wir gewöhnten uns schnell daran, schliefen trotzdem tief und fest.

In den nächsten Tagen unternahmen wir jeweils eine Früh- und eine Nachmittagssafari. Gewöhnlich brachen wir noch in der Dunkelheit auf, beobachteten den Sonnenaufgang und den erwachenden Tag, sahen die Raubtiere, viele auf der Jagd. Wir kehrten gegen Mittag zurück. Am Nachmittag erkundeten wir bis zum Sonnenuntergang erneut die Weiten der Serengeti. Es ist unmöglich, alle Eindrücke und die Atmosphäre auch nur annähernd in Worten zu

Großtrappe, in Europa fast ausgestorben

Stolzer Sekretär auf verbranntem Savannengras

Unser Zelt vor schützenden Kopjes

Ari (Bildmitte) eilt in die Speisehütte

Traumhafte Abendstimmung in der Weite der Serengeti

beschreiben. Schon bei der Ausfahrt aus dem Camp, noch in völliger Dunkelheit, sahen wir in unserem Scheinwerferkegel das erste Löwenmännchen. Entweder hatten die Raubtiere schon erfolgreich gejagt und trotteten dickbäuchig davon oder sie hatten es eilig, noch zu einer Mahlzeit zu kommen. Brüllten sie in unmittelbarer Nähe, rieselte es uns immer wieder kalt den Rücken hinunter. Damit zeigten sie ihr Revier an und machten jedem klar: Achtung, hier herrsche ich, basta.

Die Herdentiere standen in Gruppen zusammen, verhielten sich still und waren auf der Hut, um den gierigen Raubtieren nicht in die Quere zu kommen. Man merkte ihnen die Spannung an. Meist standen die stärksten Exemplare als Wachposten und zur Beobachtung der Umgebung am Rande der Gruppe. Die Zebras liefen stupide auf dem Weg vor uns her, bis sie irgendwann ins Gras abbogen. Auch Rebhühner hatten diese Angewohnheit: Die ganze Familie lief vor uns her, und erst wenn wir ihnen ganz dicht auf den Fersen waren, flatterten sie davon. Gelegentlich eilte eine Hyäne vorbei, ein Stück Fleisch für ihre Kinder, die in der Stammhöhle warteten, zwischen den Zähnen. Die kleineren Schakale wuselten flink und unruhig durchs Gebüsch.

In der bleiernen Schwere des frühen Morgens bemerkten wir in der Ferne im östlichen Silberstreifen einen ersten Touristenballon der Frühsafari, der sich uns allmählich näherte.

Direkt am Weg lag einer der zahlreichen Wasserpools, in dem es von Hippos nur so wimmelte. Gerade jetzt herrschte viel Bewegung, sie kehrten von ihrem nächtlichen Fressen in der Grassavanne zurück ins Wasser. Plötzlich, unmittelbar neben uns schoss ein gewaltiges Weibchen aus dem Busch heraus. Vor ihr lief ein Junges unbekümmert drauflos. Die Mutter kam mit erschreckendem Getöse direkt auf uns zu, war voll auf Angriff eingestellt. Postwendend schrillten in mir sämtliche Alarmglocken, sofort waren alle Ängste und Erinnerungen an meinen Unfall wieder da. Hannelore klammerte sich an mich und schrie auf: „Selim, nein…stop…!“ Er trat auf die Bremse, das Auto rutschte auf dem morgennassen Gras noch ein Stück weiter. Dann ließ er den Motor aufheulen. Das Flusspferd wurde offensichtlich so erschreckt, dass es in Panik dicht vor uns über den Weg eilte, ihrem vorauseilenden Jungen hinterher, und in den Büschen in Richtung Pool verschwand. Es gelang mir gerade noch, im Halbdunkel die davonrasende Mutter im „Blindschuss" zu fotografieren.

Zum Glück saßen wir hier in einem sicheren Auto, ansonsten wäre wohl eine ziemlich dramatische Situation entstanden. „Okay?" fragte Selim, sich zu uns umwendend mit leicht verkrampftem Lächeln. „Oh, yes, okay. Lets go."

Dann blinzelte der erste Lichtstrahl durch die Bäume. Im Gegenlicht erkannten wir Giraffen, die den Kopf weit in die Akazien hineinreckten. In der buschigen Niederung stand kauend eine Herde Büffel. Die Tiere beobachteten uns unablässig und nahmen sofort ihre Verteidigungsstellung ein. Die Stärksten stellten sich in „Schlachtordnung", ähnlich einer Wagenburg in Abständen vor die Herde, um sie zu beschützen und uns jederzeit angreifen zu können.

Menschen gehören von Natur aus nicht zu ihrem Nahrungsangebot, da sie Grasfresser sind, aber sie können sehr aggressiv werden. Viele, manchmal auch tödliche Unfälle, sind die Folge von Auseinandersetzungen zwischen Büffeln und weidenden Herdentieren. Die Büffel demonstrieren ihre Stärke, greifen an und durchstoßen mit ihren wuchtigen Hörnern die Brust der Hirten, wenn diese ihre Tiere zu verteidigen versuchen. Kann nicht rechtzeitig geholfen werden, sterben die meisten an dadurch verursachten Infektionen. Das ist die eigentliche Gefahr, der auch ich damals mit gnadenloser Schärfe ausgesetzt war.

Beim Jagen besteht immer die Gefahr, sich zu verletzen und an einer nachfolgenden Infektion zu sterben. Ob Mensch oder Tier. Aus diesem Grund vermeiden es beispielsweise Löwen, Stachelschweine anzugreifen. Wir wussten von einem Löwenweibchen, das dringend Fressen für seine Kinder benötigte und in seiner Not versuchte, ein Stachelschwein zu erbeuten. Dieses hatte sich zusammengerollt und die Stacheln wie Speere in alle Richtungen ausgestreckt. Die Löwin stach sich, ein Stachel blieb im Kinn stecken und entzündete sich. Ihr Tod war die Folge.

Inmitten der nach dem Grasbrand schwarz verkohlten Erde dösten Löwengruppen vor sich hin. Ihre vollen Bäuche lagen wie schwere Ballons zwischen den ausgestreckten Beinen. Ein ausge-

Büffel im Morgengrauen

Sonnenaufgang über der Serengeti

Frühsafari von oben

Strahlender Morgen in der Savanne

Hippo, gefährlich nahe

Giraffe im Gegenlicht

wachsener Löwe kann immerhin bis zu 70 Kilogramm auf einmal verschlingen.

Eines Morgens, die Sonne war schon ein Stück am Himmel empor geklettert, beobachteten wir einen Geparden, auch Cheetah genannt, auf der Jagd. Wir begleiteten ihn ein Stück, dank Selims geschickter Fahrweise.

Eine andere Episode: Ein einzelner stattlicher Büffel zog in unsere Richtung. Er schien es nicht eilig zu haben, trottete in den Tag hinein. Urplötzlich stutzte er, machte sich steif und nahm die typische drohende Haltung mit nach vorn gerecktem Kopf und Hörnern ein. Was war los? Wir suchten mit unseren Ferngläsern das Gras ab. Da entdeckten wir ca. 20 Meter rechts von uns ein einzelnes Löwenweibchen. Als es den Büffel bemerkte, war es sofort auf den Beinen, marschierte ihm fauchend und das Maul weit aufgerissen entgegen. Vor uns lief ein bühnenreifes Schauspiel ab.

Büffel und Löwen gehen sich normalerweise aus dem Weg, greifen sich selten gegenseitig an. In der Gruppe sind Löwen allerdings in der Lage, einen ausgewachsenen Büffel zu erlegen. Kommt ein Löwe den starken Büffeln in die Quere, werden sie ebenfalls als Störenfriede betrachtet, oftmals blindwütig angegriffen und auch getötet. Wir wussten von einer Situation, in der Büffel das Löwenweibchen vertrieben und die Löwenkinder, die sich nicht rechtzeitig in Sicherheit bringen konnten, getötet haben.

Doch was war hier los? Warum war das Löwenweibchen so aggressiv? Es war verständlich, dass sich der kapitale Büffel nicht von seinem Weg abbringen und stören lassen wollte, selbst nicht von einem Löwen. Das Löwenweibchen würde wohl kaum eine Chance mit einem Angriff haben. Da rief Hannelore: „Look, look!“, und wies auf das Gras im Bereich der Löwin. Dort lagen sie, ihre Jungen, abgeduckt, versteckt und kaum zu sehen. Drei dieser Kleinen konnten wir deutlich im Gras erkennen. Jetzt war alles klar. Das Löwenweibchen verteidigte seine Kinder. In einer solchen Situation sind sie äußerst aggressiv, gehen aufs Äußerste, bezahlen notfalls mit ihrem Leben. Auch Menschen werden dann schnell angegriffen.

Dieses Löwenweibchen scheute den Kampf nicht, rannte auf den Büffel zu, der wiederum auf sie zulief. Beide, mal der eine, mal die

Argwöhnisch beobachtet

und sondiert das Gepardenmännchen

das Beuteziel,

bewegt sich näher heran,

stoppt, wartet und prüft,

der Angriff beginnt

andere liefen ein Stück, verharrten ab und an, der Büffel mit nach vorn gerecktem Kopf, die Löwin brüllend. Wir spürten förmlich diese fürchterliche Wut, die enorme Kräfte freisetzt. In nur 20 Meter Entfernung spielte sich diese Naturdramatik direkt vor uns ab. Wieder rannten die beiden aufeinander zu, hielten plötzlich inne. Sie waren sich gefährlich nahe gekommen. Angriff oder Flucht, nichts anderes gab es jetzt. Unablässig fauchte und brüllte die Löwin. Was nun? Der Büffel zuckte zurück, als ob ihn der Ernst der Lage beziehungsweise die Sinnlosigkeit seines Handelns klar wurde. Wusste er instinktiv, dass mit dieser verrückten Löwin nicht zu spaßen war? Noch einmal drohte er, signalisierte seine Kampfbereitschaft und starrte in steifer Haltung den Gegner unablässig an und drehte plötzlich seitwärts ab. In leichtfüßigem, aber nicht übermäßig schnellem Lauf, um sich mit Haltung aus der Affäre zu ziehen, doch zügig, entfernte er sich und verschwand allmählich in Richtung Horizont. Die Löwin stand noch lange da, ihren Zorn hinausbrüllend. Erst als der Büffel kaum noch zu sehen war und sie sich abreagiert hatte, kehrte sie zu den Kleinen zurück. Die waren während der ganzen Aktion im Gras liegen geblieben, ohne sich zu bewegen oder einen Mucks von sich zu geben. Dieses Verhalten ist angeboren, zum Überleben notwendig.

Ähnliche Situationen erlebten wir öfter. Ein kurzes Signal der Mutter genügt, und die Kinder verhalten sich völlig ruhig. Während die Mutter auf Jagd geht, was durchaus schon mal zwei Tage dauern kann, warten sie geduldig ihre Rückkehr ab.

Interessant war es jedes Mal wieder, Geparde zu beobachten. Auf den Nachmittagstouren sahen wir sie jagen, was uns zunächst ungewöhnlich erschien. Selim klärte uns auf: Da sie auf dem Land die schnellsten Jäger sind, mit einer Geschwindigkeit von bis zu 120 km/h laufen können, haben als Beute ausgemachte Tiere kaum eine Chance zu entkommen. Das versetzt sie in die Lage, auch tagsüber erfolgreich auf Jagd zu gehen und unterscheidet sie von anderen Raubtieren wie Löwen oder Leoparden. Diese müssen sich nach Katzenart im Gras möglichst nah und unbemerkt an ihr Opfer heranschleichen, sodass sie für die Jagd die Dämmerung bevorzugen. Sie haben die typisch kurzen Katzenbeine, während die Geparden hochbeinig und drahtig gebaut sind. Die Geparden sitzen oft frei

Büffel und

Löwenweibchen im Clinch

Löwin verteidigt die im Gras abgeduckten Kinder (Mitte rechts)

Beobachten, Angriffsstellung

Beobachten, brüllen, Angriffsstellung

Angriff

Angriff

Büffel dreht ab

Löwin setzt noch mal nach,

brüllt ihren blinden Zorn heraus (links), Büffel sucht das Weite (rechts)

sichtbar auf kleinen Hügeln, damit sie ihre Umgebung gut überblicken und Beutetiere schon von weitem beobachten können.

Zwei junge Männchen machten sich auf den Weg, als sie von einem Hügel aus eine Herde Gazellen entdeckt hatten. Es gelang uns, mehr als einen Kilometer nahe neben ihnen herzufahren. Sie liefen ein Stück getrennt, verharrten, witterten, kamen zusammen, um sich zu verständigen. Dann liefen sie weiter durch Gras, Buschgelände und längere Abschnitte über die schwarz-braunen, abgebrannten Flächen. Zielstrebig, doch ohne Hast, ging es voran. Als sie sich nach fast einer Stunde der Gazellenherde bis auf weniger als 100 Meter genähert hatten, gab es noch einmal einen Kontakt zwischen den beiden. Nach einer kleinen Verschnaufpause stürmten sie in Windeseile quer durch das Gelände auf die Herde zu. Die spritzte auseinander, die beiden Geparden stürzten sich auf das von ihnen ausgesuchte Opfer und entschwanden zwischen den Büschen unseren Blicken.

Inzwischen hatte Selim über Funk schon seinen Freund Mandela informiert. Wir hatten das Schauspiel ausreichend beobachtet und fuhren weiter. Später rief Mandela zurück und berichtete, dass er mit seinen Leuten gerade noch rechtzeitig angekommen war, um die Fressorgie zu beobachten.

Eines Nachmittags fuhren wir sehr vorsichtig an einen Baum heran, auf dem ein Leopard vor sich hin döste. Er ließ sich zunächst durch uns nicht stören. Reste eines Tieres hingen als Fressvorrat versteckt im Geäst. Als wir uns noch weiter heranwagten, stand er urplötzlich auf, blickte in die Umgebung und knurrte in unsere Richtung. Sein Knurren wurde bedrohlicher, böse. Wir waren zweifellos zu dicht herangefahren, hatten deutlich die Fluchtdistanz unterschritten. Selim schaltete den Motor aus, wir warteten. Doch der Leopard war nun aufgeschreckt, beruhigte sich nicht. Knurrend kam er, uns mit seinen gelben Augen fixierend, langsam aus dem Geäst zum oberen Stammende herab. Wir vermieden es, ihn direkt anzusehen, um ihn nicht noch mehr zu reizen. Das ist eine grundlegende Verhaltensweise bei der Tierbeobachtung. Ein intensiver Blick in die Augen wird als Bedrohung aufgefasst und kann leicht eine Angriffsreaktion auslösen. Wir verhielten uns völlig still. Nur nicht bewegen, das kann lebensgefährlich werden, schoss es mir

Zwei Geparden gehen auf Jagd. Rechts: Beobachtung, links: Heranschleichen

Argwöhnisch werden wir beobachtet,

dann eilen sie weiter

In einer Spur bewegen sie sich vorsichtig in Richtung

Beute, beunruhigte Gazellen

Ruhe, Warten, gemeinsames Sondieren vom Feldherrenhügel, Strategie ist klar

Sie ziehen los,

Angriff auf die Beute beginnt

durch den Kopf. Der Leopard richtete sich auf, drohte uns. Ich dachte, jetzt springt er auf unser Auto! Wir blickten ja aus der geöffneten Dachluke, ich hatte mich zum Fotografieren weit hinausgereckt. Das Auto stand nahe bei ihm. Wir erstarrten, mir wurde heiß. Hannelore fasste mich an ... Jetzt ... und plötzlich sprang er ... dicht an uns vorbei, landete zum Glück auf der Erde und verschwand im Gras.

„War das aufregend", sagte Hannelore, als sie die Sprache wiedergefunden und mein Herz sich allmählich beruhigt hatte. Selim nickte. „Da hatten wir wohl großes Glück."

Auf dem Heimweg sahen wir im Buschwerk zwei niedliche Dikdiks hüpfen. Wegen ihrer riesigen Augen, der großen Ohren und der attraktiven Zeichnung im Gesicht und am Körper gehören sie für mich zu den bezauberndsten unter den kleineren grasfressenden Tieren. Sie sind schüchtern und müssen flink sein, um sich vor den vielen lüsternen Raubtieren schützen zu können. Deshalb sieht man sie auch nur selten und meistens in kleinen Gruppen. Erst im Tarangire gelang mir ein schneller Fotoschuss von ihnen.

Kehrten wir mittags oder abends erschöpft zurück, wartete Ari schon mit dem Essen. Noch konnte er uns ein komplettes Menü anbieten. Gingen wir ganztägig auf Safari, gab er uns ein umfangreiches Lunchpaket mit. Wir waren vollständig umsorgt, brauchten uns um nichts zu kümmern. Erst auf dem letzten Drittel unserer Safari hatte er Sorgen, weil einige Vorräte zu Ende gingen und das Eis in der Box zusehends dahinschmolz. Fleisch und anderes Verderbliche konnte er nicht mehr ausreichend frisch halten. Wir fanden es überhaupt nicht schlimm, dass das Angebot nun schmaler wurde und versuchten, ihn mit „Hakuna matata, that's Africa, that's Ari", aufzumuntern.

An Löwen konnten wir uns nicht satt sehen. Es war immer wieder ein großes Erlebnis, eine Löwenmutter oder eine Gruppe mit ihren Jungen zu sehen. Einmal stießen wir auf ein Weibchen, das sechs Kleine führte. Sie überquerte den Weg vor uns und ließ sich ganz in unserer Nähe im Gras nieder. Drei Kinder liefen in Reihe hinterher. Eines war immer dicht bei der Mutter, schmuste mit ihr, vielleicht war es besonders schutzbedürftig oder privilegiert. Zwei trödelten noch auf dem Weg herum, das sechste war auf dem vorhe-

Aufgeschreckter Leopard

Knurrend kommt er näher,

droht uns, nimmt Maß,

und springt an uns vorbei auf die Erde

rigen Lagerplatz, einem etwa 30 Meter entfernten Grashügel, sitzen geblieben. Es hatte den Anschluss verpasst und traute sich nun nicht allein zu den anderen hinunter. Vielleicht war es auch ängstlich, weil wir zwischen ihn und die Mutter geraten waren. Es maunzte, bettelte, versuchte loszugehen, aber der Mut verließ das schüchterne Junge jedes Mal. Die Mutter hörte es, sah nur kurz zu ihm hin, kümmerte sich dann nicht weiter darum und starrte genau in die entgegengesetzte Richtung. Dann erhob sie sich und fixierte das Beutetier. Ein Stück entfernt grasten Gazellen. Sie musste unbedingt Beute machen, um die vielen Löwenmäuler stopfen zu können. Das hatte absoluten Vorrang. Die Erfolgsquote der Löwen beim Jagen ist nicht sehr groß, liegt nur bei etwa 30 Prozent. Jeder Jagdversuch kostet nicht nur Kraft, sondern birgt auch die Gefahr von Verletzungen. So nutzte sie jede günstige Gelegenheit aus.

Wir vernahmen ein Signal von der Löwin, sofort blieben die Jungen dort wo sie waren, duckten sich ins Gras und warteten. Keinen Mucks gaben sie von sich. Nur das Zurückgebliebene maunzte immer jämmerlicher. Es lief unruhig hin und her. Wir warteten gespannt. Nach einer geraumen Weile standen plötzlich die zwei Trödler auf und gingen den Weg zurück. Sie kletterten den flachen Hügel hinauf. Nach dem kurzen Begrüßungsritual schlichen sie gemeinsam los. Sie nahmen es mit sich und führten es dicht an unserem Auto vorbei zu ihrem Liegeplatz, wo sie nun gemeinsam auf die Mama warteten. Diese hatte sich inzwischen in Richtung Beute auf dringende Futtersuche begeben.

„Das ist ja Solidarität in Reinkultur. Menschlicher kann es doch da gar nicht zugehen“, meinte Hannelore. Diese Szene hatte sie sehr berührt, mich auch. Noch oft erzählte sie später von der glücklich verlaufenen Rettung eines verloren geglaubten Löwenkindes.

Am gleichen Tag führte uns der Weg durch eine Galerielandschaft mit Kurzgras und einzelnen Bäumen. Unter dem einen saß „Pascha“, ein starkes Männchen mit riesiger Mähne, umgeben von seinem Harem. Fünf Weibchen hielten sich in Abständen verteilt im Gras auf. Wir standen mittendrin und warteten. Keine 100 Meter entfernt grasten Herdentiere. Wir staunten, dass sie gar nicht beunruhigt waren. Selbst der „Wachposten“, die etwas abseits stehende große Gazelle, bemerkte nichts. Die Löwenweibchen trieb es unter

Drei Löwenkinder

folgen der Mutter

Zwei weitere trödeln auf dem Weg

Die Löwin lässt sich im Gras

mit den drei Kleinen nieder

Das sechste bleibt verlassen

und ängstlich auf einem Hügel zurück

Die zwei „Trödler“ gehen zurück,

ermutigen das Einsame

und bringen es zum Rastplatz

Mutter begibt sich auf dringende Futtersuche

Paschas Aufsicht zur Jagd. Er selbst beteiligte sich gemäß dem Vorrecht eines Königs der Löwen nicht. Von mehreren Stellen aus bewegten sich die Löwinnen vorsichtig auf die ahnungslosen Gazellen zu. Eine Löwin in unserer Nähe gehörte mit zum Jagdverband, hatte aber ihre fünf Kinder im Schlepptau. Was tun? Von weiter hinten kam auf einmal ein sechstes Weibchen heran, dem ein Junges hinterher tapste. Nach einer kurzen Verständigung zwischen den beiden Müttern und Signalen an die Kleinen nahm die eben angekommene Mutter alle sechs Kinder zu sich. Sie übernahm die Aufsicht und Betreuung während der Zeit der Jagd, ganz so wie in einem Kindergarten, und verschwand mit ihnen aus der Schusslinie. Das andere Weibchen war nun frei und konnte die Jagdgruppe verstärken. Wieder erlebten wir ein beeindruckendes Sozialverhalten, das eine Großfamilie stark macht.

Die fünf jagenden Weibchen schlichen sich jeweils von einer anderen Seite an die Herde heran. Die schreckte plötzlich auf. Die Löwinnen preschten hinterher. Eine Gazelle wurde seitlich von der Herde abgetrennt. Die anderen rasten in panischer Angst davon, hasteten durch eine Lücke zwischen dem Baum, unter dem Pascha wie angegossen saß, und einer Löwin hindurch, verschwanden im hohen Gras. Das von der Gruppe abgetrennte einzelne Tier hetzte verzweifelt direkt auf uns zu, sprang an unserem Auto vorbei, rannte wie besessen weiter. Warum nur hatte es sich so leicht von der Herde absondern lassen? Das war doch nicht notwendig gewesen. Kopflos, unerfahren, blind vor Angst. Kleines Tier. – Meine Güte, warum nur, schoss es mir durch den Schädel. Und da – die schon nah herangekommene Löwin zögerte einen Moment, war wohl durch das Auto irritiert. Als sie dann an uns vorbeilief, hatte die Gazelle inzwischen ausreichenden Abstand gewonnen, konnte in letzter Minute in die offene Savanne flüchten und so ihr Leben retten. „Das hätte mir aber auch Leid getan, so ein feines Tier", freute sich Hannelore voller Mitgefühl.

Ein anderes Erlebnis mit Löwen: Pascha lag inmitten seines Harems faul im Gras. Erstaunlicherweise sahen wir keine Jungen. Ein Weibchen trug ein ihr von den Rangern angelegtes Halsband, sah damit wie ein harmloses Haustier aus. Doch vor uns lagen kreuzgefährliche Bestien. Warum also das Halsband?

Löwenjagd: Pascha (rechts) mit seinem Harem (Mitte und links, im Gras abgeduckt)

In der Nähe große Gazellenherde, kaum auszumachen

„Tagesmutter" sammelt alle sechs Kinder und führt sie

aus der Schusslinie zu einem sicheren Hort

Löwinnen umstellen

strategisch geschickt die Herde,

nähern sich vorsichtig,

der Angriff beginnt

Die Herde gerät in Aufruhr,

panikartig flüchten die Gazellen,

dicht an Löwenjungen vorbei (hinten links)

Gazelle flüchtet Richtung Auto

Löwe, durch Fahrzeug erschreckt, gibt auf

Seit den letzten Jahren gibt es wegen der sich schnell ausbreitenden und zumeist tödlich verlaufenden Tuberkulose, von der auch diese Tiere zunehmend betroffen sind, eine intensive Löwenforschung. Explosionsartig und erschreckend hat sich auch das „Cat-HIV", Katzenaids, das ebenfalls tödlich verläuft, ausgebreitet. Normalerweise werden Löwenmännchen etwa zehn Jahre, Weibchen sogar 15 Jahre alt. Sie können noch in diesem hohen Alter, sozusagen als Großmütter, Kinder gebären. Aber gegenwärtig gibt es in Afrika Gebiete, in denen die Löwenbestände in den letzten fünf Jahren auf Grund dieser Seuche um mehr als 90 Prozent zurückgegangen sind. Und ein Ende ist nicht abzusehen.

Zurück zur Szene: Ein zweites Weibchen lag auf dem Rücken, rekelte sich, wollte wohl ihren Pascha animieren. Der ließ sich zunächst gar nicht beeindrucken, schaute nur kurz herüber und ließ sich Zeit. Die Dame zeigte alle Verführungskünste und strömte sicher die anziehendsten Löwendüfte aus. Schließlich stand er auf, schritt betont langsam zu ihr hin, ließ sich wieder lässig ins Gras fallen. So ging das Spiel eine ganze Zeit. Dann, endlich erhoben sich beide. Sie zog langsam los, schaute sich immer wieder um, ob Pascha folgen würde. Er trottete etwa einen Meter hinter ihr her. Sie hatte den Schwanz nach oben gestreckt, um den Weg zu signalisieren. Er hatte den Schwanz eingezogen. „Typisch Mann", dachte ich selbstkritisch.

Die per Funk informierten Autos kamen von allen Seiten heran. Weil jeder möglichst nahe am Geschehen sein wollte, begann ein erschreckendes Gedränge. Wir hielten uns zurück und fuhren langsam hinterher. Die beiden Löwen liefen unbeirrt weiter, eine lange Strecke direkt neben den Autos auf dem Weg. Allmählich wurden sie nervös. Das Weibchen begann zu knurren, immer bedrohlicher, fletschte die Zähne. Als eines der Autos zu dicht heranfuhr, drehte sie sich plötzlich um, sprang darauf zu und versuchte, in den Reifen zu beißen. Doch gegen solch ein Ungeheuer hat selbst die stärkste Löwin keine Chance. Nun wurde auch er unruhig, knurrte seiner Herzensdame etwas zu. Das Weibchen wandte sich in das hohe Gras ab. Endlich. Er schritt hinterher, bis sie unseren Blicken entschwunden waren. Verspürten sie nach diesem Stress noch Lust auf Liebe? Wir wünschten diesen wundervollen Geschöpfen alles erdenkliche Glück bei ihrem freudvollen und intensiven Bemühen um Nachwuchs zum Erhalt ihrer Spezies. Löwen treiben ihr Liebesspiel einen ganzen Tag lang, paaren sich etwa jede Stunde. Dazu sondern sie sich oft längere Zeit von der Familie ab und ziehen zu einem Plätzchen, an dem sie ungestört ihrer Liebe frönen können. Vielleicht sehen wir die beiden einmal wieder und können dann ihre Kinder bewundern.

Ab und an fragten wir Selim: „Wann geht es endlich zu den großen Gnu-Herden? Wir dürfen auf keinen Fall die Migration verpassen.“ – „Hakuna matata. Zur Zeit wandern sie im Western Corridor. Sie konzentrieren sich südlich entlang des Grumeti River. Ich denke, in zwei Tagen ist der Zeitpunkt günstig.“ Er wusste also Bescheid.

Während unseres Aufenthaltes lernten wir das Areal der Seronera Lodge näher kennen. Selim führte uns zum „Head-Quarter“ der Serengeti und der Forschungsstation der „Frankfurt Foundation“, die von Professor Grzimek ins Leben gerufen worden war. Ständig arbeiten hier mindestens vier Wissenschaftler aus Frankfurt zusammen mit den Einheimischen. Ganz in der Nähe gab es eine Siedlung mit barackenähnlichen Häusern, in der ganze Familien wohnten, Angestellte, Ranger, Forscher und Betreuer. Das Village war mit allem Notwendigen ausgestattet. Den Kindern wurde Schulunterricht erteilt. Es gab eine Tankstelle und einen „Air Strip“, eine Landepiste für Kleinflugzeuge.

Ganz in der Nähe befand sich das Visitor Center mit einem großen Gebäude und Freigelände, das sich über einen großen Kopjes hinzog. Es vermittelte einen umfassenden Einblick in die Tier- und Pflanzenwelt der Serengeti, das Leben der Einheimischen und in die Ergebnisse der Forschung. Das Ökosystem der Serengeti und die Migration spielten eine zentrale Rolle. Die fassbare und verständliche Darstellung der Entwicklungsgeschichte der Natur und der Menschen in ihren Zusammenhängen und ihrer Vielfalt waren beeindruckend. Dieses Center war als gemeinsames Projekt von der Frankfurter Gesellschaft, der Europäischen Union und der Regierung Tansanias errichtet worden. Während unseres Aufenthaltes kamen zwei Busse mit einheimischen Schulkindern, die mit Begeisterung einen ausgiebigen Rundgang unternahmen.

Pascha mit Harem. Dame zeigt alle Verführungskünste,

Löwin mit Senderhalsband bleibt cool

Pascha, Schwanz eingezogen, schnuppert Löwin hinterher

Störende Touristenautos folgen

Beide nervös, fletschen Zähne, knurren

Sie drehen ab in das Savannengras

Blick von Kopjes, in Serengetilandschaft

Ganz in der Nähe eine wachsame Löwin,

Männchen beobachtet uns

auf den Kopjes wärmt sich Jungtier

Ein Signal der Mama – sofortiger Rückzug

Zutrauliche Goldmangusten

wohlgeformter Kandelaberbaum

Familienglück

Warzenschwein und Impala

Zum anfassen, doch Vorsicht, Bestie

Abendstimmung am Zeltplatz. Marabus besetzen Schlafbaum

Getränkte Tücher gegen Tsetsefliegen

Akazien voller Nester der Webervögel

Pfeifenakazien, großartiger Sonnenuntergang

Auf dem Gelände wuchs eine größere Zahl der sonst eher seltenen Kandelaberbäume. Den Namen haben sie wegen ihrer vor allem im Alter ausgeprägten kandelaberähnlichen Form erhalten. Sie können bis zu zwölf Meter hoch werden. Eigentlich sind es keine Bäume, sondern Sukkulenten. Sie bilden in vollendeter Form ein dichtes Geäst hochaufragender Stiele, geschlossen und gleichmäßig.

Auch Pfeifenakazien gibt es hier. Sie haben in Abständen direkt am Geäst bräunlich-bläuliche walnussgroße Kugeln, aus denen fast immer zwei Dornen wachsen. Ihr Innenraum ist von Ameisen besiedelt, die sich durch ein Loch hineinfressen. Durch dieses wird bei Wind ein pfeifender Ton erzeugt.

Gelegentlich besuchten wir, nicht weit von uns entfernt, die „Touristenlodge", einen gediegen wirkenden Hotelkomplex für betuchte Touristen. Sie war geschmackvoll und originell nach Entwürfen einer dänischen Architektin eingerichtet und über einen großen Kopjes gebaut. Von der Steinterrasse genossen wir die weite Aussicht über die Savanne und einen spektakulären Sonnenuntergang. Die zutraulichen murmeltiergroßen Goldmangusten liefen in beträchtlicher Anzahl herum. Als die Sonne hinter einem Hügel verschwand, wurde es zusehends dunkler und kühler. Uns zog es zu dem von Ari vorbereiteten Abendessen und der wohligen Schlafstätte im Zelt.

Die Migration – eine Million Gnus und Zebras unterwegs

Noch in der Finsternis machten wir uns auf den Weg. Über 150 Kilometer lagen bis zum Victoria-See vor uns. Der Feldweg führte nach Nordwesten, in die bleierne Morgendämmerung hinein. Wir hatten dicke Pullover übergezogen. Das Frösteln wich, je mehr sich die Umrisse der Landschaft abzeichneten und die ersten Sonnenstrahlen zwischen den Bäumen hervorlugten. Die Umgebung wurde hügeliger. Wir erreichten den Grumeti River. Die Uferzone war mit dichten Galeriewäldern bestanden. Von nun an folgten wir dem Flusslauf nach Westen. In der wunderschönen bergigen Savan-

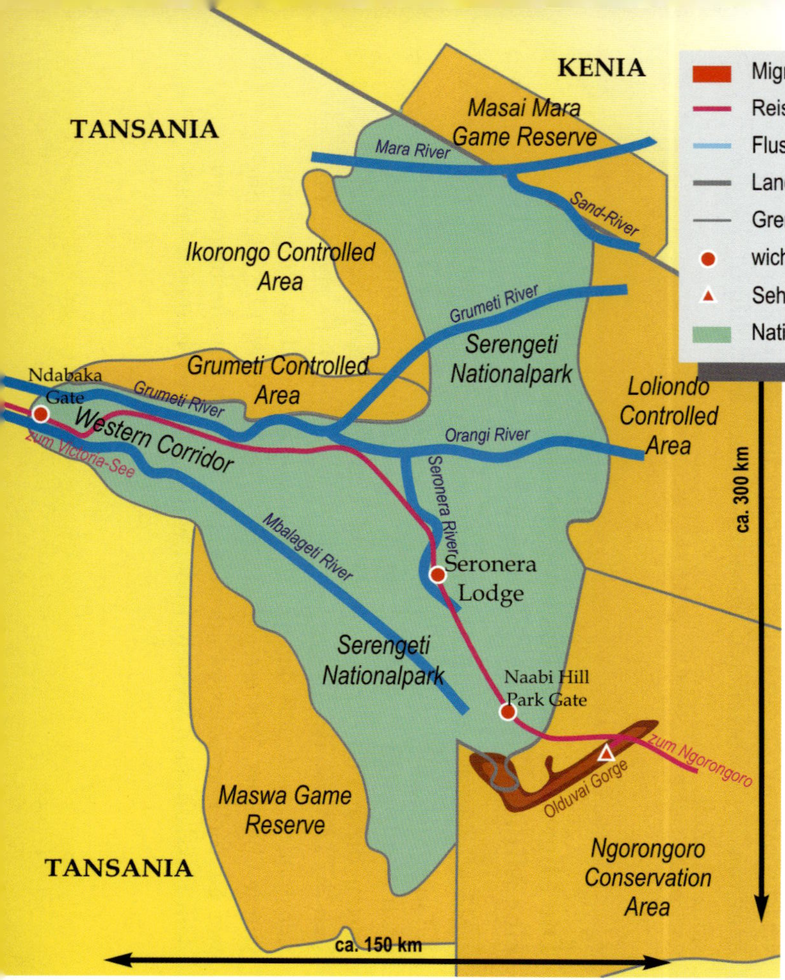

Serengeti, unsere Hauptroute: Olduvai Gorge, Seronera Lodge, Grumeti River, Victoria-See

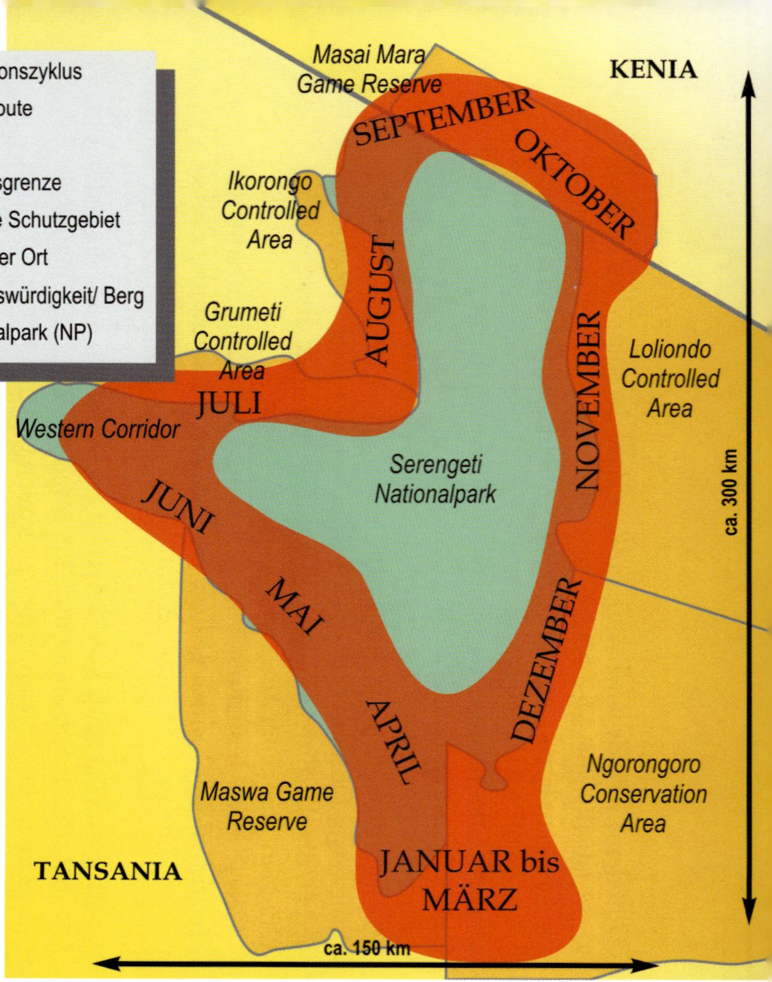

Serengeti, jährlicher Migrationszyklus der Gnus

nenlandschaft gab es viele verschiedene Baum- und Buscharten, insbesondere Akazien. Das Gras war zwar trocken, doch meist noch grün. Die Idylle war Heimat für zahlreiche Tierarten. Unseren Katalog an beobachteten Tieren konnten wir unter anderem um die großen eleganten Topi-Antilopen ergänzen.

Was wir nun erlebten, war ein atemberaubendes Naturereignis. Wir fuhren hinein in die Migration. Es folgten 50 Kilometer Weg durch eine unübersehbare Ansammlung von Gnus und Zebras. Die Landschaft war voll gestopft, ein einziges Getümmel schwarzer und gestreifter Leiber. Hier standen sie dicht beieinander. Dort liefen Herden in die eine Richtung, andere Herden kamen ihnen mit Tempo entgegen. Staub wirbelte auf, ein dichter bräunlicher Schleier lag kilometerweit über der Ebene. In endlos langen Zügen folgten sie unaufhaltsam dem Leittier, wie an einer Perlenkette aufgefädelt. Überall grunzte und muhte es, offensichtlich gab es Verständigungssignale. Dieses Muhen glich mehr einem tiefen Murren, denn dem unserer Kühe. Gruppen von Tieren ruhten unter Bäumen. Einzelne Tiere lagen in der Ebene. Das waren die alten, kranken oder Jungtiere, die hier zurückblieben. Sie waren für die weitere Wanderung zu schwach und würden sicher ein Opfer der Raubtiere werden. So weit man sehen konnte Tiere, Tiere, Tiere ...

Oft war der Weg blockiert. Bis zu einer halben Stunde mussten wir manchmal warten. Die Tiere hatten Vorrecht. Das war ihr Territorium. Nichts konnte sie von ihrem Wandertrieb abbringen. Wir wollten und durften sie dabei nicht beeinträchtigen oder stören. Und nicht eines wurde unseretwegen nervös oder aggressiv. Es war eine grandiose Zeremonie. Die Erde war in Bewegung. Noch heute sehe ich die Savanne vor mir, die Luft staubverhangen, die Landschaft voller dunkler Flecken und Punkte von Horizont zu Horizont – und wir mittendrin.

Um den Migrationszyklus in einem derart riesigen Territorium zu erkunden, hatten Vater und Sohn Grzimek mit dem Flugzeug Beobachtungen durchgeführt. 98 000 Gnus sollen sie damals gezählt und in ihrem Wanderverhalten verfolgt haben. Heute sind es weit über eine Million Tiere, 15-mal mehr. Welch einen Sieg praktischen Naturschutzes dokumentieren allein diese Zahlen. Die Entdeckung, dass es sich um ein in sich geschlossenes System handelt, war eine

Erkenntnis von fundamentaler Bedeutung. Sie war die Voraussetzung dafür, diese Lebensräume als ganzheitliches und sensibles Ökosystem zu verstehen und zu schützen.

Auf Drängen von Professor Grzimek und gegen die Widerstände der dort ansässigen Viehzüchter, insbesondere der Masai und der großen Volksgruppe der Sukuma, wurden die Schutzgebiete im Jahre 1959 bis zur kenianischen Grenze ausgedehnt. Ein weitgehend in sich geschlossenes, riesiges Savannen-Schutzgebiet wurde geschaffen. So wurde die Migration, die jährliche Wanderung der Gnus und Zebras über ein Gebiet von zirka 300 Kilometer Nordsüd- und 150 Kilometer Ostwest-Ausdehnung gerettet.

Von immenser Bedeutung war, dass mit der Schaffung dieser Schutzräume auch der nördliche Migrationsabschnitt in der Masai Mara in Kenia integriert werden konnte. Seinerzeit wurde die Grenze zwischen Kenia und Tansania durch die Kolonialmächte England und Deutschland am Schreibtisch in Berlin willkürlich gezogen. Den Tieren konnte man das nicht plausibel machen. Zum Glück wurden keine Zäune zwischen beiden Staaten errichtet. So waren die Bewegung und der Freiraum der Tiere von Tansania nach Kenia und zurück gesichert.

In der Masai Mara, direkt am Sandriver, dem Grenzfluss zwischen Tansania und Kenia, hatten wir im vergangenen Jahr gezeltet. Damals war Januar, Sommer, hier die Feuchtperiode. Es gab genug Wasser und Gras und deshalb keine Ansammlungen von Gnus. Jetzt war Winter und Trockenperiode, die Sammlung und Wanderung der Tiere, die dem Wasser hinterherziehen, war in vollem Gange.

Von September bis November haben die Herden die Grenze nach Kenia überschritten und die ausgedehnte Grassavanne der Masai Mara erreicht. Dies ist das nördlichste Areal ihres insgesamt 1 000 Kilometer langen jährlichen Wanderweges. Im November beginnt mit der Regenzeit die Rückwanderung nach Süden und in die weiter östlichen Gebiete. Bis April halten sich die Tiere auf dem in diesen Monaten fruchtbaren Weideland auf. Im Mai beginnt mit der Wanderung nach Nordwesten der Kreislauf Migration erneut. Die Gnus wandern nach ihrem Instinkt, alle Versuche der Menschen, sie von ihrem Weg abzubringen, sind aussichtslos.

Diese Erkenntnis hatte dank Professor Grzimek und dem tansanianischen Präsidenten als notwendige, aber auch einschneidende Maßnahme zur Schaffung einer Pufferzone im nordwestlichen Migrationsabschnitt geführt. Der Widerstand der dort lebenden Einheimischen war gewaltig. Er enthält auch heute noch beträchtliches Konfliktpotential und die Auseinandersetzungen nehmen seit den letzten Jahren weiter zu.

Die Menschen sind Ackerbauern und Viehzüchter. Sie wollen ihre Felder und Weidegebiete nicht nur sichern, sondern auch ausdehnen. Doch ohne die Schutzgebiete wären die Routen der Wildtiere unterbrochen und die Migration in ihrer Existenz gefährdet. Die Serengeti würde sterben. Auf diese Konsequenz hatte Professor Grzimek aufmerksam gemacht.

Das sensible Gebiet beginnt in der Region, in der wir uns aufhielten. Es zieht sich weit nach Westen und Norden. Hier gelang es lediglich, Teilgebieten den schwächsten Status eines Schutzgebietes zu erteilen – ein Kompromiss zwischen den Interessen der Einheimischen und dem Naturschutz.

Zwischen den geschützten Bereichen, dem „Grumeti Controlled Area“ und dem „Ikorongo Controlled Area“ klafft noch immer eine beträchtliche Lücke, es ist ein Gebiet, das keinerlei Schutzstatus besitzt. Hier ist die Situation besonders dramatisch. Häufig wandern die Wildtiere direkt durch die Ansiedlung der Einheimischen. Der Raum für sie ist sehr eng geworden und wird immer kleiner. Das Verhalten des Wildes ist Naturgesetz. Auch bei Edwin im Okawango-Delta hatten wir erfahren, dass ab und zu die Elefantenherden direkt durch das Dorf ziehen. Damit muss man leben. Keiner der Bewohner dort würde eines dieser Tiere töten.

In der Serengeti werden durch die Einheimischen jährlich mehrere tausend Gnus gefangen und getötet. Viele kommen auf grausame Art in den Schlingen ums Leben. Die Frankfurter Gesellschaft und die Ranger führen einen ständigen Kampf gegen die Wilderei. Doch so, wie sie die Schlingen finden und vernichten, werden neue gelegt.

Für die Raubtiere bietet die Migration Nahrung im Überfluss. Eine Vielzahl von Löwen, Hyänen, Schakalen, Leoparden und Geparden begleitet die Wanderung der Gnus, zumindest über weite

Strecken. Die Hyänen z. B. leben in einem abgegrenzten Territorium in einer großen Familie, haben eine Höhle als Stammsitz. Im Krüger-Nationalpark sahen wir, dass sich ein solcher Clan die Rohrunterführung unter einer Straße als Wohnsitz auserkoren hatte. Die darüber fahrenden Autos schienen sie in keiner Weise zu stören. In die Stammhöhle kehren die Hyänen immer wieder zurück. Hier halten sich auch die Jungtiere auf und warten, bis die Eltern mit der Nahrung zurückkehren. Diese starken und ausdauernden Tiere sind in der Lage, in einem Umkreis von bis zu 80 Kilometern auf Jagd zu gehen. Wie wir nicht nur im Ngorongoro-Krater beobachten konnten, jagen sie mit einer ungemein erfolgreichen Strategie, mit geschickter Verteilung ihrer Positionen und einer Umzingelungstaktik. Und da sie die stärksten Kiefer aller Landsäugetiere haben, zerknacken sie jeden Knochen leicht. Ein Weidetier, selbst ein starkes Gnumännchen, hat da kaum eine Chance. „Gemeinsam sind wir stark", mit diesem Verhalten flößen sie selbst den Königen unter den Tieren, den Löwen, Respekt ein.

Die Gnu-Herden wanderten während unser Anwesenheit noch am Grumeti-Fluss entlang. Es ging auf und ab. Sie bewegten sich nach Westen, ein Teil kam gerade wieder zurück nach Osten. Sie formierten sich erneut, zogen unruhig hin und her. Der Grumeti River ist eines der großen Hindernisse, dort müssen sie auf ihrem Weg nach Norden hindurch. Kein Weg führt daran vorbei. Das wissen die Krokodile, dort lauern sie auf das große Ereignis des Jahres. Manche sollen sich dabei so voll fressen, dass die Nahrungsmenge bis zur Fressorgie im folgenden Jahr ausreicht.

Nahe dem „Grumeti tended camp" und der „Kitowita Research Station" befindet sich die einzige Furt, durch die wir mit dem Auto auf die Nordseite des Flusses fuhren. Hier gab es kein einziges Gnu. Noch kein Tier hatte den Durchmarsch gewagt. Von einer Hängebrücke über dem Fluss konnten wir die Szenerie dort unten beobachten. Da lagen sie, die Krokodile, dicht an dicht zu Hunderten, riesige Tiere dabei. Sie schienen auf den Sandbänken, auf den Steinen am Ufer, in den Tümpeln des kaum noch geschlossen wasserführenden Flusses zu dösen. Doch das täuschte gewaltig. Sie geduldeten sich gezwungenermaßen. Sobald sich Fressbares näherte, wurden sie aggressiv und angriffslustig. Auffällig waren die vielen

Migration der Gnus. Das ist ihr Terrain

Wenn sie in Bewegung geraten, vibriert die Erde, Staub wirbelt auf

Mehr als eine Million Tiere über 50 km entlang des Grumeti River

Ein Pulk in Warteposition. Bald beginnt der Ansturm auf den Grumeti River

Da heißt es für uns warten und äußerste Vorsicht

Alte und kranke Tiere sondern sich ab, leichte Beute für das Raubwild

Eines der letzten Wasserlöcher. Verzweifelt ziehen sie ab,

Kuhantilopen schließen sich an, ringsherum verdorrtes Gras

Immer dichter wird die Konzentration

Kilometerlange Reihen, wie an einer Schnur ziehen sie dahin

Strauße beobachten Gnu-Kette (Bildmitte) und uns

Zehntausende Zebras begleiten sie auf der Suche nach Wasser und Nahrung

Generalprobe für den Ansturm auf Fluss voller Krokodile

Grumeti, beeindruckende Flusslandschaft, nur noch wenig Wasser

Erstmals wagt sich Selim auf schwankende Brücke, darunter lauernde Krokodile

Sie liegen am Ufer,

auf Sandbänken und in Tümpeln

In Massen warten sie auf die Gnus zur Fressorgie des Jahres

Vögel. Die Bäume waren voller Geier. Marabus und Reiher flogen umher, Hornrabenvögel und Adler stolzierten durch die Gegend.

Alle warteten. Jetzt bald mussten sie kommen.

An dieser Stelle war die Böschung nicht zu steil, sodass sie von den Gnus und Zebras bewältigt werden konnte. Hier würde ein Ort der schaurigen Gelage, des Fressens und Gefressenwerdens, sein. Der Überlebenskampf hunderttausender Tiere stand bevor. Die Vorstellung ließ uns erschauern und faszinierte uns doch gleichzeitig.

Selbst den ängstlichen Selim konnten wir, erstmals in seinem Guide-Leben, dazu bewegen, mit uns über die Leiber der Krokodile hinweg auf die schwankende Brücke zu gehen. Dass dies auch noch auf Fotos festgehalten wurde, versetze ihn in Hochstimmung.

Wir wanderten auf der ruhigen Nordseite zu einem Seitenarm des Grumeti. Es stank scharf nach Mist. In einem Pool befanden sich massenhaft Hippos. Sie versuchten, in diesem Restloch Jauche soweit es ging abzutauchen. Sie lagen in ihrem eigenen Kot, den sie beim Ausscheiden durch schnelles Wedeln mit ihrem kurzen Schwanz im Wasser verteilten. Die Oberfläche war mit einer dicken Schicht dieses Mistes bedeckt. Ab und zu hob sich ein Kopf heraus, es schnaufte, holte tief Luft und verschwand wieder im eigenen Dreck. Die Tiere lagen teilweise übereinander und alle versuchten, ihren Körper ins kühle Nass einzutauchen. Immer wieder lieferten sich mächtige Bullen einen kurzen, aber harten Kampf um Rang und Platz. Wir sahen, wie sie sich Verletzungen zufügten, es war durchaus kein Spaß. „Das kann noch viel dramatischer werden", meinte Selim. Größte Vorsicht war geboten.

Wir hörten es im Gebüsch grunzen. Auch direkt am Ufer, dem wir uns ziemlich dicht näherten, lagen die Hippos in Respekt einflößender Anzahl. Sie waren jetzt auf Grund dieser harten Bedingungen besonders aggressiv. Und dann auch hier überall die Krokodile, am Ufer, in den Büschen. Hungrig und kreuzgefährlich. Es wimmelte von giftigen Schlangen. Selim und Ari wussten von Bissen mit schlimmen und auch tödlichen Folgen zu berichten. Zum Glück verlief alles ohne Zwischenfall.

Wie an vielen Stellen der Serengeti, war auch hier ein Gebiet voller Tsetsefliegen. Wir konnten uns kaum vor ihnen retten. Überall versuchten sie, sich niederzulassen, besonders gern auf die bloßen

Seitenarm des Grumeti, bis auf stinkendes Restloch vertrocknet

Die Hippos in ihrem eigenen Dreck

Es wimmelt von Flusspferden und Krokodilen

Vorsicht, gefährliche, gereizte Tiere

Aus dem Kot heraus beobachten sie uns

Arme, die Beine, das Gesicht. Wir verjagten sie uns gegenseitig. Eine Plage sondergleichen waren sie, lästig und als Überträger der Schlafkrankheit nicht ungefährlich. Oft half nur das Schließen des Autodaches. Genau wie im Okawango-Delta hatten wir an verschiedenen Stellen in der Serengeti, auch direkt an unserem Zeltplatz, ein zwischen zwei Bäumen aufgespanntes blaues Tuch bemerkt. Es war mit Insektiziden gegen diese Plagegeister getränkt. Wie weit das tatsächlich hilft, sei dahingestellt.

Durch die Furt zurück an das südliche Ufer setzten wir unseren Weg zum Victoria-See fort. Einmal ging es durch dichtes Buschwerk einen Hügel hinunter. Nach einer engen Kurve stand zwanzig Meter vor uns eine Gruppe Büffel, mitten auf dem Weg. Sofort gingen sie auf ihre Positionen: Wie eine Wagenburg verteilt, die starken Männchen vorn, den Kopf mit den Hörnern in unsere Richtung gestreckt. Trotzig und trutzig verharrten sie, bereit zur Verteidigung und zum sofortigen Angriff. Linker Hand von uns befand sich ein Kopjes. Dort starrten sie hin. Auf dem etwa fünf Meter hohen Felsgestein saß ein großes Löwenmännchen. Es riss das Maul auf, schaute sich um, zu den Tieren und zu uns. Selim hielt sofort an, schaltete den Motor aus. Wir warteten. Der Löwe fletschte die Tiere an, brüllte auch in unsere Richtung. Einige Büffel setzten sich langsam in Bewegung, ohne Hast. Hatten sie sich ein Zeichen gegeben? Der Löwe schien unsicher zu werden. Plötzlich erschien ein zweiter Löwe, das Weibchen. Sie kletterte hinauf, stellte sich an seine Seite. Das Männchen brüllte weiter, das Weibchen sah sich aufmerksam um. Die Büffel bewegten sich stetig auf sie und uns zu. Die Luft knisterte vor Spannung. Würden wir angegriffen werden?

Gebannt und klopfenden Herzens beobachteten wir die Szenerie. Banges Warten, eine Ewigkeit schien zu vergehen. Urplötzlich erhob sich der Löwenmann, zog den Schwanz ein, drehte sich weg von den Büffeln, kletterte hastig den Feldherrenhügel hinab und verschwand in die andere Richtung. Noch eine ganze Weile brüllte er seinen Frust in die Landschaft hinaus. Er wollte wenigstens einen mutigen Eindruck hinterlassen und nicht ganz so klammheimlich das Territorium verlassen. Das Weibchen blieb auf dem Hügel stehen wie ein Fels in der Brandung, bewahrte Haltung, drohte den Büffeln. Dann verließ es ihn in aufrechter Haltung. Die Büffel tri-

Plötzlich vor uns eine Herde Büffel

Sofort gehen sie in Angriffsposition

Daneben auf Kopjes Löwe, knurrt

Sie kommen gefährlich nahe

*zur Verstärkung kommt Löwen-
weibchen hinzu*

*Männchen zieht Schwanz ein und macht
sich davon*

umphierten, was man diesen „doofen" Gesichtern kaum ansehen konnte. Die Spannung ließ allmählich nach, sie begannen sich zu bewegen, ohne uns aus den Augen zu verlieren. Wir blieben unbewegt stehen. Das beruhigte sie allmählich. Schließlich zogen sie davon und gaben uns den Weg frei.

Wir sahen Giraffen, die in Gruppen zusammenstanden, die saftigsten Blätter von den oberen Etagen der Akazienbäume fressend. Erstaunlich, wie geschickt sie ihre Nahrung trotz der langen und starken Stacheln mit den Lippen von den Ästen abstreiften. Ein Langschopfadler, longcrested eagle, thronte auf dem höchsten Ast.

Eine kleine Elefantenfamilie mit Kindern überraschten wir beim Fressen direkt neben uns. Ein Kleines demonstrierte uns, wie es bei der Mutter säugen, sich füllen und dabei gleichzeitig entleeren kann. Ein mächtiger Bulle nahm direkt neben uns einen Baum ins Visier, während andere die Zweige in sich hinein stopften oder sich an den Bäumen scheuerten bzw. deren Rinde abschälten und Stükke den Jungen überließen.

An mehreren Stellen fraßen sich Schwelbrände durch das Savannengras. Schakale und Mangusten kreuzten unseren Weg. Ein Serval huschte kaum auszumachen durch das Gras. Zwei Mal hatten wir die Gelegenheit, diese afrikanische Buschkatze zu beobachten. Sie gehört zu den „Phantomen".

Insgesamt sind es sieben nachtaktive kleine Säugetierarten, die aufgrund ihres charakteristischen Jagdverhaltens treffend als „Phantome" bezeichnet werden. Der Serval wird immerhin bis zu 1,40 Meter lang, ist hochbeinig, sehr schlank und ein erfolgreicher Jäger innerhalb seines über etwa 20 Kilometer ausgedehnten Reviers. Mit dem gelblich bis orange-bräunlichen Fell und den dunklen Flecken ist er gut getarnt und schwer auszumachen. „Servale überhaupt zu sehen, ist ein seltenes Glück", freute sich Selim.

Weiter durch die gehäufte Ansammlung von Tieren erreichten wir am frühen Nachmittag das westliche Ausgangstor der Serengeti, das Ndabaka Gate.

Elefantengruppe beim Fressen

Mächtiger Bulle

Kinder! Trinken, gleichzeitig kackern

Endlich ein Serval, abgeduckt im Gras

Langschopfadler mit günstigem Ausblick

Schwelbrände in der Savanne

Schakal in abgebrannter Savanne

Eidechse, Tarnfarbe der Umgebung angepasst

Am Victoria-See

Keine 500 Meter weiter hatten wir das „Stoppover Camp" erreicht. Es befand sich in 1400 Meter Höhe. Auf einer ausgedehnten Grasebene gab es ein Einkaufszentrum, Übernachtungsmöglichkeiten, einen Aufenthaltsraum für die Camper, sogar ein Restaurant. Alles war gepflegt und ordentlich. Während der zwei Tage blieben wir die einzigen Gäste. Nicht weit entfernt standen die Lehmhütten der Einheimischen. Die Ansiedlung zog sich gute zwei Kilometer bis an das Ufer des Victoria-Sees. An die zerstreut liegenden Hütten schlossen sich Gemüsegärten und Maisfelder an, die bis zu der schilfbestandenen Uferzone reichten.

Die Hütten, harmonisch in die Landschaft eingepasst, waren aus Holz und Gras errichtet. Einige wurden gerade gebaut, sodass wir ihr Entstehen beobachten konnten. Die Stangen für das Grundgerüst werden aus den hier überall wachsenden Sisal-Agaven gewonnen. Der aus der Mitte der Pflanze herauswachsende Trieb wird bis zu fünf Meter hoch und ergibt eine leichte und stabile, bis zu zehn Zentimeter dicke Stange. Mit den in schmale Streifen gerissenen und getrockneten Sisalblättern wurden die Stangen aneinander befestigt. Für das ganze Bauwerk war nicht ein Nagel nötig. Die Wände bestanden aus mit Sisalstricken verknotetem Schilf. Für das Dach wurden Bündel aus Gras übereinander versetzt verlegt und mit den gleichen Stricken straff an den Sisal-Quersparren befestigt. Sicher, solide und leicht zu bauen, alles mit Material, das die Natur im Umfeld hergab. Am oberen Ende hatten einige Hütten runde Dachabschlüsse, eine architektonische Krönung. An ihnen waren Schneckenhäuser, wie sie aus dem See gefischt wurden, aufgesteckt. Es waren Symbole, um die Geister für das Haus freundlich zu stimmen und böse Geister abzuhalten.

Drei Leute arbeiteten gleich neben unserem Zelt mit der typisch afrikanischen Gelassenheit. Mit einem jungen Mann, dem einzigen, der fleißig und gekonnt werkelte, wahrscheinlich der Vorarbeiter, kamen wir ins Gespräch. Er war auch der einzige, der sich fotografieren ließ, die anderen forderten unmissverständlich: „Give money." So bekamen wir es auch von allen anderen Bewohnern bei unserem Besuch im Village immer wieder zu hören.

Ein Mann mähte die ganze Zeit über die Wiese des Zeltplatzes. Er ging schrittweise in leicht gebückter Haltung über den Platz. Für seine Arbeit hatte er sich eine Machete zurechtgebogen und stutzte mit schwungvoll rhythmischer Armbewegung das Gras. Das tat er ohne Unterlass, stundenlang. Er kam zwar bei dieser mühevollen Arbeit kaum voran, doch schien er in keiner Weise mit seiner Tätigkeit unzufrieden zu sein. Auf die Frage nach einem Foto war die Antwort: „Give money", sodass ich nur heimlich einen Schnellschuss wagte.

Das Dorf am See wollten wir unbedingt erkunden. Doch Selim wiegelte ab. Er riet uns dringend, nicht allein dorthin zu gehen. Die Gegend sei zu unsicher. Für weiße Touristen könne es schnell gefährlich werden, die hatten doch Geld. Und hier, in der letzten Ecke Tansanias, voller armer Menschen, welcher Hahn krähte schon danach, was hier geschah. Da hätten wir keine Chance. Derlei Dinge wären eben leider passiert.

Hier leben die Sukuma. Sie gehören mit über drei Millionen Menschen dem größten Volksstamm Tansanias an, betreiben Feldwirtschaft, halten große Rinderherden und gehen fischen. Immer wieder gibt es Ärger mit den Behörden und der Regierung. Sie beanspruchen für ihre Herden ständig mehr Weideland, Gebiete, die Lebensraum der Wildtiere sind. Das Wild, wie z. B. die Elefanten, dringt dann in die Felder ein, was zu Konflikten führt. „Glaubt mir", sagte Selim, „mit diesen Leuten ist nicht zu spaßen".

So fuhren wir gemeinsam mit ihm über den schlammigen Weg an kleinen Lehmhütten vorbei bis zum sandigen Ufer des Sees. Die Männer, die dort rumlungerten, kamen sofort ohne jede Hemmung auf uns zu, dreist aber freundlich. Wir wurden wie Wundertiere beäugt. „Weiße kommen selten hierher", meinte Selim. Riesigen Spaß machten ihnen unsere Ferngläser. Es kostete einige Mühe, sie wieder zurückzubekommen. Die Frauen hielten sich im Hintergrund. Der Kreis um uns wurde stetig enger.

Ich merkte, wie Hannelore nervös wurde. Auch mir wurde unheimlich. Die Kinder, nackt oder halbnackt, kamen auf Tuchfühlung heran. Zum Glück hatten wir nichts erkennbar Wertvolles, die wichtigen Sachen trugen wir nach außen unsichtbar direkt am Körper. Wir hatten einige Kaugummis. Doch Selim riet ab, sie heraus-

Wir verlassen Serengeti, zum Victoria-See

Campingplatz, Küche und Speisehaus

So baut man

Dachabschluss, Schneckenhäuser halten böse Geister fern

Mit der Machete wird Gras gemäht

Endlich am berühmten See

zuholen und zu verteilen, wir würden die Kinder dann nicht mehr los. Wir versuchten, sie abzuschütteln, liefen einfach weiter – vergebens.

Ich zog meine Schuhe aus, ging ins Wasser. Erst nach geraumer Zeit wurde mir bewusst: Ich stand endlich in dem berühmten, grandiosen Victoria-See, sozusagen an heiliger Stelle. Wieder ging ein Traum in Erfüllung. Der See war im 19. Jahrhundert das Ziel zahlreicher Expeditionen. Hier wurde auch intensiv nach dem Quellgebiet des Nils gesucht. Viele Forscher verloren ihr Leben dabei. Ein Drittel der Bevölkerung Tansanias lebt hier. Aber auch in den anliegenden Ländern Kenia, Uganda und Ruanda ist das Land rund um den riesigen See dicht besiedelt.

Bei jedem Schritt, den ich im Wasser tat, folgten mir die Einheimischen. Wir stellten uns alle drei eng zusammen, Selim versuchte, uns zu schützen, doch er kannte ihre Sprache nicht und hatte Mühe, sich mit ihnen zu verständigen.

Wir beobachteten, wie die Männer die Netze auslegten, durch Ziehen an langen Stricken wieder einzogen und dabei sangen. Drei Netze befanden sich nebeneinander, da sonst die Fische herausspringen könnten. Die Boote waren in kräftigen Farben kunstvoll bemalt.

Selim wurde allmählich unruhig. „Das ist verdammt unsicher", raunte er uns zu. Er schob uns langsam zurück zum Auto. Das kann es doch nicht gewesen sein, dachte ich. Ich war sauer, Selim beruhigte mich. „Morgen nehmen wir uns Zeit und fahren in ein anderes Dorf, dort ist es besser. Believe it. Wir haben unsere Erfahrungen. Hier ist es nicht gut." Er versicherte, einen Einheimischen, der im Camp arbeitete, als Führer mitzunehmen.

Auf dem Rückweg fuhren wir an Gärten voller Mais, Papayas und Gemüse vorbei. Überall wuchs der Sisal wild und hoch, manchmal kräftig in Blüte stehend.

Hannelore und ich machten am späten Nachmittag einen Spaziergang, um uns die Gegend näher anzusehen. Auf der Straße liefen viele Menschen, einige waren mit dem Fahrrad unterwegs. Es war eine richtige Rushhour, Feierabendverkehr. Sie winkten freundlich. Doch viele, zu viele Kinder und Erwachsene sprachen uns an, riefen uns zu: „Money, want money", manchmal sehr belästigend und drohend. So zogen wir uns bald wieder zurück in das Camp.

Die Nacht war schwül, trotz der Höhe. Moskitos gab es in Massen. Ich war einfach zu kaputt, um unsere Netze herauszuholen. Hannelore begann plötzlich zu stöhnen. Sie hatte heftige Zahnschmerzen. Auch das noch! Sie versuchte es mit starken Tabletten. Ab und zu beschlich mich die Angst. Würden uns die Einheimischen überfallen? Es gab keinen Zaun, keine Sicherheitsvorkehrungen. Wir waren die einzigen Gäste im Camp, dazu noch Weiße. Ich steigerte mich förmlich hinein. Nervige Musik bis weit nach Mitternacht aus dem nahen Restaurant sorgte noch zusätzlich für eine unruhige Nacht.

Am nächsten Morgen fuhren wir zu dem von Selim avisierten Dorf. Wir wollten mit einem Boot auf diesem legendären See fahren. Selim handelte einen Preis aus, vier Stunden für zwölf Dollar. Handschlag, alles klar, wir bezahlten den Boss. Der kunstvoll bemalte Holzkahn legte an und flugs saßen vier Leute drin. Das waren die Ruderer, vier, weil es so lange dauern sollte und das Rudern schwer sei. Ein Einheimischer stellte sich als Arzt Dr. Frank Johnson vor, setze sich vor uns auf den Bug, als selbst ernannter Führer. Er stank nach Schweiß, hatte schmutzige, zerrissene Kleidung an, machte einen etwas verkommenen Eindruck. Er jammerte und wehklagte die ganze Zeit über sich und die Welt. Die Männer stachen in See. Sie stocherten an dem schilfbewachsenen Ufer entlang, vielleicht 250 Meter. Dann drehten sie um. „Was soll das?", fragten wir. Das wäre zu anstrengend stöhnten sie, sie seien müde. Was? Wir konnten es nicht fassen. 20 Minuten statt vier Stunden, wofür hatten wir bezahlt? Ich schimpfte, doch sie zuckten mit den Schultern. „More money", sagte der Doktor.

„Es ist ordnungsgemäß bezahlt!" Ich kochte vor Wut. Vergebens.

„Wir haben nur Geld für eine halbe Stunde erhalten", behaupteten sie. Sie ruderten ans Ufer und wir stiegen aus. Der Boss, der das Geld kassierte hatte, war natürlich nicht mehr da. Auch Selim fanden wir nicht. Und die vier machten Stimmung. Alle umringten uns. Eine ziemlich bedrohliche Situation entstand. „Schnell, weg vom See", flüsterten wir uns zu. Doch sie ließen uns nicht aus ihrem Bannkreis. Wir waren eingeklemmt, hilflos. Ich versuchte, eine

Lücke zu finden. Vergebens. Dann plötzlich ein Auto! Selim kam um die Ecke gefahren. Er war sprachlos, versuchte mit den Leuten zu reden. Alles war zwecklos. „Dann wollen wir unser Geld zurück haben", drängte ich Selim. Als Selim das laut in die Menge sagte, schienen die Leute direkt auf uns losgehen zu wollen. „Let's go, please", forderte uns Selim dringend auf. Er riss die Autotür auf, wir stürzten hinein und ab ging es. Nur fort von hier. So etwas hatte er noch nicht erlebt, allerdings schon von ähnlichen Situationen gehört.

Vom Kahnfahren hatten wir zunächst genug. Als der Ärger allmählich verflog, besannen wir uns der interessanten Dinge, die wir in der kurzen Zeit erlebt hatten. Überall lagen die bunten Holzboote herum. Entlang des Ufers zwischen dem Schilf wuschen die Frauen ihre Wäsche. Auch einzelne Männer waren darunter. Andere Männer waren mit den Booten draußen, einige befanden sich weit auf dem See und hatten Segel gesetzt. Die Kinder planschten im Wasser herum. Am Strand wurde gekocht und in einer Reihe offener Feuer Fische gebraten. Meterlange Reusen zogen sich durch das ufernahe Wasser. Dazwischen stolzierten Pelikane zutraulich herum. An die 100 Menschen hielten sich hier auf. Etwas weiter abseits kamen die Rinder ans Wasser und soffen. Das war ein Stück urwüchsiges Afrika. Was uns passiert war, gehörte dazu, deshalb konnten wir es hinnehmen, ohne lange verärgert zu sein.

Der ratlos erscheinende Selim beriet sich mit dem jungen Begleiter vom Camp. Dann sagte er: „Aller guten Dinge sind drei." Wir fuhren in das nächste Dorf. Allein das Hineinfahren in das Village kostete drei Dollar. Wir erhielten ein Stück Papier als Quittung. Aber es lohnte sich. Der Ort war größer. Wir konnten uns, natürlich in Begleitung, frei bewegen. Das hielt auch weitgehend „die Meute" von uns fern.

Die Männer landeten die spitzen Holzboote. Unmengen der kleinen Fische wurden ausgeladen, von den Frauen zum Verkauf angeboten oder auf großen Flächen im Sand zum Trocknen ausgebreitet. Als wir später Mamba, einen Marktflecken am Fuße des Kilimandscharo, mehrere 100 Kilometer von hier entfernt im tropischen Regenwald, besuchten, sahen wir diesen Trockenfisch bergeweise auf dem Markt. Bis dorthin gelangte er also.

Unsere lahmen, raffinierten Ruderer

Nackte Kinder beim Fischen

Familienalltag

Fischerkähne, Rastplatz für Vögel

Auf Schritt und Tritt werden wir beobachtet

Bemalte Kähne voller Symbolik

Alles Leben spielt sich am See ab

Zwischen den Flächen voller Fische gab es Süßkartoffeln, Tomaten, Mais und andere Früchte zu kaufen. Wir schlenderten durch die schmalen Gassen, an den kleinen Lehmhäusern, Buden, Lädchen und Werkstätten vorbei. Alles Mögliche wurde gebaut, gebastelt, repariert und angeboten. Es sah etwas schmutzig, eben alltäglich aus. Die Wege im Sand waren voller Lachen mit Abwässern und Unrat. Ein leichter Fischgeruch hing in der Luft. Man lud uns zum Tee in eine Bretterbude ein. „Restaurant" stand darüber. Wir lehnten freundlich ab.

Auch Fisch bot man uns an, aber nur diese kleinen, im Sand herumliegenden. Wir fragten nach Tilapia, einem edlen Barsch, den die Einheimischen auch mit ihren traditionellen Methoden fangen, der aber nicht so häufig vorkommt. Vor einigen Jahrzehnten hatte man im See den größeren Nilbarsch ausgesetzt. Fischzucht und -fang sollten belebt und das Zentrum Mwanza ausgebaut werden. Das Ergebnis war, dass die in Unmengen vorhandenen kleinen Fische beträchtlich abnahmen und die Netze von den großen Fischen beschädigt wurden. Doch vom Fisch lebten die Einheimischen rings um den See, Millionen allein in Tansania. Das war das Problem dieser Menschen: Es gab nicht mehr ausreichend Fisch. Das Leben war mühevoller geworden. Es fehlte an Arbeit. Darin lagen wohl die Ursachen ihres aggressiven Verhaltens gegenüber den für sie reich erscheinenden Weißen. Und eigentlich stimmt das ja auch.

Wir hatten Glück. Ein Mann kam mit einem Eimer, darin lagen zwei frische Tilapia. Wir kauften eines dieser wohlschmeckenden Exemplare, aus dem Ari am Abend ein Fünf-Sterne-Essen zauberte. Der Fisch war zart, gut gegart und mit einer Kokosnusssoße, Tomaten und Reis hervorragend zubereitet. So waren wir versöhnt mit dem See und den Menschen, und Ari war stolz auf sein Festmahl.

Wieder zurück auf unserem Zeltplatz sahen wir einen jungen Mann, der mit etlichen Plastikkanistern angekarrt kam. Er fuhr an die Hochbehälter. Mühsam brachte er jeden einzelnen Behälter nach oben, füllte Wasser nach. Dies war die einzige Wasserquelle des Camps, auch für Trinkwasser.

Am nächsten Vormittag sahen wir ihn wieder. Er stand im See und füllte seine Kanister. „Mensch, guck!", rief Hannelore, „da kommt unser Trinkwasser her."

Schilfgürtel umsäumt das Ufer

Vielerlei Vögel gehören dazu

Hütten, Garten und Wasser eng beieinander

So wird unser Trinkwasser gewonnen

Ari mit dem frischen Tilapia

Das beunruhigte uns. Wer wusste schon, was für Keime darin herumschwammen? Selbst die lebensgefährliche Bilharziose kam hier vor. Die Larven der Würmer sind in der Lage, sich im Wasser durch die menschliche Haut bzw. beim Trinken durch die Schleimhäute zu bohren. Sie gelangen über den Blutstrom in die Leber, reifen zu Würmern heran und siedeln sich im Unterleib an. Bilharziose ist nach Malaria die verbreitetste Tropenkrankheit. Über 300 Millionen Menschen leiden weltweit daran, überwiegend in Afrika. Die Krankheit kann leicht zum Tode führen, wenn sie unbehandelt bleibt. Vor ihr haben Afrikareisende riesigen Respekt. Daher wollten wir Wasser aus Seen und Flüssen unbedingt vermeiden. Selim beschwichtigte uns, ab und zu war die Bilharziose hier vorgekommen, aber selten. Nochmals schworen wir uns, generell kein unabgekochtes Wasser zu verwenden, vor allem nicht in den Camps inmitten der Savanne. Zumindest behandelten wir es vorsichtshalber vorher mit Entkeimungstabletten.

Bei unserem nächsten Besuch in Afrika wollen wir uns genügend Zeit nehmen für diesen größten See im Herzen des Kontinents. Wir wollen ihn überqueren, bis zur Nilquelle fahren und unbedingt in der Regenwaldzone im Bereich Uganda, Kongo und Ruanda die Berggorillas und Schimpansen beobachten. Eile ist geboten, denn von den Berggorillas, mit den mächtigen Männchen, den Silberrücken, soll es lediglich noch etwa 230 Tiere in der freien Wildnis geben. Auf Grund der nicht einzudämmenden Wilddieberei sind sie besonders stark vom Aussterben bedroht.

Wir verließen den See und den Campingplatz und fuhren den selben Weg zurück in die Serengeti zu unserem Dikdik-Zeltplatz. Unterwegs herrschte immer noch das gleiche Szenarium. Gnus und Zebras in Herden von bis zu 1000 Tieren versuchten, noch fressbares Gras zu zupfen. Es wogte hin und her. Unser Weg führte geradewegs hindurch. Die Unruhe ließ erkennen, dass der Sturm über den Fluss kurz bevorstand. Kamen diese Armeen erst einmal richtig in Bewegung, waren sie nicht mehr zu stoppen. Dann jagten sie durch den Grumeti, trotz und wegen der dort lauernden Gefahren, um den weiteren Weg nach Norden frei zu haben – bis zum nächsten großen Fluss und Hindernis. Zum Glück kamen wir noch rechtzeitig hier durch.

Niemand konnte voraussagen, wo und wann genau sie den Fluss durchqueren würden. Durst und Hunger würden sie treiben, einem Rausch gleich, der sie gewaltsam und unaufhaltsam nach vorn preschen ließ. Sie spürten instinktiv, hier war höchste Lebensgefahr. Das Stampfen, Drängeln, Eilen von über einer Million Tiere, die Böschung hinunter, durch das Wasser, auf der anderen Seite wieder hoch und weiter, weiter, weiter, würde in kurzer Zeit vorüber sein. Nach der Bewältigung dieses Hindernisses hatten sie wieder Freiräume auf der Suche nach Futter weiter oben im Norden. Die lauernden Krokodile hatten ihren Anteil erjagt und konnten sich von dem Fressgelage erholen. Rund zehn Prozent der Tiere werden während des Migrationszyklus den Krokodilen und den Raubtieren zum Opfer gefallen sein.

Wir überließen die Wildnis sich selbst, fuhren mit übervollem Herzen vorsichtig weiter zu unserem Zeltplatz. Unterwegs begegneten wir zahlreichen Raubtieren. Das überraschte uns. Waren sie nicht allesamt bei den Migrationsansammlungen? Selim klärte uns auf. „Denkt nur an die Unmengen Gazellen, Topis, Impalas, und Antilopen, die es hier gibt." Vielleicht hatte sich das Raubwild seinen Teil schon genommen oder es war nicht mehr sein Revier. Vor allem aber deckten außer den Gnus und Zebras viele andere Herdentiere den Tisch überreichlich. Sie hatten die jährliche Migrationsjagd gar nicht nötig.

Noch hatten wir genügend Zeit, weiter in der Serengeti auf Safari zu gehen. Hannelore hatte arge Zahnschmerzen, betäubte sie mit starken Antibiotika. Sie schwebte wie auf Watte während dieser Tage.

Gegen fünf Uhr früh, es war noch stockfinster, wurde ich wach, knipste meine Taschenlampe an. Es war langsam Zeit, sich zu erheben. Wir wollten auf Frühsafari gehen. Hannelores Liege war schon leer. So trieb es auch mich hinaus. Doch sie war nicht zu sehen. Ich sah eine Taschenlampe aufblitzen. Ein Ranger kam. Am Wassertank, keine 20 Meter entfernt, seien Löwen. Äußerste Vorsicht war geboten. Langsam bewegten wir uns nach vorn. Dann sahen wir sie: Die Mutter mit zwei oder drei Kleinen, wie sie am tropfenden Hahn und in der Pfütze davor Wasser schlürften. Beim ersten Lichtstrahl wurden sie unruhig. Die Löwin gab einen leisen Ton von sich.

Licht aus, Ruhe, stehen bleiben, warten. Schemenhaft sahen wir, wie sie in das dahinter wuchernde Gebüsch abtauchte. Die Jungen hüppelten dicht hinterher. „Das machen sie, wenn das Wasser knapp wird. Der tropfende Tank ist für sie die einzige Wasserstelle in der Umgebung. Dann kommen sie sogar bis dicht an die Zelte heran, um etwas zu saufen zu finden", meinte Selim später. „Aber sonst eigentlich nicht", tröstete er uns.

Am Zelt stand Hannelore, noch am ganzen Leib zitternd. Es sprudelte aus ihr heraus. Sie war auf dem Plumpsklo gewesen, 25 Meter von uns und ein Stück von dem Wassertank entfernt. Als sie die Tür des Verschlages öffnete, um hinauszugehen, standen vor ihr zwei Löwenjunge. Auch hier rochen sie Wasser. Instinktiv knipste Hannelore die Taschenlampe aus und riss die Tür wieder zu. Was nun? Guter Rat war teuer. Warten, einfach warten befahl sie sich. Lange traute sie sich nicht heraus. Erst viel später fasste sie Mut, öffnete vorsichtig die Tür. Als alles ruhig und bewegungslos blieb, ging sie langsam hinaus, dann aber im Eilschritt zurück zum Zelt.

Es dauerte lange, bis sie sich wieder beruhigt hatte. Die ausgestandene Angst saß tief. „Mama", meinte Selim später, „da haben Sie wirklich großes Glück gehabt. Wenn sich das Weibchen in der Nähe aufgehalten hätte, wäre das mit Sicherheit anders ausgegangen." Die Mütter haben einen starken Beschützerinstinkt. Sie sind äußerst aggressiv, um die Jungen zu schützen. „Nehmen Sie das nächste Mal zumindest ihren Mann mit", riet er, „oder mich."

„War das vielleicht die Familie, die wir neulich auf dem Kopjes gleich um die Ecke gesehen hatten?", fragte ich Selim.

„Oh, yes, I think so", antwortete er. Doch es war ja nichts passiert, meine Frau hatte eben einen guten Geist, schon immer.

Die Melancholie des Abschiedes erfasste uns. Mittags fuhren wir endgültig raus aus der Serengeti. Einerseits waren wir in gehobener Stimmung ob der unbeschreiblichen Faszination, der Abenteuer und der Vielfalt des Erlebten, andererseits traurig über die Abreise. Mich bewegte noch lange die Sorge und ich werde sie auch heute nicht los, dass dieses einzigartige und sensible Paradies so erhalten bleiben möge, dass auch unsere Enkel und deren Enkel es noch erleben können. Darauf aufmerksam machen, das ist das Mindeste, was wir tun können und müssen.

Auf dem Rückweg besuchten wir noch einmal Olduvai Gorge. Noch immer hatten wir nicht alles erfasst und uns nicht satt gesehen. Vom Plateau aus schauten wir verzückt auf die weitläufige Schlucht. So soll es auch Hillary Clinton, als damalige First Lady Amerikas, bei ihrem Besuch an diesem Ort getan haben.

Im Ngorongoro-Krater

Über ziemlich schlechte Wege ging es die lange Strecke zurück, wieder hinauf auf den Rand des Ngorongoro-Kraters. Auf dem Simba Campsite in 2300 Meter Höhe stellten wir unsere beiden Zelte auf. Hier oben war es wunderschön. Weit wanderte der Blick in die tiefe Kraterebene. Später kam Nebel auf, es wurde verdammt kalt und ungemütlich in der Nacht. Wir zogen alles an, dicke Pullover, Anorak, rollten uns fest in den Schlafsack. Trotzdem ließ uns die hineinkriechende feuchte Kälte kaum schlafen. Mitten in der Nacht wurden wir von Waldschweinen überrascht. Sie sind unseren Wildschweinen ähnlich, doch ziemlich zutraulich und frech. Vom Nachbarzelt nahmen sie gleich einen ganzen Rucksack mit. Zu zweit versuchten die Camper, ihn aus dem Maul des Tieres zu reißen. Sie zogen nach der einen, das Schwein nach der anderen Seite. Letzteres siegte. Warum auch nicht, schließlich gab es darin leckere Schokolade. Selims Kommentar: „Hakuna matata, das gibt es öfter hier oben."

Im dichten Nebel fuhren wir am zeitigen Morgen in den Krater hinunter. Der Weg war eng, steil, steinig und rutschig. Hier herrschte Einbahnverkehr. Hinaus aus dem Krater ging es an einer anderen Stelle. Gleich bei der Einfahrt wurden wir, kaum im ersten Morgengrauen zu erkennen, von zwei Löwenweibchen begrüßt. Sie hatten ein einsames Gnu im Visier, griffen aber nicht an. Vielleicht waren sie schon satt gefressen. 100 Meter weiter lag ein großer Löwe, wieder in der Nähe eines Gnus. Er erhob sich langsam, griff auch nicht an, sondern trottete über das Gras bergauf, direkt auf unser Auto zu. Zum Anfassen dicht schritt er an uns vorbei. Nichts schien ihn zu interessieren. Dann sahen wir, dass er alt war, zerzaust,

Zelten am Rande des Ngorongoro-Kraters in 2 300 m Höhe

Im Morgengrauen fahren wir in Krater, Kurzgrassavanne, Wasser, Wald

Altes Löwenmännchen,

müde und krank, apathisch trottet er vorbei

abgemagert, voller Narben und Wunden. Unbeirrt zog er weiter, bis das Gebüsch am Berghang ihn verschluckte. „Der macht es nicht mehr lange“, sagte Selim. Große Gnuherden gab es auch hier. Sie zogen in langer Reihe über die flache Ebene, bis sie sich im Morgennebel verloren. Weit reichte der Blick über das kurze Gras.

Drei Masai kamen den Berg hinab. Als sie uns bemerkten, schwenkten sie auf uns zu. Sie schienen für Touristen zurecht gemacht zu sein. Offensichtlich warteten sie darauf, dass man sie wegen eines Fotos ansprach, worauf sie unbedingt Geld verlangen würden. Das war das übliche Spiel, doch nicht unser Ding.

Zebras, Straußen, Antilopen, Warzenschweinen und vielen anderen Wildtieren begegneten wir zu dieser frühen Stunde. Ab und zu hielten wir an Wasserlöchern. Die Pools waren voll von Hippos, Riesenexemplare darunter. Wir beobachteten, wie sie aus dem Wasser kletterten und in den Sumpf zum Fressen zogen, die Jungen immer um sie herum. Pelikane, Reiher, Geier, Marabus, Kronenkraniche, Ibisse, Störche, Löffler und anderes Vogel- und Wassergetier waren hier zu Hause. Eine ansehnliche Population Flamingos hatte im flachen Wasser am Rande eines Salzsees ihren idealen Lebensraum gefunden. Hier gab es wirklich alles. „Ja fast alles“, bestätigte Selim, „außer Impalas, Topis, Krokodilen, Giraffen und weiblichen Elefanten.“

Dieser Krater ist bereits vor Hunderten Millionen Jahren entstanden als Ergebnis vulkanischer Tätigkeit und von Erdbewegungen, die damals diese Region formten und unter anderem das Rift Valley herausbildeten. Noch immer ist dieser Bereich aktiv, z. B. hatte der Vulkan „Ol Doinyo“, der Berg Gottes, über 15 Ausbrüche in den letzten hundert Jahren.

Der Ngorongoro-Krater ist zu einem idealen Lebensraum für die meisten Arten des afrikanischen Wildes geworden. Es ist warm, es gibt genügend Wasser und eine vielseitige Pflanzenwelt hat sich gebildet. Für jedes Tier ist das Richtige zu finden. Der Kraterkessel ist vergleichbar mit einer riesigen Schüssel. Der Boden ist eben, umgeben von steilen bewaldeten Berghängen. Eine weitgehend isolierte Welt ohne Störfaktoren von außen ist entstanden, ein in sich geschlossenes Ökosystem in afrikanischer Dimension und Großartigkeit konnte sich so entwickeln. Doch schon gibt es auch hier Anzei-

Langsam klettern Hippos zum Fressen aus dem Wasser

Dieser Anblick, sofort erfasst mich Panik

Pelikane, Störche u. a. Vögel besiedeln See

Flamingokolonien bis zum Horizont

chen einer Bedrohung. Als Schotterwege für die Zufahrt in den Krater angelegt wurden, um Touristenbesuche zu ermöglichen und diese gleichzeitig besser steuern zu können, wurden fremde Keime und Samen eingeschleppt. Nun droht eine Überwucherung durch diese Fremdpflanzen, die das ökologische Gleichgewicht beträchtlich gefährden können. Zum Glück wurde dem größten Störenfried, dem Menschen, weitestgehend Einhalt geboten. Das Siedeln im Krater ist generell untersagt. Nur ein Einziger, ein Deutscher, hatte vor etwa 80 Jahren hier unten gelebt.

Doch die Masai betrachteten auch dieses Gelände als ihren angestammten Lebensraum und ihr Eigentum. Es gab Auseinandersetzungen, bis man sich mit einem Kompromiss einigte: Wohnen ist untersagt, nur tagsüber dürfen sie hier mit ihren Herden begrenzt weiden, die Tränken und Salzlaken aufsuchen.

Diese Lösung berücksichtigt die Lebensweise der Masai. Sie sind ausschließlich Viehzüchter und jagen nicht, sodass die Wildtiere im Krater nicht bedroht sind. Abends müssen sie ihn verlassen. Niemand darf sich bei Dunkelheit hier aufhalten.

Wir durchquerten den ganzen Tag das Reservat. Am Nachmittag erlebten wir eine jener Situationen, die unauslöschlich bleiben. Auf einer kilometerweiten Savannenebene mit Kurzgras kam es langsam angeschlendert, das äußerst seltene schwarze oder Spitzmaulnashorn. Allein durchquerte es die Ebene, weithin sichtbar. Es hatte keine Eile, fraß, hielt inne, sondierte das Gelände, zog weiter. Weit und breit gab es kein anderes Tier. Einige Kilometer konnten wir das Nashorn in gebührendem Abstand begleiten und beobachten. Es kam schräg in unsere Nähe. Ab und zu schielte es herüber. Doch dann senkte es wieder den Kopf, fraß selbstvergessen weiter. Vielleicht wusste es: Hier tut mir niemand etwas. Hier habe ich mein sicheres Glück gefunden, lebenslang. Hoffentlich.

Spitzmaulnashörner tragen als einzige Säugetiere ihre Hörner hintereinander, nicht nebeneinander. Sie gehören zu den am meisten vom Aussterben bedrohten Tieren. Der Wilderei ist wegen der angeblich bei Männern potenzsteigernden Hornsubstanz einfach nicht Herr zu werden. Nach wie vor ist vor allem in arabischen und asiatischen Staaten dieser Irrglaube weit verbreitet. Damit lassen sich Geschäfte machen und manch armer Einheimischer geht trotz

Seltenes Spitzmaulnashorn naht

es grast ausgiebig,

kommt heran, beobachtet uns

„Harmlos“, es dreht ab,

trottet von dannen,

beobachtet die weitläufige Kurzgrassavanne

der großen Gefahr, hart bestraft zu werden, der Wilderei nach. So sieht man sich zu immer drastischeren Schutzmaßnahmen gezwungen. Einzelne Tiere aus anderen Gegenden sind in den gut zu kontrollierenden Ngorongoro-Krater umgesiedelt worden, in der Hoffnung, diese Urriesen in freier Wildnis erhalten zu können. Zwölf soll es hier inzwischen geben. Es sind die letzten Spitzmaulnashörner ganz Südostafrikas. Jedes Tier hat einen Namen, ist gekennzeichnet und wird rund um die Uhr mit Hilfe eines Senders überwacht.

Wir wurden Zeugen eines weiteren großartigen Naturschauspieles. Ein nie erlebtes Hochgefühl durchströmte uns. Das ganze Areal knisterte förmlich vor Spannung. Löwen hielten sich in einer weiten Savannenfläche auf und mehrere Junge standen in der Nähe. Aufregung überall. Sie hatten ein Zebra gerissen. Einige hatten sich bereits voll gefressen, andere warteten. Zwei Weibchen waren gerade beim Fressen. Sie ließen sich Zeit, fraßen und fraßen, direkt neben uns, zum Anfassen nahe. Sie nahmen von uns kaum Notiz. Hier ging es ums Ganze. Diese zwei gierigen Weiber! So ein Futterneid. Jedes Weibchen war mit einem Ende des dahingestreckten Zebras beschäftigt. Sie versuchten, es jeweils auf ihre Seite zu zerren. Sofort knurrte die andere Löwin, fletschte die Zähne und zerrte es zurück. Wenn ein Tier sich der Mitte näherte, um ein besonders saftiges Stück zu bekommen, wurde es von der anderen Dame unwirsch zurückgedrängt. Als sie sich um die Rippen stritten, zerrte jede an einem Stück Knochengerüst. Sie hatten es fest im Maul, ließen nicht locker und zogen es zu sich heran. Dicht an dicht rangelten sie miteinander, statt zu fressen. So hatte keine etwas davon. Dann lagen sie wieder langgestreckt an den Enden und versuchten, Stück für Stück herauszureißen. So fraßen sie sich allmählich satt, über eine Stunde hatten sie zu tun. Schließlich hatte eine Löwin genug und machte sich davon. Noch eine ganze Weile fraß die andere weiter, knurrte, um keinen anderen heranzulassen. Doch das schaffte sie nicht. Fressen, bewachen und keinem anderen etwas gönnen, das war zuviel.

Mehr als zwölf Hyänen zählten wir. Sie hatten sich strategisch geschickt um den Fressplatz postiert, überwachten die Szenerie. Auf den Hinterbeinen sitzend, reckten sie die Köpfe weit über das Gras,

Aufregung in der Savanne, Löwen haben Zebra gerissen, schon vollgefressene Männchen ziehen ab

Jetzt sind zwei Weibchen dran, jedes zieht an einer Seite

Sie fressen und fressen …

Ringsherum Hyänen. Ihre kluge Strategie: gemeinsam den Löwen die Beute abjagen

Im Hintergrund lauert Schakal

Alles allein fressen. Im Gras abgeduckter Schak.

Das gehört jetzt mir

um alles verfolgen zu können. Wir hörten die typischen Kicherlaute. „Nur keinen heranlassen, wir sind nach den Löwen die nächsten“, schienen sie sich zuzurufen. Die Schakale eilten flink und aufgeregt dazwischen herum. Manchmal kamen sie ganz nahe heran, versuchten schnell ein Stück Fleisch zu ergattern, die Löwinnen trieben sie davon. Gar nicht weit entfernt standen Zebras und Gazellen, teils noch aufgeregt schwänzelnd. Doch die meisten hatten sich schon wieder beruhigt und grasten friedlich vor sich hin.

Dieses Schauspiel erstreckte sich über Stunden und die Touristen in den zahlreich wartenden Autos waren glücklich über ihren Foto-Jagd-Erfolg. Am späten Nachmittag verließen wir vollgestopft mit Erlebnissen den Kratergrund und mühten uns den steilen Ausfahrtsweg nach oben.

Ari hatte bereits alles gepackt. Eile war angesagt. Gute drei Stunden elender Weg lagen heute noch vor uns. Wir holperten und stolperten durch die Landschaft. Staub und Steine, steil ging es bergauf, dann rutschten wir bergab, mühten uns über felsiges Land, durchquerten ausgetrocknete Flussbetten, umkurvten Felsbrocken. Es war eine anstrengende Schütteltour, alle Arten unvorstellbarer Fahrwege absolvierten wir. Zweimal mussten wir unsere Sachen zurechtrücken und festzurren. Aris Plane, in der er die Holzkohle für seine Kochfeuer verstaute, hatte sich geöffnet, und wir streuten das kostbare Brennmaterial hinter uns auf den Weg. Er nahm es locker, das gehörte zum Abenteuer. Und unser braves Auto sagte keinen Mucks, hielt ohne Stocken und Probleme durch. Aris: „Pole-pole“ – gemach, gemach – beruhigte uns.

Endlich waren wir im Camp Chemchem unweit des Ortes Mangala angekommen. Die Zeit reichte gerade noch, den nahe gelegenen, jetzt im Winter fast ausgetrockneten Eyasi-See zu besuchen, um dort den Sonnenuntergang zu erleben. Wir wanderten hinein, bis die harte, rissige Kruste allmählich weich wurde und nachgab. Der ganze Horizont war in pinkfarbenes Licht getaucht, unzählige Flamingos gab es hier, die sich über den lang gestreckten See verteilten. Sie fanden im flachen salzigen Wasser ideale Lebensbedingungen vor.

Selim wies uns auf ein seltenes Kriechgewächs hin, das wir nur hier sahen. Auf der trockenen, harten und salzigen Erde breitete es sich flach aus. Weithin leuchteten die wunderschönen Blüten in kräftigem Rot. Ich buddelte aus der harten Bodenkruste einen Flamingoschnabel aus. Es gelang mir, ihn bis nach Hause zu bringen und zu konservieren.

Am Horizont waren die steilen Bergrücken des Rift Valley zu erkennen. Und genau dort verabschiedete die Sonne den Tag. Sie verschickte den letzten Zauberschein und tauchte zügig hinter der Bergkette ab. Von rötlich bis bläulich schimmerte der Himmel auf der entgegengesetzten Seite. Kurze Zeit später hatte sie den Weg für die silbrige Dunkelheit der Nacht freigemacht.

Bei den Hadzabe

Was verschiedene Volksgruppen der San im Westen Afrikas sind, z. B. die Bassarwa in Botswana, sind die Hadzabe im Norden Tansanias. Buschmänner, von denen jeweils Reste noch in ihrer ursprünglichen Weise leben. Wir waren auf dem Weg, einen unserer sehnlichsten Wünsche erfüllt zu bekommen. Selim wollte alles daran setzen, dies zu erreichen. Er kannte da jemanden, der von einem wusste … Er machte uns vorsichtig Hoffnung.

Wieder holperten wir mitten in der Nacht bei empfindlicher Kühle über kaum befahrbare Wege. Es ging durch einige Dörfchen, alles war ruhig. Trotz der absoluten Dunkelheit fanden wir ohne Mühe den Weg. Nur einmal überholten wir einen älteren Mann, der ein voll gepacktes Fahrrad mühselig einen Hügel hinauf schob. Ob das vielleicht ein Buschmann war? Einige kurze Rufe gab es zwischen ihm und Dik, dem einheimischen Jungen, der Bescheid wissen sollte und uns führte. Dann fuhren wir weiter. Im ersten Morgengrauen konnten wir von einer flachen Anhöhe aus die unendliche Weite der Dornbuschsteppe mehr erahnen als erkennen. Wir tauchten hinein. Stunden holperten wir durch dichten Wald und Busch.

Immer tiefer drangen wir in die Wildnis vor, kein Zeichen menschlicher Anwesenheit war zu vernehmen. Wir hatten das weitgehend unberührte Gebiet der Buschmänner, der Hadzabe, erreicht. Einstmals waren sie ein stark verbreiteter Volksstamm. Die wenigen von ihnen, die noch heute in der Art ihrer Vorfahren leben, sind scheu und haben sich tief in die schwer zugängliche Wildnis der Dornbuschsteppe zurückgezogen.

Wieder fuhren wir eine elend lange Wegstrecke. Wonach orientierte sich der Junge nur? Wir fühlten uns fremd und hilflos. Niemals hätten wir hier ohne Hilfe herausgefunden. Doch Selim fuhr unbeirrt weiter. Er steuerte das Auto nach den Hinweisen des Jungen über Sand und durch Felsen zwischen Akazien, Ahorn- und Leberwurstbäumen, Sukkulenten und Buschgestrüpp hindurch. In Abständen ragten die mächtigen und eigentümlichen Baobab, die Affenbrotbäume heraus. Immer wieder quälte sich das Auto bergauf, dann ging es steil bergab. Schließlich landeten wir in einem breiten ausgetrockneten Flussbett. Die Räder wirbelten den Sand auf, es staubte, manchmal drehten die Reifen durch. Links und rechts des Flussbettes befanden sich steile Böschungen, gleich dahinter begann der dichte, undurchdringlich erscheinende Busch. Plötzlich sagte Dik: „Stopp." Er kletterte die Böschung hinauf und verschwand.

Lange stellte er unsere Geduld auf die Probe. Als er zurückkam, zuckte er mit den Schultern. Die Familiengruppe hatte hier vor einiger Zeit ihr Lager gehabt. Obwohl er alles abgesucht hatte, war keine Spur von ihnen zu entdecken. Sie waren inzwischen weitergezogen. „Was nun?", fragten wir. Selim und Dik merkten uns unsere Enttäuschung an. „Lasst uns weitersuchen", meinte Selim.

Nach etlichen Kilometern im Flussbett hielten wir bei einem riesigen Baobab, einem der größten, den wir je gesehen hatten, mit acht bis neun Metern Durchmesser. Dik zog erneut los. Wir warteten. Allmählich wurden wir ungeduldig. „So dunkel ist es doch gar nicht mehr, dass man sie nicht sehen kann", sagte ich in meiner Naivität zu Selim. Dann endlich kam er zurück. Er winkte uns freudig zu, hatte sie gefunden. Uns hüpfte das Herz. Direkt hinter ihm tauchten zwei kleinere Jungen auf. Als sie uns sahen, verschwanden sie im Gebüsch. Wir kletterten den meterhohen Abbruch hinauf, gingen Dik nach, schlugen uns durch das Gestrüpp. Nie hätten wir in diesem Dickicht eine Spur von ihnen entdecken können. Dik bat uns, stehen zu bleiben. Er ging vor, kündigte uns an und fragte vorsichtig, ob sie erlauben würden, dass wir, Weiße, sie begrüßen dürften. Wir seien enge Freunde, kämen von weither und hätten schon einige Zeit in Afrika verbracht.

Vier Männer und vier Jungen saßen am vordersten Feuer. Sie musterten uns lange und gründlich. Dann sahen sie sich an. Der Älteste von ihnen nickte, ohne ein Wort zu sagen. Ich war happy, hätte vor Freude laut rufen können. Ruhig und vorsichtig traten wir näher. Dik sagte etwas zu ihnen. Auch Selim war hier fremd und konnte sich nicht mit ihnen verständigen. Größte Zurückhaltung schien uns das Beste zu sein. Wir legten zur Begrüßung unsere Hand aufs Herz und verneigten uns schweigend vor ihnen. Sie nahmen uns zur Kenntnis, erwiderten mit freundlichem Kopfnicken den Gruß. Ansonsten blieben sie völlig gelassen. Wir erhielten die Erlaubnis, uns frei zu bewegen und zu fotografieren. Die Kinder kamen näher und beäugten uns neugierig. Ab und zu redeten sie miteinander, immer nur wenig und leise. Sofort fielen uns die Klicklaute auf, die sie beim Sprechen von sich gaben, ähnlich denen, die wir bei den San, auf der mehrere tausend Kilometer entfernten westlichen Seite des Kontinents, gehört hatten. Die Ähnlichkeit in der Sprache wird als ein wesentliches Indiz dafür angesehen, dass diese Buschmannvolksstämme schon vor vielen tausend Jahren in Beziehung zueinander gestanden haben oder sogar verwandt miteinander sind.

Die vier Männer unterschiedlichen Alters rauchten ihr Pfeifchen, reichten es nach jedem Zug wortlos reihum zum Nächsten. Alle waren halbnackt, wärmten sich an Glut und Flamme. Dahinter war ein aus Zweigen geflochtener Windschutz zu sehen, vor dem ihr Jagdgerät stand, Pfeile und Bogen. Dies war ihre Schutzhütte, ein Shelter, nach oben spitz zulaufend wie ein Zelt, jedoch nur halbrund. Der vordere Teil mit dem Feuer davor war offen. Es war ihr „Haus", die „Wohnung" einer Familie. Insgesamt gehörten zu dieser Gruppe vier Familien mit insgesamt acht Kindern, vom Baby bis zum etwa Siebenjährigen. Jede Familie besaß eine derartige Hütte. Sie hielt den Wind ab, vor anderen Unbilden der Natur waren sie damit wenig geschützt. Stets lag nur eine Matte oder ein Fell als Schlafunterlage darin, sonst nichts. Es war ihr Aufenthalts- und Rückzugsort, der intime Familienbereich. Vor jedem dieser Shelter

Eyasi-See, fast ausgetrocknet

Seltenes Kriechgewächs auf Salzkruste

Sonne versinkt hinter Rift Valley-Bergen

Hadzabe, erster Kontakt am wärmenden Feuer,

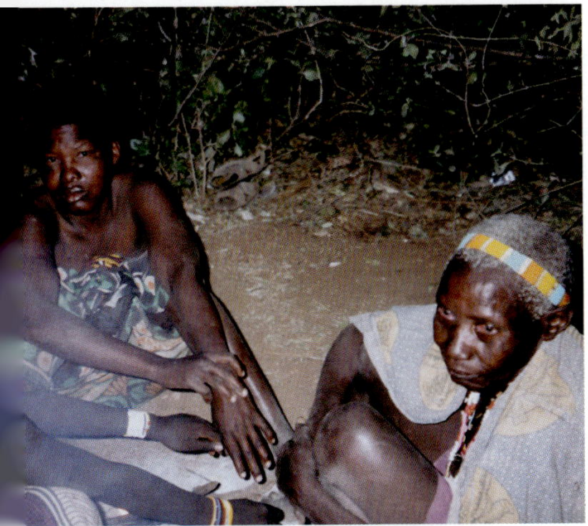

Hadzabefrauen im Hintergrund,

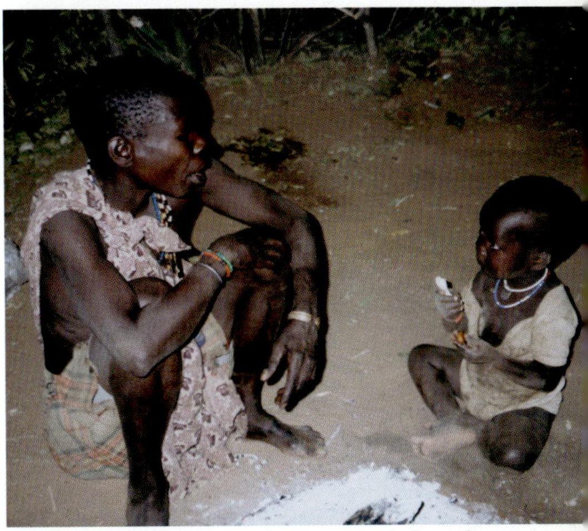

Mutter mit Baby an hinterster Schutzhütte

brannte ein Feuer. Das wärmte ein wenig, es durfte niemals völlig verlöschen. Eigenes Feuer, sozusagen den eigenen Herd, durfte man nur haben, wenn man verheiratet war. Es diente zum Kochen, zum Wärmen und zum Schutz vor den wilden Tieren. Dieser Platz war der Mittelpunkt, an dem sich das Familienleben abspielte. Die Frauen saßen mit den kleineren Kindern um ein weiteres Feuer etwa fünf Meter weiter hinten im Busch. Eine jüngere Frau hielt sich mit ihrem Baby im letzten Shelter auf, ganz zurückgezogen.

Der Platz für die vier Hütten war hervorragend ausgewählt. Von außen lag er versteckt, durch dichtes Buschwerk geschützt. Die Familien hatten jeweils einen eigenen Bereich, und doch war das Ganze ein in sich geschlossenes Areal mit genügend Freiraum.

Einige kleine Hunde liefen herum. Sie gehörten zur Familie, bekamen genauso Fleisch wie die Menschen. Später konnten wir erleben, wie sie es mit ihnen teilten. Hunde waren enge Freunde der Menschen und sehr wichtig. Zwar waren sie zu klein zum Jagen größerer Tiere, aber sie zeigten rechtzeitig an, besonders auch nachts, wenn Wildtiere in der Nähe waren, wenn Gefahr drohte. Sie halfen beim Jagen. Einige rauchgeschwärzte Blechtöpfe lagen im Hintergrund. Das war alles, was wir sehen konnten. Die Männer waren mit Hose und Sandalen, die Frauen mit Tüchern, so genannten Kangas, bekleidet, teilweise mit freiem Oberkörper. Die kleineren Kinder sprangen ebenso leicht bekleidet herum.

Die Hadzabe leben in kleinen Familiengruppen. Vier Familien sind eine übliche Anzahl. Die Größe einer Gruppe richtet sich nach der Möglichkeit, genügend Nahrung zu finden. Die Männer gehen jagen, nur mit Pfeil und Bogen, Speer und Jagdmesser. Mir fiel auf, dass die Hadzabe große Bogen verwenden, die Bogen der westlichen San sind wesentlich kleiner. Die Pfeile haben ganz unterschiedliche Spitzen und Formen. Sie bestehen aus Eisen, Horn oder Holz. Die meisten Eisenspitzen besitzen Widerhaken. Sie dienen vor allem dazu, große Säugetiere zu erlegen. Die Hornspitzen werden zum Jagen von Kleingetier verwendet, Holzspitzen vorzugsweise für Vögel. Etwa zehn Zentimeter unterhalb der Spitze sind die Pfeile schräg eingeschnitten. Durch die Pfeileinschnitte geht zwar der Schaft verloren, wenn ein angeschossenes Tier flüchtet und ihn durch wilde Bewegungen abstreift. Aber die wertvolle Pfeilspitze bleibt im Körper des Tieres stecken und kann wieder verwendet werden. Für größeres Wild werden die Pfeile vergiftet. Ist das Gebiet „abgejagt“, zieht die Familiengruppe weiter.

Die Frauen sammeln Pflanzen, Nüsse, Samen und Früchte. Wir erfuhren, dass in der Not auch die Früchte des Baobab verzehrt werden, die eigentlich für Menschen als ungenießbar gelten. Sie graben nach Zwiebeln, Knollen und Wurzeln, die sie roh kauen oder kochen. Sie hüten das Feuer, versorgen die Kinder. Alles was sie zum Leben brauchen, bietet ihnen die Natur. Hunderte von verschiedenen Pflanzen, Kräutern und Sträuchern kennen und nutzen sie. Diese dienen als Nahrung und als Medizin gegen alle möglichen Krankheiten, bei Zahnschmerzen und Magenleiden bis hin zur Geburtshilfe, als Gegengift bei Schlangenbissen und bei Infektionen. Pflanzen sind eine universelle Grundlage, der wichtigste Werkstoff für alle möglichen Geräte, Werkzeuge und Gegenstände für das tägliche Leben.

Sie wissen genau, welche Pflanze wo zu finden ist. Bestimmte Pflanzen zeigen ihnen, an welcher Stelle sie nach Wasser graben müssen. Sie kennen Pflanzen mit berauschender Wirkung. Sie lieben „Bambi“, das Marihuana der Buschmänner. Auch Giftpflanzen und deren sinnvolle Anwendung kennen sie. Selbst haben sie keine Angst davor, wir aber wurden gewarnt.

Der Gebrauch ihrer einfachen Werkzeuge erfordert eine hohe Geschicklichkeit, die sie den Kindern von klein an weitergeben. Natürlich gibt es heute Einflüsse von außen, wie wir an den Matten, Tüchern, Kochtöpfen oder Sandalen sehen konnten.

Die Hadzabe leben in einer Welt, die von Geisterglauben und Ahnenverehrung geprägt ist. Sie besitzen nicht nur einen ausgeprägten Respekt vor der Natur, sondern sie betrachten sich als einen Teil davon. Nach ihrem Glauben, der Traumwelt, sind sie aus der Natur hervorgegangen und haben sich einst von der Tierwelt getrennt, doch nie über sie erhoben. Tiere sind ihre Partner, jedes Tier hat eine bestimmte Bedeutung. Die Hyänen z. B. sind die Tiere des Todes. Von ihren Göttern, besonders dem Hauptgott Mischoko, wissen sie aus einem unermesslichen Schatz von überlieferten Legenden und Geschichten zu berichten, die sie sich abends am Lagerfeuer erzählen.

Wir konnten uns davon überzeugen, dass sie großartige Fährtenleser sind. Während des Kolonialismus ist dies oftmals für kriegerische Ziele ausgenutzt worden.

Im großen Clan gibt es einen Ältesten. Ansonsten sind alle gleich. Niemand hat besondere Vorrechte, alles wird untereinander aufgeteilt. Es gibt kein persönliches Eigentum. Männer und Frauen haben die gleichen Rechte. Konflikte werden friedlich gelöst. Genügend Nahrung und Wasser in dieser Umgebung zu finden, das bestimmt ihr Leben und sichert ihr Überleben. Eigentlich ist das Jagen von Wildtieren per tansanianischem Gesetz generell verboten. Nur in „Game Reserves" wird es mit besonderer Erlaubnis und gegen Bezahlung den Touristen gestattet. Die Hadzabe dürfen jagen. Sie jagen aber nur so viel, wie sie zum eigenen Leben brauchen.

Als wir sie fragten, womit wir ihnen eine Freude bereiten könnten, übersetzte Dik, sie bäten nur um eines: Wasser. Wasser ist das Allerwichtigste, ist knapp im Busch, vor allem in der Trockenzeit. Wir übergaben ihnen alle Vorräte, die wir in unserem Auto hatten.

Um für die äußerste Not einen gewissen Vorrat zu haben, füllen sie Straußeneier und Kürbisse mit Wasser und vergraben diese in die Erde. Wenn sie auf ihrer Wanderung irgendwann zu diesem Platz zurückkehren, haben sie wenigstens einige Liter. Andere Vorräte bewahren sie in Kalebassen auf, Fleisch und Früchte werden getrocknet.

Gern nahmen sie Zigaretten von uns. Das Pfeifchen qualmte fast immer. Nur die Männer sahen wir rauchen.

Als es ein bisschen heller geworden war, erhoben sich die Männer und rüsteten zum Abmarsch. Sie schärften an einem Stein ihre Messer, jeder nahm seinen Bogen und eine Anzahl verschiedener Pfeile. Der Älteste schulterte ein Affenfell, das er wie einen Rucksack trug. Darin befanden sich weitere Jagdutensilien. Einen Speer, zwei Feuerhölzer, einen Grabestock konnten wir ausmachen. Dann marschierten sie los, hintereinander, schnell, lautlos, durch Busch und Gestrüpp. Wir durften sie begleiten.

Welch eine Ehre. Welch ein Erlebnis war das. Wir gingen hinter ihnen her, redeten ebenfalls kein Wort. So zogen wir vielleicht eine Stunde durch den Busch. Immer weiter hinein, durch dichtes Unterholz, Gestrüpp voller Dornen, Büsche, Gras und über Sand.

Hannelore konnte kaum Schritt halten. Man gestattete mir sogar, nach vorn zu eilen, um sie zu fotografieren. Wieder ließen sie es unbeeindruckt geschehen.

„Was haben sie eigentlich vor?“, fragte ich Selim leise. Dik erklärte: „Gestern am späten Nachmittag waren sie jagen. Sie schossen mit ihrem vergifteten Pfeil eine Impala an, die entkam ins Gebüsch. In der Dunkelheit konnte sie nicht verfolgt werden. Jetzt suchen sie das Tier.“ Was war geschehen, wird man sie finden?, fragte ich mich aufgeregt. Plötzlich gab der Vorderste ein Zeichen, schlich geduckt weiter, während die anderen warteten. Hinter einem Busch spannte er den Bogen und schoss in ein Baumgeäst. Ein Vogel flatterte davon, ich hatte ihn vorher überhaupt nicht bemerkt. Auch den Pfeil konnte ich nicht verfolgen. Doch offensichtlich hatte er sein Ziel verfehlt. Er fand ihn schnell wieder. Die Spitze aus Horn war an der Stelle abgebrochen, wo zwischen Pfeilspitze und Schaft der Einschnitt war.

Mit einem Ruck blieben sie stehen. Im Sand hatten sie eine schwache Impala-Fußspur entdeckt. Erst bei intensiver Betrachtung konnte ich die Umrisse erkennen. Kein Wort fiel. Alle vier zeigten mit ausgestrecktem Arm auf diese Stelle. Dann zeigten sie in die Richtung, in die die kaum sichtbare Spur weiterführte.

Hier erlebten wir die typische Art der Verständigung bei der Jagd. Sie erfolgt ausschließlich durch Zeichensprache, Gesten und Bewegungen. Jeglicher Lärm wird vermieden. Überhaupt herrschte absolutes Schweigen, um sich den Tieren nicht bemerkbar zu machen und nah an sie heranzukommen. Ich hatte schon von ihrer Zeichensprache gelesen, jetzt sahen wir es selbst: Es wurde so lange die gleiche Bewegung gemacht, in die gleiche Richtung oder auf die gleiche Stelle gezeigt, bis alle mit gleichen Gesten bestätigten. Jeder hatte jeden verstanden. Es herrschte Übereinstimmung über den weiteren Verlauf, ohne dass ein Wort gesprochen worden war. Konzentriert, zielstrebig und einheitlich wurde gehandelt. Diese Strategie war entscheidend für Erfolg oder Misserfolg ihrer Jagdmission, die unglaubliches Geschick und Fertigkeiten erforderte.

Schnell und lautlos ging es weiter. Ab und zu prüften sie die Fährte. Ja, sie waren richtig. Geradewegs durch Geäst und Büsche liefen sie immer der Spur nach. Dann wieder Aufregung. Sie entdeckten Blutspuren, darin deutlich der Fußabdruck der Impala. Es konnte nicht mehr weit sein, signalisierten sie mit Gesten. Ich wurde ganz nervös, lief dicht hinter dem Letzten, um nur nichts zu verpassen. Das Tempo nahm zu. Das Tier würde bald gefunden werden, das spürten wir aus ihrem Verhalten.

Jagen war notwendig, um Nahrung zu finden, war harte Arbeit. Das war kein Spaß, kein Spiel. Wie diese Buschmänner in Übereinstimmung mit der Natur lebten, erschien mir als Ideal. Ihr Denken und Tun waren für mich eine Antwort auf die Frage nach dem Sinn des Lebens. Es geht nicht darum, diesen Lebensstil zu kopieren, das wäre eine Illusion, sondern sich bewusst zu machen, dass wir die Natur nicht weiter zerstören dürfen. Wir, alle Menschen, brauchen die Natur, um überleben zu können. In Gedanken verneige ich mich vor diesen großartigen Menschen, diesen angeblich Minderwertigen, Wilden. Wie stolz bin ich, dass wir Gelegenheit hatten, diese Menschen kennen zu lernen und einen kleinen Einblick in ihr Leben zu erhalten. Doch wie lange noch wird es so etwas geben? Warum geben wir ihnen nicht die Möglichkeit, so zu leben, wie sie es seit Jahrtausenden tun? Warum gewähren wir ihnen nicht die einfachsten menschlichen Grundrechte? Welche Kraft und welche Stärke steckt in diesen Menschen. Immer weiter wurden sie zurückgedrängt, in immer unwirtlichere Gebiete und immer haben sie sich angepasst, haben trotz neuer Unbilden überlebt und sich ihre traditionelle Kultur bewahrt. Und sie halten an ihren Wertvorstellungen fest, in Harmonie mit der Natur und friedlich mit den Menschen zu leben. Ist dies nicht einer der Grundwerte, die wir, die modernen Menschen, als zwingende gesellschaftliche Norm berücksichtigen sollten?

Man schätzt, dass heute noch um die 1 000 Hadzabe als Jäger und Sammler leben. Bei den San in der Wüste Kalahari sollen es einige 1 000 sein. Die genaue Zahl weiß man nicht. Zirka 40 Quadratkilometer benötigt ein Buschmann, um genügend Nahrung zum Überleben zu finden. Früher lebten sie in Großfamilien mit bis zu 80 Mitgliedern. Sie hatten genügend Raum, fanden ausreichend Nahrung, es gab genug Wild. Später waren sie gezwungen, sich in kleinere Gruppen aufzuteilen, die sich jeweils auf eigenen Routen bewegten. Heute haben sie nur noch in kleinen Gruppen von acht bis 15 Mitgliedern eine Überlebenschance im Busch. So haben wir es erlebt.

Es wurde versucht, die Hadzabe in Dörfer umzusiedeln und ihnen mit Ackerbau und Viehzucht eine neue Lebensgrundlage zu schaffen, sie sesshaft zu machen. Viele hielten es nicht aus, gingen wieder in den Busch. Besonders in den 60er Jahren kehrten viele Hadzabe in die Dornbuschsteppe zu ihrem Nomadendasein zurück. Ein großer Teil hatte jedoch inzwischen verlernt, dort zu leben. Sie entwurzelten, verloren den Halt. Die üblichen und üblen Folgen waren Hoffnungslosigkeit, Alkohol, Kriminalität – das Schicksal vieler Ureinwohner auf der ganzen Welt.

Kehren wir zurück in den Busch. Man merkte den Jägern die Konzentration an, mit der sie die blutige Spur verfolgten. Auch wir waren wie elektrisiert. Das Gefühl, ganz nahe am Ziel zu sein, schien die vier Buschmänner zu beflügeln. Etwa 20 Minuten verfolgten wir noch die Fährte. Dann blieben sie plötzlich stehen. Alle zeigten an eine Stelle im Busch. Ich eilte hinterher. Da lag die Impala, ein ausgewachsenes Männchen, auf einem Gestrüpp hingestreckt, den Kopf nach unten hängend. Der Bauch war weit aufgerissen. Der Magen hing halb zerfetzt heraus, war voller unverdauter Nahrung, einem herausquellenden weichlichen, grünen Brei. Lange betrachteten sie das Tier, legten es auf die Seite, verständigten sich leise. Selim flüsterte uns zu, dass in der Nacht eine Hyäne es angefressen und sich an den Eingeweiden gütlich getan hatte.

Dann wurde die Einstichstelle der Pfeilspitze entdeckt. Der Schaft fehlte, war ordnungsgemäß an der vorher eingeschnittenen Stelle abgebrochen. Er lag irgendwo im Gebüsch. Der Älteste zog die Spitze mit zwei Fingern vorsichtig aus dem Tier. Sie wurde ausgiebig gemustert. Als ich sie berühren wollte, wies er mich zwar lächelnd, doch mit eindeutiger Handbewegung zurück. Unmissverständlich bedeutete das: Nein! Gefährlich. Er hielt sie so, dass ich sie fotografieren konnte. Leider ist sie nur unscharf auf dem Bild zu erkennen. In Blätter eingewickelt wurde sie sorgfältig im Rucksackfell verstaut.

Wieder gab es eine Verständigung mit Handbewegungen. Dann lief vor unseren Augen ein professionelles Szenario ab. Jeder wusste, was er zu tun hatte, jeder Handgriff saß. Nichts wurde unnötig getan, nichts vergeudet – weder Zeit noch Kraft, noch das kleinste Stückchen vom Tier. Auch nicht einen Moment lang war Hektik zu spüren. Sie arbeiteten zügig, schärften noch einmal ihre Messer an einem Stein. Zwei von ihnen entfachten das Feuer. Sie entnahmen die zwei Feuerstäbe, runde, abgeschälte Holzstäbe, aus dem Fellsack, ein Messer wurde flach auf die Erde gedrückt. Darauf legte man den Feuerstab mit dem runden, durch vorherige Nutzung geschwärzten Loch. Während einer Messer und Stab festhielt, drehte der zweite den senkrecht in das Loch hineingesteckten Reibestock schnell zwischen seinen Handflächen hin und her. Dabei rutschten allmählich die Hände auf dem Stab von oben nach unten, wodurch er einen bestimmten Druck auf die Reibfläche der Hölzer ausübte. Er setzte wieder am oberen Ende des Stabes an. Das wiederholte sich mehrere Male. Je schneller er drehte und je stärker er den Reibestab drückte, umso größer war die erzeugte Wärme. Nach einigen Minuten zerbröselte der unten Hockende ein erstes trockenes Grasfädchen auf der Reibstelle. Es räucherte. Er legte einige Halme nach, dann trockene Blätter. Es begann stärker zu kohlen. Ein zaghaftes Flämmchen zeigte sich. Der Rauch nahm zu und dazwischen züngelten die Flammen. Bald war ein richtiges kleines Feuer zu sehen. Sie packten weitere Zweige darauf, bliesen in das Feuer, die Flamme wurde größer. Sie schoben kleine Äste nach, stocherten ein bisschen herum, schoben alles ordentlich zurecht. Kurze Zeit nur, dann stieg der Rauch senkrecht zum Himmel. Es brannte wie Zunder. Doch in keiner Minute geriet das Feuer außer Kontrolle, obwohl die Flammen zeitweise fast zwei Meter hoch loderten.

Die beiden anderen zogen der Impala sauber das Fell ab und zerlegten sie mit fachkundigen Schnitten. Die Beine und Lenden sowie der Kopf wurden als große Stücke zur Seite gepackt. Das war der Hauptteil der Beute, die sie mit nach Hause nahmen. Jeder erhielt ein Stück, der erfolgreiche Schütze Kopf und Gehörn dazu. Jeder gönnte sich ein Stück Magen, das sie roh mitsamt dem grünen Inhalt genüsslich verspeisten. Die Rippen wurden in Stücke geschnitten und in der glühenden Asche geröstet.

Plötzlich hatten sie einen herumschleichenden Leoparden bemerkt. Er war wohl von dem Duft angelockt worden. Sofort griffen

Nochmaliges Messerschärfen

Mit Pfeil und Bogen ab in den Dornbusch

Ein Vogel! Leider nicht getroffen

Losung, eine erste Spur der Impala

Fußabdruck in der blutigen Fährte

Erlegte Impala ist gefunden

Zwei Männer entfachen Feuer mit

Reibhölzern, Messer ist Unterlage,

durch schnelles Drehen des Stockes

und Auflegen von Gras und Holz

Die in der Nacht von Hyänen

angefressene Impala

wird von den beiden anderen Männern

fachgerecht gehäutet und zerlegt

zwei der Buschmänner Pfeil und Bogen und rannten los. Ich lief hinterher. Verdammt schnell waren sie. Ohne Rücksicht ging es durch das dornige Akaziengestrüpp, einige Male sahen wir ihn kurz. Doch so, wie wir näher kamen, entfernte er sich. Sie kamen einfach nicht zum Schuss, das Gestrüpp verdeckte ihn immer wieder. Wir waren über eine halbe Stunde quer durch das Gehölz gelaufen. Dann gaben sie auf. In gleichem Tempo ging es zurück. Ich hastete völlig außer Atem hinterher. Ohne eine Sekunde des Zögerns fanden sie den Weg.

Ich bemerkte plötzlich, dass die Hunde nicht mehr da waren, die uns den ganzen Weg begleitet hatten. Selim meinte: „Die Hunde sind wohl nach Hause gelaufen, als der Leopard auftauchte. Da war es ihnen zu gefährlich geworden."

Alle vier Männer hockten sich um das Feuer, aßen die Rippen, manchmal noch halb roh, schmatzten laut, um zu zeigen, wie es ihnen schmeckte. Ohne Hast, ohne Unterbrechung und ohne Salz. Lange und ausgiebig speisten sie, verschlangen große Mengen. Nichts blieb übrig. Ab und zu schärften sie ihre Messer. Einige Male griffen sie zu dem Magen und aßen voller Wonne von dem grünen Brei. Ich flüsterte zu Hannelore: „Ob ich auch mal probieren kann?" Sie flüsterte scharf zurück: „Bist du verrückt, wer weiß was dort alles für Keime und Krankheitserreger enthalten sind, die dir blassem Europäer nicht bekommen." Doch für diese Waldbewohner war der Mageninhalt eine Quelle für Vitamine und Mineralstoffe, ein Leckerbissen. Man ließ mich fotografieren, ohne dem besondere Beachtung zu schenken. Als ich Hannelore fragte: „Ob ich wenigstens mal Rippe kosten kann?", wies sie mich nochmals zurecht. Ich gab auf. Sie hatte Recht.

Kaum waren sie fertig mit ihrer Mahlzeit, wurde das Pfeifchen angezündet. Wieder ging es reihum, jeder zog daran und reichte es weiter. Sie ließen sich Zeit. Schließlich hatten sie eine erfolgreiche Arbeit vollbracht.

Das Feuer war inzwischen weit niedergebrannt. Sie erhoben sich, jeder schulterte seinen Teil der Beute, Pfeil und Bogen, den Fellrucksack. Die Messer wurden eingesteckt und in Reihe ging es zügig, ohne eine Pause, nach Hause zu den wartenden Frauen und Kindern. Hannelore, Selim und Dik kamen langsam hinterher. Ich

Magen und Inhalt werden

als Delikatesse roh verspeist,

Rippen, im Feuer gebraten

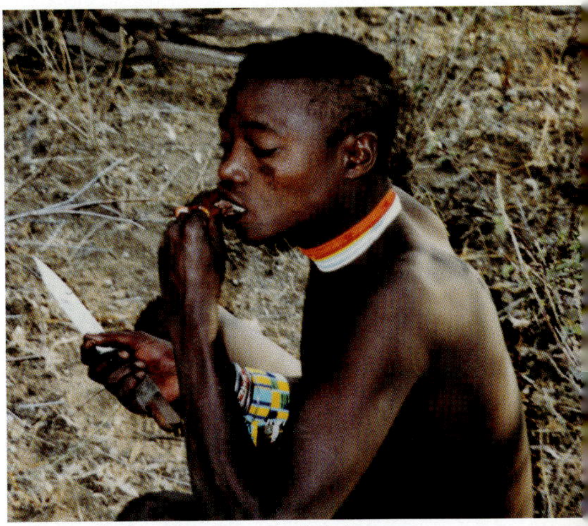

Genüssliches Speisen und Schmatzen

Das Pfeifchen macht die Runde

Jeder schultert seinen Anteil, Rückmarsch

durfte um die Jäger herumtänzeln und fotografieren. Als wir ankamen, herrschte große Freude. Es gab Palaver. Die Hunde liefen zwischen ihnen herum. Das Fleisch wurde zerschnitten und zerhackt, alle vier Feuer in Schwung gebracht, einige Stücke zum Braten hineingelegt. Das Fell wurde auf einem Ast aufgehängt. Die Hunde, immer dazwischen, fraßen ungestört an den Fleischbrocken herum. Man ließ sie gewähren, sie gehörten schließlich zur Familie und hatten das gleiche Recht auf Nahrung.

Die Frauen hatten zu tun. Das Zerhacken der Fleischstücke war eine schwere Arbeit. Ein Mann nahm das Beil und half ihnen. Das Beil sah genauso aus wie ein Steinbeil von vor Tausenden von Jahren. Nur die Schneide war nicht mehr aus Stein, sondern aus Eisen, mit Stricken am Schaft befestigt, wie es ihre Vorfahren getan hatten. Ein Teil des Fleisches wurde in die Bäume gehängt, anderes in die Töpfe gelegt und über dem Feuer gekocht. Wasser hatten sie von uns bekommen. Dann saßen sie alle am Feuer, gaben den Kindern Fleischbrocken, nahmen sich selbst zum Teil noch halb rohe Teile aus der Glut. Zufriedenes Schmatzen ringsherum bestätigte, wie es ihnen schmeckte. Die vier Jäger saßen am ersten Feuer, einige größere Jungen waren dabei. Auch Dik hockte sich dazu und unterhielt sich mit ihnen.

Sie schmauchten wieder das Pfeifchen, auch unsere geschenkten Zigaretten wanderten Stück für Stück in den Pfeifenkolben. Sie ließen es sich gut gehen. Einige nahmen ihr Jagdgerät zur Hand und prüften es. Vielleicht gab es etwas zu reparieren? Wie vorsichtig und sorgfältig sie damit umgingen. Es war das wichtigste Gerät, das sie besaßen. Es erforderte großes Geschick und Erfahrung, damit so wie seit der Steinzeit den Lebensunterhalt für die Familie zu sichern. Und was einem wichtig ist, das schätzt und pflegt man. Und das Lebenswichtigste wird wie ein großer Schatz behandelt und in Ehren gehalten.

An den Bogen waren eine unterschiedliche Anzahl von Schleifen aus dünnen Stricken befestigt. Selim zeigte es uns und erklärte, so viel Schleifen sich am Bogen befinden, so viel Wild hatte der Jäger erlegt. Je mehr Schleifen, um so höher war die Achtung, die dieser Mann genoss. Bei dem Ältesten war der Bogen schon weit herum mit Schleifchen bestückt. Dik redete mit ihnen, dann gaben sie ihm

Zurückgekehrt, die Frauen

haben zu tun

Die Männer helfen

Zerhacken mit dem Beil

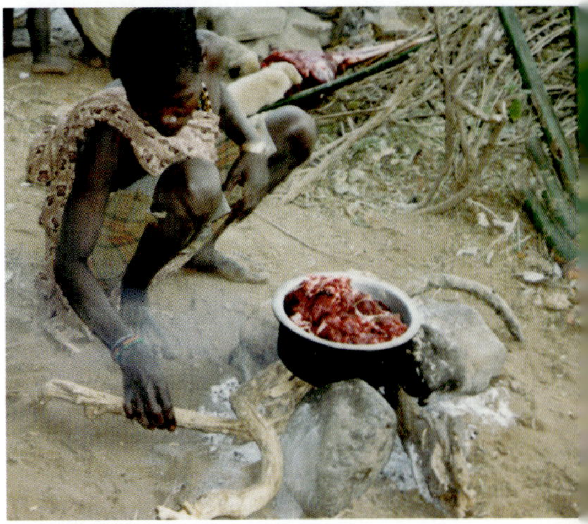

Ein Teil wird sofort gekocht

drei Pfeile, die er uns später als Geschenk und Dankeschön von diesen bewundernswerten einfachen und doch so großartigen Menschen übergab. Wie stolz sind wir darauf, solch ein Geschenk aus der Hand dieser Buschmänner erhalten zu haben.

Wir spürten, es war Zeit, sich zurückzuziehen. Wir bedankten uns noch einmal, gaben ihnen unsere letzten Zigaretten. Wieder verneigten wir uns vor ihnen, unsere rechte Hand auf das Herz gelegt. Sie verabschiedeten uns ebenso achtungsvoll und freundlich. Die Hand zu reichen schien nicht üblich zu sein. Tief beeindruckt gingen wir zu unserem Auto. Die größeren Jungen kamen noch einmal angelaufen. Wir schenkten ihnen unsere letzten Kaugummis. Sie ließen sich umarmen. Noch lange winkten sie uns nach, bis wir hinter der nächsten Flussbiegung verschwunden waren.

In Gedanken noch immer bei ihnen, ließen wir uns im Auto durchschütteln und den mühseligen Weg zurückbringen. Der Tag schritt voran, nur einmal hielt Selim kurz an, noch vor der Siedlung, in der Dik zu Hause war. Wir stiegen aus, Dik führte uns zu etwa ein bis zwei Meter hohen Büschen, deren grüne Zweige einen dichten Schirm bildeten und teilweise bis auf die Erde reichten. Es sah aus wie ein Schutzdach und verlockte, dort unterzukriechen. „Be careful“, warnte Selim. Bitte nicht berühren. Aus diesen Büschen gewinnen die Hadzabe das Gift für die Pfeile. Ja, aber wenn man das nicht weiß ...

Immer wieder kehren meine Gedanken zu den Buschmännern zurück. Sie waren uns zurückhaltend, doch ohne Scheu entgegengetreten. Sicher gab es Kontakte mit der Zivilisation. Doch wie groß war deren Einfluss? Wo lebten die anderen Mitglieder der Großfamilie? Vor mehr als 60 Jahren hatte es in diesem Gebiet durch den deutschen Missionar Ludwig Kollarsen den ersten Kontakt zu den Hadzabe gegeben. Er hatte versucht, ihnen zu helfen. Damals war die Siedlung Mongola entstanden, die heute als ein Zentrum dieses Volkes gilt. Zu gern wären wir auch dorthin gefahren, doch die Zeit ließ es nicht zu.

Als wir schließlich ins Camp kamen, wartete Ari schon ungeduldig auf uns. Schnell etwas essen, alles einpacken und dann ging es noch bis spät in die Dunkelheit hinein den anstrengenden Weg zurück zum Manyara-See, zum Twiga Camp in Mto wa Mbu und

Frauen und Kinder teilen,

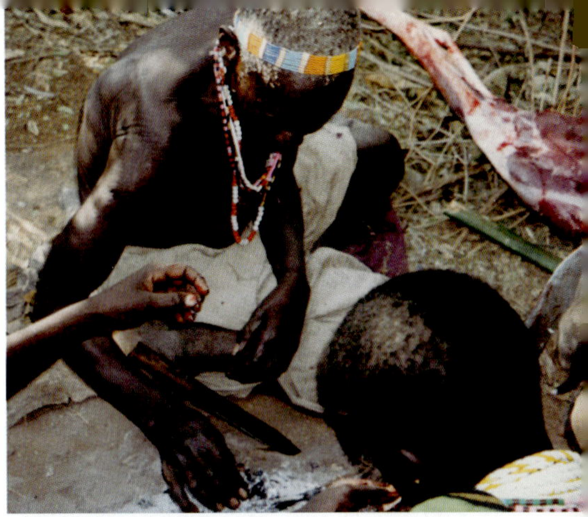

braten und essen

am separaten Feuer

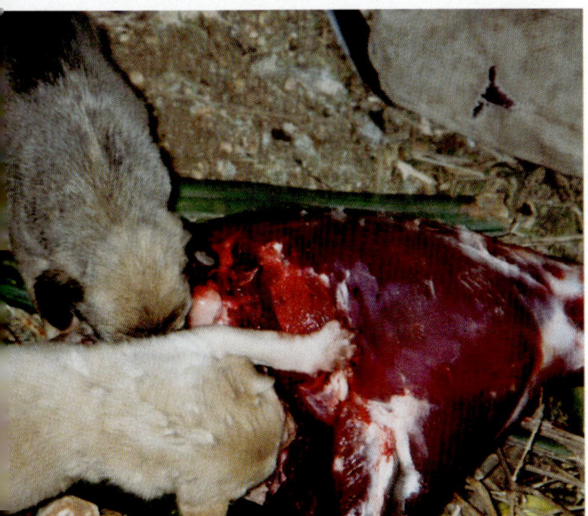

Hunde gehören zur Gemeinschaft

Natürlich, jung und schön

Nach erfolgreicher Jagd, die Arbeit ist getan, genüssliches Pfeifchenschmauchen

Hände weg, vergiftete Pfeilspitze

Ein letzter Blick ins „Nomadenhaus"

Riesen-Baobab im trockenen Flussbett

Abschied von den Jungen

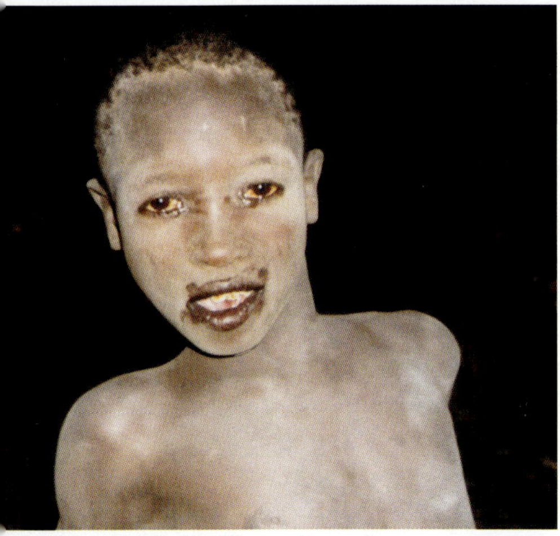

Typische helle Körperbemalung

Zurück durch Diks Siedlung

endlich zum Schlafen. Doch schon zeitig früh fuhren wir, alles wohl verstaut, weiter.

Eine Elefantenfamilie nimmt Abschied

Als letzte Station unserer großen Safari besuchten wir den Tarangire-Nationalpark. Endlich ging es mal wieder über asphaltierte Straßen und zügig voran, vorbei an Siedlungen und Maisfeldern. Es war ein trüber Morgen, neblig, die hohen Berge des Ngorongoro-Massivs wolkenverhangen. Jeder hing seinen Gedanken nach. Plötzlich bremste Selim scharf, rutschte ein Stück zur Seite und kam zum Stehen. Mitten auf der Straße lag ein toter Gepard. Das Tier war offensichtlich überfahren worden. Ausgerechnet eine Cheetah, solch ein seltenes, schnelles Raubtier wird auf der Straße erwischt. Es war kaum zu glauben, einfach überfahren und dann liegen gelassen. Ich stieg aus, sah sie mir genauer an. Was war das? Die Pfoten waren abgeschnitten. Und damit nicht genug, auch die Zähne waren herausgerissen. Wurde sie wegen dieser Trophäen derart massakriert? Oder war sie vielleicht gar nicht überfahren worden, sondern von Wilddieben erlegt und dann einfach vom fahrenden Auto auf die Straße geworfen worden?

So oder so, es machte mich wütend. Selim und Ari blieben gelassen im Auto sitzen und warteten auf mich. Einige Autos, die inzwischen vorbeikamen, kurvten um das Tier, niemand hielt an. „Can we go?“, fragte Selim nach einer Weile. Er hatte recht, ein bisschen zu drängeln, denn wie schnell könnten wir mit der Tötung des Tieres in Zusammenhang gebracht werden. Besonders als Weiße setzten wir uns dieser Gefahr aus. Ich stieg ein und wir fuhren weiter. Drinnen machte ich meinem Ärger Luft. Selim gab mir Recht, versuchte mich zu beruhigen. Ari kommentierte wie gewohnt: „Papa, that's Africa“, und das Thema war abgehakt.

Öfter kamen Masai auf Fahrrädern dahergeradelt. Schon von weitem erkannte man sie an den roten Tüchern.

Am Eingang zum Park waren Tierschädel ausgestellt. Einen Elefantenschädel nahm ich näher in Augenschein. Deutlich waren die

Holprige Rückfahrt aus Dornbuschsteppe

Hier lebt unser Freund Dik

Zum Tarangire, Masaisiedlung, Maisfelder

Getötete Cheetah auf der Fahrbahn

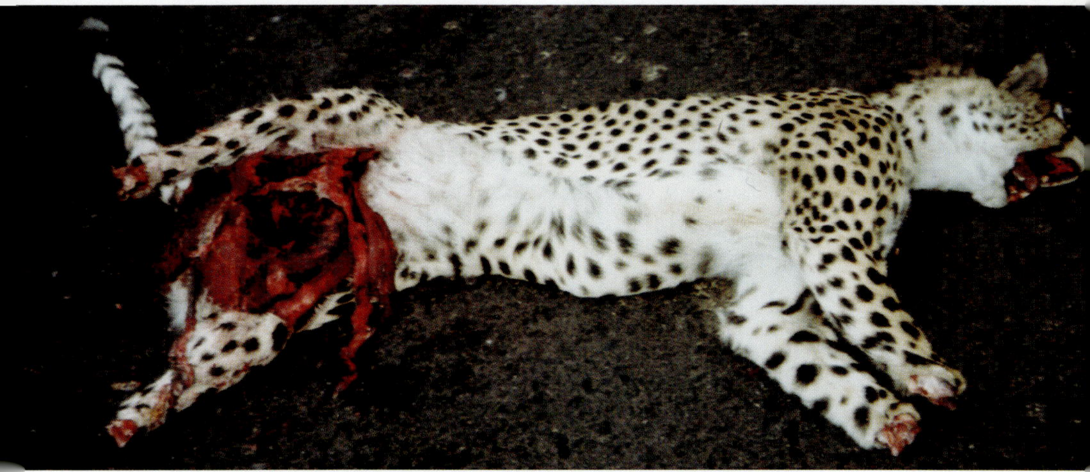

Da fehlen Pfoten und Zähne. Hatte eine Hyäne die Eingeweide geholt?

großen Kau- oder Mahlzähne zu erkennen. Auf jeder Kieferseite befinden sich zwei hintereinander, ergeben so eine große Kaufläche. Bei dem ausgestellten Schädel fehlte je einer. Sie sind etwa zehn Zentimeter lang, wachsen während eines Elefantenlebens bis zu sechs Mal nach, wobei sie von hinten nachschieben. Wenn der Vorrat aufgebraucht ist, ist das Tier zum Sterben verurteilt. Es verhungert.

Der Fluss Tarangire trocknet nicht aus, er durchfließt den Park in seiner gesamten Länge, die Landschaft ist von ihm geprägt. Über weite Strecken hat er tiefe Einschnitte mit canyonartigen Schluchten in das Gelände gefräst.

Neben Akazien und Palmen gibt es hier sehr viele Baobabs. Überall stehen diese urtümlichen Kolosse wie Rasierpinsel in der Gegend, prächtige Exemplare, Jahrhunderte alt. Fast alle Baobabs waren lädiert. Sie wiesen längliche kahle Stellen am Stamm und stark beschädigte Rinde auf. Die Ursache dafür sind die Elefanten. Sie reiben sich an der Rinde, reißen sie ab und fressen sie. Auch das saftige innere Mark ist eine willkommene Speise für sie. Es gibt Massen von Elefanten. Genug Nahrung und Wasser ist vorhanden. In diesem relativ überschaubaren Park sind es etwa 6 500, das ist mit die höchste Dichte an Elefanten in ganz Afrika. Sie waren ständig um uns. Große und kleine Herden und Einzelgänger.

Wir wollten gerade durch die Furt des Flusses fahren, da kam uns von der anderen Seite ein mächtiger Bulle gelassen entgegengeschritten. Wir konnten weder links noch rechts ausweichen. Er marschierte geradewegs auf uns zu. Selim stoppte scharf. Hannelore rief entsetzt: „Jetzt passiert's!" Nicht den Funken einer Chance hatten wir auszuweichen, wenn er weiter auf uns zukam. Genau das tat er. Auch Selim starrte gebannt auf das riesige Tier, ohne sich zu bewegen. Mein Herz raste. Immer näher kam er. Vielleicht zwei Meter Abstand gab es zwischen uns noch. Der Elefant planschte im Wasser herum. Dann kam er noch näher, bis ans Auto. Guckte, prüfte es mit dem Rüssel, schlenkerte ihn erregt herum, wackelte mit den Ohren. Wie versteinert verharrten wir auf unseren Sitzen. Was würde er tun? Er ließ sich Zeit, verdammt gründlich checkte er das Auto ab, geradezu TÜV-gerecht. Doch er griff nicht an. Hoffentlich fand er nicht noch etwas, das ihn aggressiv machen könnte. Dann

Masai in typisch roten Tüchern mit Fahrrad

Elefantenschädel mit Mahlzähnen

Büffelschädel

Von Elefanten lädierte Baobab-Stämme

Elefantenherde durchquert Tarangire-Fluss

würde er uns umgehend die Rechnung präsentieren, wild werden oder auch einfach mal so unser Gefährt demolieren. Nach für uns endloser Zeit drehte er plötzlich ab. Wir saßen da, atmeten tief durch.

Er lief weiter im kühlenden Nass flussabwärts, ohne uns eines Blickes zu würdigen. Wir schienen ihm endgültig harmlos zu sein. Vor der Flussbiegung standen zwei auffällige rotschnäbelige Hornrabenvögel am Ufer. Die gefielen ihm offensichtlich nicht, mit denen versuchte er sich nun anzulegen. Vielleicht reizte ihn das leuchtende Rot der Vögel. Er trompete, stampfte mit dem Fuß im Wasser auf, dass es kräftig spritzte, schlenkerte den Rüssel herum, wackelte mit den Ohren. Er demonstrierte seinen Ärger und seine Dominanz. Dann trabte er ein Stück auf sie zu. Hier sah ich, wie ein einmal in Bewegung geratener Elefant mit seiner gewaltigen Kraft auf einen Gegner zugehen kann. Ein Vogel flatterte ein paar Meter weiter, ließ sich wieder nieder, respektlos und dreist. Das Spiel wiederholte sich. Dann war es dem Elefanten wohl endgültig zuviel. Er spreizte sich, den Kopf nach vorn geneigt, die Ohren aufgestellt, den Schwanz eingedreht. Allmählich beruhigte er sich, soff genüsslich und ausdauernd. Als der Elefant mit sich selbst beschäftigt war, ließ Selim den Motor wieder an und fuhr langsam durch die Furt und auf der anderen Seite die Böschung hinauf.

Wir wussten, dass sich Elefanten von ihren verstorbenen Familienmitgliedern verabschieden. Eine derartige Szene erlebten wir etwa 30 Meter von unserem Weg entfernt. Um einen Baum hatte sich eine große Schar Geier versammelt. Dort lag ein toter Elefant. Der aufgedunsene Bauch ragte wie ein Gewölbe aus dem Gras auf. Darauf hüpften und hackten die Geier. Ob schon andere Raubtiere am Kadaver gewesen waren, konnten wir nicht erkennen. Gerade wollten wir weiterfahren, da kam über den Fluss eine Elefantenfamilie herangewandert. Vielleicht 15 Tiere, darunter junge. Sie gingen in Richtung des Kadavers. Gut zehn Meter davor hielten sie unter einem Baum an. Sie sammelten sich und schienen zu beratschlagten. Dann bewegte sich die Leitkuh ganz langsam, den Rüssel aufgereckt, in Richtung des toten Tieres. Nach wenigen Metern blieb sie stehen, ging vorsichtig zurück, blieb stehen, ging weiter zurück. Wiederum erfolgte eine Verständigung. Sie bewegte sich er-

Ein Elefant kommt entgegen,

direkt auf uns zu,

schleudert den Rüssel, ist erregt

gefährlich nahe, untersucht unser Auto, „oh jeh …“

Plötzlich rennt er im Fluss entlang

Planscht durch das Wasser in Richtung Hornrabenvögel,

will seinen Frust an ihnen auslassen, keine Chance

Beobachtet uns, trinkt ausgiebig,

latscht durch Schlamm, zieht eilig, erregt, dicht vorbei

neut voran, vielleicht drei, vier Meter, wartete, prüfte mit erhobenem Rüssel die Luft. Dann wagte sie sich ein Stückchen weiter. So ging es eine endlos lange Zeit. Mit langsamen Schritten kam die Herde hinterher. Immer wieder blieben sie stehen, warteten und prüften. Die Geier flatterten auf, ließen sich ein Stückchen entfernt gleich wieder nieder. Endlich waren die Elefanten nah an das tote Tier herangekommen. Die Leitkuh betastete es mit ihrem Rüssel, die anderen warteten in gebührendem Abstand. Schließlich verteilten sie sich um den Kadaver, schweigsam, mit gesenktem Kopf. Ein starkes Weibchen stand quer vor der Herde und hielt Wache. Immer wieder berührten die Elefanten das Tier mit dem Rüssel, ließen ihn über den Rücken gleiten, stupsten es an, auch mit dem Fuß. Nichts passierte. Das Tier rührte sich nicht. Mehrmals versuchten sie, es zum Aufstehen zu bewegen. Hofften sie, dass es noch lebt? Irgendwann schienen sie verinnerlicht zu haben, dass es tot war. Lange standen sie schweigend und bewegungslos da. Es blieb nur noch der Abschied. Die trauernde Familie erwies ihm die letzte Ehre. Voller Anteilnahme schieden sie endgültig von ihm. Dieses Verhalten erschien uns so menschlich, dass wir ganz ergriffen waren. Welch hohe Intelligenz, was für starke Gefühle und soziale Bindungen gab es in solch einer Elefantenfamilie.

Erneut erhielten wir einen tiefen Einblick in die hochorganisierten, komplexen Beziehungen in Elefantengruppen. Ein Grund ist sicher das große Gehirn. Bezogen auf die Gesamtmasse des Tieres besitzt es nach dem Menschen den größten Gehirnanteil bei den Landsäugetieren. Ihr Gedächtnis ist phänomenal, sie benutzen Stöcke als Werkzeuge, z. B. um sich zu scharren. Sie sind sensibel und gehen zärtlich miteinander um. Der Rüssel ist das Hauptinstrument. Berühren, streicheln, sogar ins Maul des anderen stecken, das schafft Bindung, erzeugt Vertrauen und Zuneigung. Ist das Liebe? Tränenfluss hatten wir schon öfter gesehen, doch können sie auch richtig weinen? Ich fragte Selim. „Of course, they do it. Believe, this family also.“ Er sagte es spontan, überzeugend, zweifelsfrei.

Wie schwer war es, sich von dieser tief beeindruckenden Szenerie zu lösen. Mehrmals standen wir auf dem Weg wie festgenagelt, weil sich rings um uns Elefantenherden bewegten. Doch nichts passierte.

Elefantenherde nimmt Abschied von totem Familienmitglied

Leitkuh schreitet voran, sondiert, Herde wartet

Sie stehen geschlossen, prüfen mit dem Rüssel. Auf totem Tier (links, weißer Fleck) und ringsum hocken Geier

Sie gehen den schweren Weg zu ihrem toten Kameraden

Sie umstellen das Tier, berühren es, trauern, nehmen Abschied. Ein großes Weibchen hält Wache (vorn quer vor der Herde)

Schließlich treten sie Rückzug an, ziehen in Richtung Tarangire-Fluss davon

Selim führte uns zu dem größten, berühmtesten und ältesten Baobab der Welt. 1000 Jahre steht er da. Der Stamm ist riesig, hat einen Durchmesser von über neun Meter. Er weist ein mehrere Meter großes Loch auf, durch das man bequem hinein gehen kann. Vielleicht vier bis fünf Meter ist der Hohlraum in der Tiefe und mehrere Meter hoch. Als ich hineinklettern wollte, hielt mich Selim zurück. Das könnte tödlich sein. Der Baum sei eine beliebte Wohnstätte, giftige Schlangen, Spinnen und anderes gefährliches Getier hielten sich hier auf. Derartige Hohlräume sahen wir öfter. Der Kern des Stammes besteht aus weichem Holz und speichert wie ein Schwamm viel Wasser. Das Holz fault mit den Jahren, Hohlräume bleiben zurück. Und so entsteht ein willkommener Lebensraum für Tiere. Dem Baum scheint das nichts auszumachen, er ernährt sich weiter über die Außenzonen des Stammes.

Der Baobab blüht nur einen Tag im Jahr, für 24 Stunden schmückt er sich mit schönen weißen Blüten. Dann sieht er aus wie eine Braut, zum Verlieben schön. Drei Monate trägt er Blätter. Den Rest des Jahres steht er wie ein grauer kahler Pinsel da, ein eigenartiges Gebilde. Im Herbst besetzen ihn die Affen und tun sich gütlich an seinen vitaminreichen Früchten. Daher auch die Bezeichnung Affenbrotbaum. Für die Einheimischen sind die Baobabs heilig. Es heißt, in ihnen wohnen Geister, die Seelen der Verstorbenen. Man behandelt sie voller Ehrfurcht und nähert sich ihnen mit Respekt. An diesem größten Exemplar, so erzählte uns Selim, findet an einem Tag im Jahr zu Ehren des dort wohnenden großen Geistes ein Fest statt. Tausende versammeln sich hier, um zu den Rhythmen ihrer Trommeln zu tanzen und ihm zu huldigen.

Wunderschönen bunten Racken, Herden von Affen und grasfressenden Tieren begegneten wir. Im Busch kaum zu erkennen, eilten zwei niedliche und schöngesichtige Dikdiks vorbei. Als wir unsere Lunchpause machten, hüpften die dreisten Blauglanzstare um uns herum, pickten die hingeworfenen Brocken und Krümel restlos auf, sich dabei nach Vogelart zankend. Kurz vor dem Ausgang des Parks liefen uns zwei Warzenschweine über den Weg, sie rannten eilig mit erhobenem Schwanz davon.

Wir fuhren schnurstracks zurück nach Arusha. Die großartige Safari war unwiderruflich zu Ende. Unterwegs gab es eine kleine Ver-

Im Tarangire, von Elefanten lädierter Baobab

Größter Baobab mit riesigem Hohlraum. Nicht betreten!

Manchmal sind in den Hohlräumen Bienennester

Wunderschöne bunte Racken gibt es hier

Am Tarangireufer: große Herden Affen und grasfressende Tiere

Scheue, niedliche Dikdik

Prächtige Blüte einer Zierbanane

stimmung, das erste Mal. Es ging um Geld. Wir hatten Ari und Selim angeboten, und wollten ihnen damit eine Freude bereiten, beiden ein zusätzliches Trinkgeld von 60 Dollar zu geben. Doch das schien ihnen zu wenig zu sein. Selim schluckte, Ari sah man an, dass er sauer war. Zehn Dollar für den Guide und fünf Dollar für den Koch pro Tag, das wäre so üblich. Das war happig, weit über dem üblichen Rahmen. Wir erhöhten als Kompromiss auf 75 Dollar. Das war unser letzter Vorschlag, den sie schweigend zur Kenntnis nahmen. Eine Zeit lang herrschte Funkstille.

Abends besuchte uns der Boss des Shitolija-Safariunternehmens in Begleitung von Selim in unserem Hotel. Er fragte, wie es gewesen sei, ob wir zufrieden waren. Wir lobten alles in höchsten Tönen, hoben die Kochkunst von Ari hervor, stellten aber die Leistung von Selim besonders heraus. Selim freute sich, von so einer Wertung hing schließlich sein Job ab. Es warteten genügend Guides auf Arbeit. Da wurde bei Vorkommnissen nicht lange gefackelt. Ich sprach das uns peinliche Thema mit dem Trinkgeld geradeheraus an. Selim war das unangenehm, er versuchte abzulenken. Aber wir wollten die Angelegenheit klären, ohne Zwiespalt auseinandergehen. Wir betrachteten das Trinkgeld als ein zusätzliches Dankeschön. Doch die beiden hatten den Eindruck bei uns hinterlassen, das dies ihr eigentlicher Lohn sei. In unserem Vertrag waren alle Posten detailliert ausgewiesen, die Löhne waren bei der Ermittlung des Preises berücksichtigt worden. Als ich den Beleg herausziehen wollte, winkte der Boss ab. Das sei wohl ein Missverständnis, alles sei in Ordnung. Die beiden würden natürlich ihren regulären Lohn von ihm bekommen. Wir alle, besonders auch Selim, waren froh, dass das leidige Thema geklärt war. Mit Herzlichkeit verabschiedeten wir uns, versprachen, das nächste Mal wieder die Safari bei ihnen mit Selim als Guide zu buchen.

Am nächsten Morgen wollten wir auf dem Busbahnhof die Fahrt nach Moshi organisieren. Alles stürzte sich auf uns. Jeder sprach uns an, fragte nach allem Möglichen. Sie zerrten an uns herum, versuchten uns jeweils in eine Richtung zu drängen. Das kannten wir schon zur Genüge, doch es war immer wieder nervig, kostete Kraft und ließ Unmut aufkommen. Für die 50 Kilometer lange Fahrt sollten wir je 4 000 tansanianische Schilling bezahlen. Nein, danke.

Man reduzierte auf 2 000 Schilling. Erneut lehnten wir ab. Schließlich kostete ein Platz in einem der kleineren Busse 1 000 Schilling.

Wir liefen nochmals bis zum alten deutschen Fort, beobachteten die Menschen, wimmelten die Händler ab, die uns pausenlos ansprachen. Nochmals ließ ich mir die Schuhe polieren, zwängten wir uns durch das über 200 Meter lange, enge und zum Teil überdachte Kunstgewerbe-Gässchen für Touristen mit Hunderten von Ständen. Wir kauften Perlenschmuck der Masai und einige geschnitzte Kangas, Perlhühner.

Dann ging es mit dem Taxi zum Busbahnhof. Das Gepäck wurde auf dem Dach des Busses verstaut. Der Bus wartete, bis er voll besetzt, das heißt total überladen war. Wir saßen wie die Heringe gequetscht. Wo normalerweise fünf Personen mit Notsitz nebeneinander sitzen können, hatte man noch zwei weitere hineingepfercht. Doch was sollte es, nur eine Stunde Fahrt, das war auszuhalten. Interessant war es allemal. Alle Gerüche dieser Region schienen durch den Bus zu strömen. Laute Musik ertönte, die Händler drängelten sich um den Bus herum, versuchten, durch die geöffneten Scheiben ihre Ware an den Mann zu bringen. Es gab einen extra Aufpasser von der Busgesellschaft. Er achtete insbesondere darauf, dass sich niemand an dem riesigen Berg Gepäck auf dem Dach des Busses vergriff.

Am Kilimandscharo

Mit ziemlicher Geschwindigkeit ging es durch eine fruchtbare grüne Landschaft. Überall gab es Bananenplantagen. Dazwischen zogen sich Felder mit Kaffee, Mais, Zuckerrohr und anderen Früchten hin. Ich konnte verstehen, dass sich während der Kolonialzeit hier viele Deutsche angesiedelt und Plantagen angelegt hatten. Überall wurde an den Straßenrändern frisches Obst und Gemüse angeboten.

Auf dem Busbahnhof in Moshi klebten sofort wieder die Flycatcher wie Schmeißfliegen an uns. Zielgerichtet schleppten wir selbst

Arusha, Busbahnhof, afrikanisches Getümmel,

am Kartenschalter,

auch Hühner fahren mit

Größeres Gepäck wird auf dem Busdach verstaut

unser Gepäck eineinhalb Kilometer zum YMCA, um die lästigen Begleiter abzuwimmeln.

Von unserem Zimmer sahen wir direkt auf den Kilimandscharo. Die majestätische Bergkulisse nahm uns sofort gefangen. Ein 60 Kilometer mächtiges Massiv ragte aus der Landschaft heraus. Wir konnten den höchsten Punkt des Vulkans Kibo, den Kratergipfel Uhuru erkennen. Ende des 19. Jahrhunderts bedeckten noch riesige Schollen von Gletschereis das Gebirge. Ungläubiges Staunen gab es damals weltweit über den „Schnee am Kilimandscharo", am Äquator, im Herzen Afrikas. Heute findet man nur noch Reste von Eis. Die Oberfläche des Berges wird sich in wenigen Jahrzehnten deutlich verändert haben. Übrig bleibt eine große Lavawüste, wie wir sie bereits jetzt mit dem Fernglas wahrnehmen konnten.

Am Berg gibt es fünf unterschiedliche Vegetationszonen. Von der hügeligen, fruchtbaren Zone über die montane und Heidelandstufe geht es bis zur alpinen und schließlich der nivalen Gipfelzone, d. h. über der Schneegrenze, hinauf bis zum Kraterauge. Für die Ureinwohner war der Kilimandscharo der Berg der Götter. Er ragte bis in den Himmel, wies den Weg ins Jenseits, zu den Ahnen. Nur dort konnte auch der Sitz ihrer Götter sein.

Moshi hat sich zum wichtigsten Ausgangspunkt für die Besteigung des Kilimandscharo entwickelt. Im Gegensatz zum hektischen Arusha ist es ein freundliches und angenehm ruhiges Städtchen. Doch auch hier wimmelte es von Safari-Companys. Es wurden alle Arten geführter Touren angeboten, da das Betreten des Kilimandscharo-Nationalparks und die Besteigung nur mit einem Guide erlaubt ist. Lange liebäugelte ich mit einer Besteigung. Doch das Risiko ist relativ hoch, wenn man schon in die Jahre gekommen ist und sich nicht ausreichend vorbereitet hat. Die Schwierigkeiten des Aufenthalts hoch oben in der dünnen Luft, in fast 6 000 Meter Höhe, werden oft unterschätzt. Unfälle sind die Folge.

Wir entschieden uns für eine Tour in den subtropischen Teil des Bergmassivs mit Besuch des Regenwaldes. Mit unserem Begleiter fuhren wir am frühen Morgen in einem voll gestopften Kleinbus, einem Dalla Dalla, vom Busbahnhof ab. Bango, unser Guide schirmte uns von den auf uns einstürmenden Massen ab. Die Fahrt ging bis in fast 3 000 Meter Höhe. Erste Station war das Dorf Mamba.

Majestätischer Kilimandscharo

Von Wolken umspielt (fotografiert aus unserem Zimmer im YMCA, Moshi)

Kratervulkan Kibo mit Uhuru-Gipfel, 5 896 m. Noch gibt es einige Gletscher und Schneereste

Die 40 Kilometer Weg fuhren wir durch eine einzige grüne Oase. Eine Plantage wechselte mit der anderen ab, voller Bananenstauden, Kaffeesträucher, Bäume mit Avocado und anderen Früchten. Ansonsten gab es dichten Wald. In Mamba war traditionelles Handwerk angesiedelt. Drei Schmiede werkelten dort. Messer, Speere, Hämmer, Äxte, Sensen, Glocken, alles was man zum Leben und Arbeiten braucht, stellten sie mit Hilfe eines Schmiedefeuers, eines kleinen Ambosses, mit einfachen Gerätschaften und Werkzeugen her, so wie ich es als Kind in unserer Dorfschmiede beobachten konnte. Ein Tischler fertigte in Handarbeit aus einheimischem Holz Tische, Stühle und Betten.

Man führte uns unter riesigen Bananenstauden und Kaffeesträuchern bis zu einer nahen Höhle. Sie war über fünf Meter tief senkrecht in den Lehmboden gegraben. Ich durfte hinabsteigen. Es war mühevoll und schweißtreibend. Dies war eine der Schutzhöhlen, wie sie es früher bei fast allen Häusern gab, zum Schutz gegen die kriegerischen Masai. Die Masai waren erst vor wenigen hundert Jahren in das Land eingedrungen. Sie waren gefürchtet, weil sie rücksichtslos gegen die hier lebenden friedlichen Volksgruppen vorgingen, raubten, plünderten und mordeten. Sie stahlen Vieh und nahmen das Land für ihre Herden in Besitz. Lange Zeit beherrschten diese Konflikte das Leben hier, machten es unsicher. Bei den kriegerischen Auseinandersetzungen wurde das Vieh zum Schutz in die Strohhütten getrieben. Die Menschen suchten bei Überfällen in den Höhlen Schutz. Auch einiges Vieh wurde hier versteckt. Die Höhle war fast 50 Meter weit in den lehmigen Boden gegraben, der Gang war niedrig, feucht und schmierig. Einige wenige Gerätschaften aus der damaligen Zeit waren noch zu sehen. Keinesfalls war das ein Ort, an dem man sich freiwillig längere Zeit aufhalten würde. Selbst heute noch, so erzählte uns der Besitzer der Höhle, gibt es ein großes Misstrauen gegenüber den Masai.

Wir liefen über den Wochenmarkt. Ein Bild voller Lebensfreude. An vielen Ständen gurrte und quirlte es, alles schien es im Überfluss zu geben. Solch ein buntes Treiben hatten wir hier oben nicht erwartet. Auffallend waren die riesigen Berge von Bananen. Obst und Gemüse aller Art wurde angeboten. Fleisch hing in den einfachen Buden, umschwirrt von Myriaden von Fliegen. Auf langen Tischen

Fruchtbares Land am Kilimandscharo-Massiv

Kaffeeplantagen und

Bananenanbau dominieren

erstaunliche Schmiedekunst

Traditionelles Handwerk blüht,

Tiefe Höhle, ehemals Schutz vor Masai

Geschäftiges Treiben auf dem Wochenmarkt in Mamba

wurden die kleinen getrockneten Fische angeboten, die wir am Victoria-See auf den Sandflächen ausgebreitet hatten liegen sehen. Stricke, Säcke aus Sisal, Tücher, Kleidung, Schmuck, Handwerkszeug und vieles andere konnte man hier kaufen. Frauen trugen schwatzend und lachend schwere Lasten auf dem Kopf und ihre Kleinkinder auf dem Rücken. Es war ein Ort pulsierenden afrikanischen Lebens und friedlichen Handels. Drumherum standen Hütten in langen Reihen. Hier wurde genäht, geflickt, gewebt, repariert, gehandwerkt. Wir wurden zu einer Bude gewinkt, einem „Restaurant". Sie war voll besetzt. Auch draußen standen und saßen die Menschen herum. Wir sollten unbedingt etwas ganz Besonderes kosten: Bier aus Bananen. Sofort kam eine junge Dame und reichte Bango und mir je einen großen Topf. In ihm schwappte eine trübe gelbliche Flüssigkeit. Sie schmeckte sehr gewöhnungsbedürftig. Doch man merkte den Alkohol. Die Einheimischen und auch Bango tranken mit sichtlichem Genuss. Einige hatten bereits mehr als nur den Durst gelöscht.

In einem ziemlich zerfallenen Dalla Dalla, völlig verrostet, Türen gab es schon seit langem nicht mehr, fuhren wir etwa 15 Kilometer über einen lehmig-morastigen Weg am Bergmassiv entlang bis zu der Siedlung Marangu, ebenfalls mitten in Plantagen und Wald gelegen. Hier beginnt die populärste Route zur Besteigung des Gipfels, die Marangu-Route. In Marangu findet man auch die erfahrensten Bergsteiger.

Wir wanderten in den Regenwald. Niedrige Häuser lagen jeweils inmitten eines Bananen- bzw. Kaffeehaines. Entlang des Weges gab es Werkstätten und ein kleines Restaurant. Wir kamen mit einem Mann ins Gespräch, der lustlos mit seiner Nähmaschine werkelte. Durch einen Unfall schwer beschädigt, schlug er sich mit Näharbeiten durch. Er war erstaunlich belesen und von wachem, kritischem Geist. Interessant waren seine Betrachtungen über das Leben hier, die Geschichte, die Politik, die Probleme und über Gott und die Welt. Sein Grundtenor: Hier ist alles ziemlich miserabel. „Einen Ausweg kann es nur von außen geben, durch euch." Das sagte er sehr deutlich. „Selbst werden wir nie in der Lage sein, uns aus dem Sumpf zu ziehen." Er beteuerte, wie gut es gewesen sei, als die Deutschen hier herrschten. Sie hätten viel für das Land getan, feste Sied-

vom Victoria-See oder Meer

Reichhaltiges Angebot an Trockenfisch

„Restaurant", Spezialität: Bananenbier

Bananen, Bananen ..., Hauptnahrungsmittel

lungen und Häuser errichtet, Plantagen angelegt usw. Wir enthielten uns lieber jeglichen Kommentars.

Mitten im Bananenwald wurden Baumstämme zersägt, in einer Art und Weise, wie es bei uns schon seit weit mehr als 100 Jahren nicht mehr geschieht. Selbst mein Vater, der seit 1921 sein Leben lang als Zimmermann tätig war, hatte dies zwar noch gesehen, selbst aber nicht mehr so gearbeitet. Mit einer großen Bogensäge wurden die Stämme von Hand in Bretter zerschnitten. Der Stamm lag auf einem etwa drei Meter hohen Gestell, oben turnte ein Säger herum. Unten stand ein zweiter. Stich für Stich, Zentimeter um Zentimeter sägten sie sich in den Stamm hinein, jeweils die Säge nach oben und unten ziehend. Wie lange mag es dauern, bis ein einziges Brett aus dem langen Stamm herausgeschnitten ist? In dieser Schwüle war das eine Schinderei ohnegleichen. Uns lief der Schweiß schon beim Sitzen, sie arbeiteten. Als ich um Erlaubnis für ein Foto bat, winkten sie nur unwirsch ab. So musste ich es versteckt tun.

Das gab es also tatsächlich, ich wollte es nicht glauben, dass in der inzwischen auch hier motorisierten Welt diese vorsintflutliche Methode praktiziert wird. 100 Jahre und mehr technischer Rückstand, Welten liegen dazwischen. Das charakterisiert für mich den Unterschied – die Verallgemeinerung sei gestattet – zwischen Afrika und Europa, zwischen Schwarz und Weiß. Dieser Rückstand ist eine der Ursachen für die Armut, den Hunger und das Elend hier. Und damit eine Quelle für Kriminalität und Konflikte.

Weiter ging es in den dichten, feucht triefenden Regenwald hinein. Hannelore blieb zurück, ihr war es zu anstrengend. Bango und ich stiegen einen steilen Pfad in eine enge Schlucht hinunter. Unten rauschte ein Fluss. Von den undurchdringlichen Hängen stürzten Bäche und Rinnsale hinab. Endlich waren wir unten am Wasser. Wir liefen über Stock und Stein flussaufwärts, bis das dahinstürmende Wasser einen scharfen Bogen machte. An dieser Stelle toste es über drei Stufen die Schlucht hinab, an die 80 Meter tief. Wir arbeiteten uns bis an den Wasserfall heran. Es war ein beeindruckendes Schauspiel, dieses kaskadenförmige Hinabstürzen über Felsen im dichten Regenwald zu erleben. Nieselregen fiel auf uns nieder, Gischt spritzte, Nebelschwaden standen in der Schlucht. Wir waren klitschnass. Mühsam kletterten wir den Weg wieder

Regenwald bei Marangu. Bretter sägen: Mann am Boden zieht nach unten,

Mann auf Stamm zieht nach oben, Schwerstarbeit

Tiefe Regenwaldschlucht

Tosender Wasserfall, Bango, unser Guide

bergauf. Ich kochte und triefte. Wir kamen nur langsam voran. Ein Glück, dass Hannelore nicht mitgekommen war.

Sie beschäftigte sich inzwischen mit einigen Kindern, die ohne Scheu zu ihr gelaufen kamen. Sie waren so erdfarben wie der Boden hier. Hannelore verwöhnte sie mit Süßigkeiten. Wir sahen auch, wie kleinere Kinder volle Kanister mit Wasser vom Fluss herauf schleppten. „Schwere Arbeit", sagte ich zu Bango. „Ja, man muss sie von klein an daran gewöhnen zu arbeiten, sonst lernen sie es nicht mehr", erwiderte er. Eine erstaunliche und sicher nicht alltägliche Sicht für einen jungen Mann hier im tiefen Afrika, dachte ich bei mir.

Auf dem Rückweg besuchten wir eine traditionelle Behausung der Chagga. Sie bestand aus Baumstämmen, Gras und Stroh. Lehm, wie heute üblich, wurde damals nicht verwendet. Der Grund war offensichtlich, dass diese Eingeborenen, als sie noch als Nomaden herumzogen, ihre Behausungen immer wieder neu errichten mussten. Die Chagga sind seit Tausenden von Jahren hier ansässig. Heute sind sie die zweitgrößte Volksgruppe in Tansania, trotz der vielen Fehden mit den Masai.

Eine lange Strecke liefen wir den schlammigen Weg zurück. Endlich kam ein Dalla Dalla vorbei und nahm uns mit. Wieder in Moshi lagen wir bald lässig am Pool, lümmelten auf der Wiese, immer das Kilimandscharo-Juwel in voller Erhabenheit vor Augen. Gegen Abend versteckte sich der Gipfel allmählich hinter Wolken. Und wir verzogen uns in das Restaurant.

Dort begann eine Hochzeitsfeier. An die 300 Personen strebten hinein. Auch wir, weit und breit die einzigen Weißen, waren als exotische Gäste bald integriert. Wie üblich gaben auch wir Geld als Salär für das Hochzeitspaar. Die Braut thronte wunderschön gekleidet und geschmückt auf der Bühne. Sie trug schwer an Kleidung, Schmuck und Kopfbedeckung. Ein Maître de plaisier moderierte über Stunden. Es gab Gratulationen, Ansprachen, Reden. Eine Kapelle spielte zum Tanz, dazwischen traten Musikgruppen und Sänger auf. Einzelkünstler führten Zaubereien und Kunststücke vor. Ununterbrochen wurde serviert, gegessen und getrunken. An einem großen Tresen herrschten Selbstbedienung und ein Gewimmel wie auf einem Markt. Der Saal wogte. Wir konnten uns nicht vorstellen, dass dies nur eine ganz normale Hochzeit sein sollte. Uns erschien das alles wie ein gesellschaftliches Ereignis ersten Ranges.

Auf unsere Frage danach bekamen wir die einhellige Antwort: „Of course, marriage is a great thing."

Als wir uns gegen Mitternacht zurückzogen, war erst alles so richtig in Gang gekommen. Die auch für uns angenehme Musik hörten wir noch stundenlang.

Daressalam

Ursprünglich wollten wir von Moshi mit dem Zug quer durch das Land über Dodoma, der offiziellen Hauptstadt des Landes, bis nach Daressalam, der größten und de facto Hauptstadt, fahren. Doch man riet uns ab. Unzuverlässig, zeitaufwändig, langweilig, unsicher, das waren die Argumente. So entschieden wir uns für eine Fahrt mit dem Bus, der uns am nächsten Tag nonstop in gut acht Stunden die 600 Kilometer bis nach Daressalam bringen sollte. Es war ein großer, bequemer Überlandbus mit gebuchtem Sitzplatz, Aircondition, Bedienung, freien Getränken, Videos, Musik. Diesen überraschend modernen Komfort hatten wir nicht erwartet und dies für zwölf US-Dollar pro Person. Das war der Preis für Einheimische, für uns Touristen unwahrscheinlich günstig.

Die Straßen waren durchweg asphaltiert, gut befahrbar. Weite Strecken ging es entlang der Para- und Usambara-Berge, oft dicht an der Abbruchgrenze des „kleineren afrikanischen Grabens". Maisfelder lösten sich mit Bananen- und Kaffeeplantagen ab. Doch bald dominierte der Sisal-Anbau. Hier herrschte Monokultur. Riesige Flächen bis über den Horizont waren bedeckt mit Sisal-Pflanzen, sie standen in unendlichen Reihen wie Soldaten. 1893, während der deutschen Kolonialzeit, hatten Deutsche einige Sisal-Pflanzen aus Mexiko eingeführt. Als sie feststellten, wie prächtig sie hier gediehen, begann man Wälder abzuholzen und Plantagen anzulegen, immer mehr und immer größer. Deutschland errang eine führende Stellung auf dem Weltmarkt. Der Sisal-Hanf ist ein vielseitig verwendbarer Rohstoff. Auch heute noch nutzt man ihn, um Seilerwaren, Teppiche, Bindegarne und andere Erzeugnisse herzustellen. Aus den geschnittenen Blättern werden die Faserstränge freigelegt und durch Waschen, Trocknen und Bürsten für die weitere Verarbeitung vorbereitet. Über 300 000 Tonnen Sisal werden jährlich produziert. Tansania gehört mit einem Anteil von zehn Prozent zu den fünf größten Sisal-Exportländern der Erde.

In Segera zweigte eine Straße nach Osten bis zur Küstenstadt Tanga ab, einem der wichtigsten Häfen seit der Kolonialzeit. In Chalinze stießen wir endlich auf die A 7, die Hauptverbindung von Daressalam und der Ostküste in das Landesinnere. Diese letzten 100 Kilometer bis Daressalam hatten wir am späten Nachmittag bewältigt. Durch Verwechslung hatte uns der Taxifahrer nicht zum YMCA, sondern zum YWCA, der Herberge der christlichen Assoziation junger Mädchen gebracht. Für Männer streng verboten, hieß es. Doch als Ehepaar durften wir ausnahmsweise bleiben. Unser Hotel lag dicht an der geschäftigen und hektischen Hauptstraße, der Azikiwe-Street, war gesichert und bewacht. Nur zehn Minuten Fußweg waren es bis zum Meer. Ganz in der Nähe befand sich die sehenswerte Altstadt.

Wir wollten zwei Tage in Daressalam bleiben, dann mit der Fähre auf die 40 Kilometer entfernte Insel Sansibar übersetzen. Dafür hatten wir eine Woche geplant. Am nächsten Tag kauften wir uns am Fährhafen Tickets. Eine ganze Reihe von Companys boten die Überfahrt an. Wir entschieden uns für die Gesellschaft „Flying horse“, die auch von vielen Einheimischen genutzt wurde. Mit 20 Dollar je Person hin und zurück war die Fahrt auf einem Tragflächenboot russischer Bauart preiswert.

Wir zogen durch den historischen Stadtteil, die koloniale Hafenmeile. Die Gebäude aus der deutschen Kolonialzeit sind gut erhalten und werden noch heute genutzt. Der 1906 erbaute Bahnhof war ehemals Sitz der deutsch-afrikanischen Eisenbahngesellschaft. Er befand sich in einem jämmerlichen Zustand. Schmutzige Bahnsteige, kaputte und verrostete Lokomotiven und Waggons, Bretterzäune, Provisorien überall, trotz Renovierung. Das alte Gebäude der Benediktiner-Mission, die restaurierte City Hall aus arabischer Zeit, ist heute Stadtverwaltung. In der „Old Boma“, der ehemaligen Residenz des Sultans von Sansibar, ist die UNESCO untergebracht.

Unterwegs nach Daressalam, Sisalplantagen ohne Ende

Daressalam, am Eingang zum Fährhafen

Bahnhof

Bahnhofsgebäude, 1906

Benediktinermission, heute Büros

„Old Boma", heute UNESCO-Sitz

Die katholische Kathedrale, von 1898 bis 1903 errichtet, dominiert weithin sichtbar dieses Areal. Die evangelisch-lutherische Kirche, gebaut 1899 bis 1902, war und ist das Wahrzeichen der Stadt, Sitz der Diözese und das Zentrum einer intensiven evangelischen Missionstätigkeit im Lande. Entlang der Bucht lagen abgewrackte und schrottreife Schiffe und Kähne, an denen ab und an ein bisschen gewerkelt wurde. Dieser Teil des Hafens war zu einem Schiffsfriedhof verkommen. Auf der gegenüberliegenden Straßenseite erstreckt sich die Kivukonifront mit den kaiserlichen Regierungsbauten, die so genannten Häuser Nr. 1 bis 5. Darin waren die Kommandozentralen der deutschen Schutztruppe untergebracht gewesen, mit Offizierskasino, Gerichtsamt, Hauptkasse und Amtssitz des Gouverneurs von Deutsch-Ostafrika. Diese repräsentativen Gebäude sind Wahrzeichen einer gelungenen Architektur, einem Mischstil von deutschen und arabischen Elementen. In ihnen befinden sich heute verschiedene Ämter und Büros der Regierung.

Eine von großen Bäumen bestandene Allee spendete Schatten und ließ doch den Blick auf das Meer und den Hafen frei.

Bald hatten wir den großen Fischmarkt erreicht. Hier pulsierte wieder afrikanisches Leben. Ein Gewimmel von Hunderten Menschen, die in einem scheinbaren Durcheinander handelten, kauften, stritten und lachten. Doch bei näherem Hinsehen hatte alles seinen Sinn. Mit den traditionellen Segelbooten, den Dhaus, viele von ihnen bunt bemalt, wurden die Fische gefangen, dann vom Anlegeplatz in Körben an Land getragen, gewaschen und verkauft oder am Ufer auf dem Sand großflächig ausgebreitet und getrocknet.

In zwei überdachten und betonierten Hallen loderten an die 80 große Holzfeuer. In Pfannen von ca. einem Meter Durchmesser brutzelten Fische, Krabben, Schnecken und Muscheln, eben alles, was das Meer bot. Auch wir kosteten, es schmeckte vorzüglich. Eine fürchterliche schwüle Hitze herrschte hier. Überall roch es nach Öl, überall lagen Holzkohle, Asche, Fische herum. Dichter Qualm füllte den Raum. Die Leute an den Bratpfannen schufteten mit freiem Oberkörper, verschmutzt und schmierig in der stickigen Atmosphäre. Andere transportierten Holz, holten frisches Öl, brachten fertige Ware weg. „Wie kann man so etwas nur den ganzen Tag aushalten?“, fragte Hannelore. Sie hatte bald genug und

Historisches Daressalam, restauriert

Nutzung durch Ministerien

Katholische Kathedrale, 1903

Evangelisch-Lutherische Kirche, 1902

Alte Schiffe, Wracks

Alter Hafen,

Kivukoni-Front, ehemalige kaiserliche Regierungsbauten, 1–5

Im deutsch-arabischen Mischstil, heute Regierungsbüros

Am Fischereihafen und Fischmarkt

Reges Treiben im Wasser

und am Ufer

Kommen und Gehen der Boote, Entladen der Fische

Alles dreht sich um Meerestiere

mit Dhau-Segelbooten gefangen,

gewaschen,

sortiert,

auf riesigen Sandflächen ausgelegt und getrocknet

Als Frischware zubereitet und verkauft

oder auf offenem Feuer

in Öl gesotten

und gebraten, wohlschmeckend und appetitlich angeboten

verzog sich nach draußen. Ich schlich durch die Gänge, schaute dem regen Treiben zu, war entsetzt und beeindruckt zugleich. „That's Africa, Papa", würde Ari sagen.

Von einem erhöhten Platz konnten wir das turbulente Geschehen am Ufer und im Wasser gut überblicken. Als Weiße, mitten im einheimischen Volk, wurden wir gemustert und beobachtet. Ab und zu schlichen junge Burschen hinter uns her, ein bisschen auffällig. Lässig lehnten wir uns über die Barriere, schauten nach unten auf schwatzende Frauen, Körbe voller Fische, auf Männer, die Fische reinigten oder sie an Land trugen. Plötzlich bemerkte ich ein vorsichtiges Ziehen in meiner linken Hosentasche. Reflexartig griff ich hin und erwischte eine Hand, die sofort zurückzuckte. Ohne zu überlegen packte ich den jungen Mann, schüttelte ihn durch. Ich war wütend. Er schrie auf, schimpfte, boxte. Dann stieß ich ihn von mir und er rannte wie ein Hase davon. Die Leute neben uns fragten, was passiert sei. Ich winkte ab, nichts. Der junge Mann hätte in meiner Hosentasche nur eine leere Filmdose finden können. Die Umstehenden rieten uns: „Be careful, that's dangerous for you."

Auch später wurden wir öfter von den Einheimischen gewarnt, in den geschäftigen Straßen und auf den Märkten vorsichtig zu sein. Wir beherzigten es und uns passierte nichts.

Abgesehen von einigen Gegenden soll es in der Stadt mit über drei Millionen Menschen relativ wenig Kriminalität geben, wobei sich die Lage bei über 30 Prozent Arbeitslosen zunehmend verschlechtert. Die Bevölkerungszahl ist viel zu hoch und sie steigt täglich weiter an. Immer mehr Männer kommen aus den Dörfern und suchen in der Stadt Arbeit. Das wiederum hat eine enorme Zunahme der Prostitution zur Folge und lässt auch hier die Aidsgefahr explosiv ansteigen. Es gibt erschreckende Auswüchse an Korruption, die völlig vernachlässigte Infrastruktur spürt man auf Schritt und Tritt. Doch Daressalam wächst und wächst, hat sich in den letzten Jahrzehnten zum Zentrum von Industrie, Handel, Bildung und Verwaltung des Landes und zu einer internationalen Handelsmetropole entwickelt. Die Hälfte der Industrie von Tansania ist hier konzentriert und der Hafen ist der zweitgrößte in Ostafrika.

Wir wanderten weiter entlang der Küste der Halbinsel über die Ocean Road, einer grünen Oase mit großen Tamarindenbäumen.

Hier beginnt der große Garten, ein wunderschönes Parkgelände. Wir spazierten am Statehouse vorbei. Dieses 1922 errichtete imperiale Gebäude ist heute die Residenz des Staatspräsidenten. Das Gelände ist von einer hohen weißen Mauer umgeben. Sobald wir uns ihr näherten, forderte der Wachdienst uns zum Verlassen dieser Gegend auf. Wir wurden auf Schritt und Tritt beobachtet, fühlten uns regelrecht verfolgt. Fotografieren war strikt verboten. Die Männer wiesen sich mit umgehängten Brustschildern als offizielle Bedienstete des Staates aus und dokumentierten ihre Macht. Doch war das alles echt? War die Aufforderung, hier zu verschwinden, ein ehrlicher Rat? Warum schimpften dann auch die Frauen, die am sandigen Ufer beschäftigt waren, hinter uns her?

Als wir später danach fragten, beschied man uns, das sei eine nicht ungefährliche Ecke. Dann folgte Schweigen, mehr war nicht zu erfahren. Den Rest konnte man nur vermuten.

So beeilten wir uns, von hier fortzukommen und zu dem wohl berühmtesten Gebäude der Stadt zu gelangen, dem Ocean Road Hospital. 1886 war es im deutsch-arabischen Baustil errichtet worden. Robert Koch hatte Anfang des 20. Jahrhundert mit den bahnbrechenden Malariaforschungen begonnen. Inzwischen war in dem großzügigen Parkareal ein ganzer Komplex von Gebäuden entstanden. Alle waren sauber, in blendendem Weiß, perfekt rekonstruiert. Heute befindet sich hier auch das HIV- und Aids-Zentrum Tansanias und es wird mit deutscher Hilfe intensive Krebsforschung betrieben. Durch die herrliche Akazienallee gingen wir in Richtung Zentrum zurück, vorbei an dem ehemaligen Kulturhaus Deutsch-Ostafrikas, das heute von der UNO genutzt wird. Näher am Zentrum beherrschten hohe moderne Gebäude der Regierung und der ausländischen Vertretungen, Banken, Geschäfte und Hotels die Silhouette der Stadt.

Mich zog es magisch in das Museum. Viele Originale von archäologischen Funden aus der Olduvai-Schlucht waren hier untergebracht, darunter auch der Schädel des Nussknackerhominiden, des Boseimenschen. Da lag er nun, dieser ca. zwei Millionen Jahre alte grobschlächtige Vorfahre mit dem kleinen Gehirn und der großen Klappe. Mit seinem kräftigen Gebiss konnte er leicht Nüsse und andere harte Gegenstände knacken, daher der Name. Auch das Ori-

Weltberühmtes Ocean Road Hospital,

seit 1886, gepflegte Anlagen,

Malariaforschung seit Robert Koch, nationales Aids-Zentrum

Moderne Gebäude

Am Überseehafen

ginal der Footprints von Laetoli, rund dreieinhalb Millionen Jahre alt, konnten wir bestaunen.

Nochmals spazierten wir durch das Viertel, entdeckten etliche deutsche Straßenlaternen aus dem Jahre 1907, die ersten hier überhaupt. Seinerzeit wurden sie von der Werkstatt der Eisenbahn mit Strom versorgt. In dem modernen Gaststättenkomplex „Steers" konnten wir nicht widerstehen: Cola, Burger und Chips, wie bei McDonalds. Dort erfuhren wir, dass erst vor wenigen Stunden in einer anderen Gaststätte einige Weiße überfallen und deren Rucksäcke gestohlen worden waren.

Inzwischen war es dunkel geworden. Mir wurde unheimlich. Ich machte mir Vorwürfe, in dieser geschäftigen Gegend nachts herumzustolzieren und suchte mir im Gebüsch einen Stock. Wir mussten ein ganzes Stück durch die Azikiwe-Street gehen, da gab es kein Ausweichen. Hier herrschte ein unfassbares Wuhling, Menschen über Menschen, darunter halbfinstere Gestalten. Sämtliche Bürgersteige standen voller Buden, hunderte Händler mit ihren Bauchläden zogen umher. In beiden Fahrtrichtungen standen die Dalla Dalla in drei Reihen nebeneinander. Geschrei, Gefeilsche, laute Musik aus allen möglichen Ecken. Der blanke Wahnsinn.

Wenn wir hier nur ein Stück zur Seite gezerrt wurden, würde niemals ein Hahn nach uns krähen. Wir entschieden uns, auf dem schmalen erhöhten Mittelstreifen zu gehen. Dort war es nicht ganz so verstopft und durch die Laternen etwas heller. Wir hielten den Kopf gesenkt, damit man uns nicht sofort als Weiße erkennen sollte. Mein Herz raste, wir gingen immer schneller. Du meine Güte, was war hier bloß los. Wir drängelten uns durch die Menschen, es wollte einfach kein Ende nehmen. Dann endlich sah ich die Abzweigung zu unserem Hotel. Noch einmal ging es ein Stück durch Finsternis und drohende Enge. Wir wurden angerempelt. Ich nahm Hannelore an die Hand, zog sie mit mir fort. Wir fingen an zu laufen, und im Rechtsschwenk bogen wir in unsere Straße ein. Endlich sahen wir unseren Schutzdienst vor dem Hotel stehen. Wir rannten auf ihn zu. „So etwas dürfen Sie ohne Begleitung in keinem Fall tun", ermahnte er uns. Erst nach geraumer Zeit kehrte unsere Gelassenheit zurück. „Da kann kommen was will, da verzichte ich lieber auf McDonalds", meinte Hannelore.

Ursprünglich hatten wir für den nächsten Tag einen Besuch im zwölf Kilometer entfernten Bagamoyo geplant. Doch wir hatten an deutscher Kolonialarchitektur und Hinterlassenschaft genügend gesehen. Bagamoyo war von 1888 bis 1891, zu Beginn der deutschen Kolonialisierung, die erste Hauptstadt Deutsch-Ostafrikas. Dort gab es einige Reste kolonialer Gebäude, die jedoch bereits stark verfallen sein sollen.

Wir zogen durch den Westteil der Stadt, warfen einen Blick auf das geschichtsträchtige Askari-Denkmal. Es war zu Ehren der im Ersten Weltkrieg gefallenen rund 100 000 afrikanischen Soldaten errichtet worden. Man hält es heute noch in Ehren. Diese hatten aufopferungsvoll an der Seite der Deutschen gegen die Engländer gekämpft. Askari ist zum Begriff für Treue und Tapferkeit geworden.

Wir liefen quer durch das „europäische Viertel". Es machte den Eindruck einer moderaten Downtown. Hier waren moderne Geschäftshäuser, Büros, Hotels und Institutionen konzentriert. Es gab Hochhäuser, einige verharrten seit Jahren im Rohbauzustand und der Zahn der Zeit nagte sichtbar an ihnen. Daneben standen gut erhaltene Gebäude in Kolonialarchitektur. Westlich, ziemlich deutlich abgegrenzt, schloss sich das „asiatische Viertel" an. Dicht gedrängt standen die niedrigen Häuser, viele kleine Läden, Büros, Restaurants, Cafés, Gemüse- und Obststände, Souvenirhändler. In den meist zweigeschossigen Häusern befand sich parterre das Geschäft, oben wohnten die Besitzer. Die Inder beherrschten hier die Geschäftswelt. Es gab zahlreiche Tempel, Pagoden und Moscheen.

In einem kleinen gepflegten Park stand das Uhuru-Monument. Es symbolisiert die Fackel, die anlässlich des Tages der Erringung der Unabhängigkeit und Freiheit am 9. Dezember 1961 auf den Uhuru-Gipfel des Kilimandscharo getragen wurde. Dahinter begann, wiederum deutlich durch einen breiten grünen Gürtel getrennt, das „afrikanische Viertel", der Stadtteil Kariakoo. Niedrige Häuser, Lehmhütten und Wellblechbuden herrschten vor. Dazwischen standen einige feste mehrgeschossige Gebäude. Die meisten Wege waren ungepflastert, durch Regen aufgeweicht und schlammig. Das Zentrum bildete der riesige Markt. Hier herrschte pralles

Afrika voller Lärm und Gedränge. Trotzdem ging alles friedlich und freundlich zu. Doch Vorsicht war geboten. Besorgte Menschen hatten uns gewarnt, den Markt nicht bzw. nicht ohne Begleitung zu besuchen. Doch wir wollten dieses Getümmel hautnah erleben, allein, ohne Führung.

In der großen überdachten Zentralhalle war Stand an Stand zu Hunderten in Reihen angeordnet. Es gab kaum ein Durchkommen. Wir schoben uns hinein und quetschten uns mühevoll hindurch. Draußen zog sich der Basar bis weit in die Nebenstraßen hinein. Auch hier standen Buden über Buden, lagen Berge von Melonen, Kartoffeln, Holzkohle und Gemüse. Überall sprachen uns die fliegenden Händler mit ihren Bauchläden, Koffern und Taschen an. Mitten auf der Straße saßen Frauen, boten Mangos und Avocados an. Lieferwagen bahnten sich lautstark hupend einen Weg durch die Menschenmassen.

Es gab Cafés und kleine Läden in den Seitenstraßen, wo es allmählich ruhiger wurde. Wir ließen uns dort nieder. Wie erschöpfend so ein stundenlanges Geschiebe durch die Menschenmassen sein konnte! Das alles bei diesem schwül-heißen Wetter. Wir waren froh, auf dem Rückweg wieder in ruhigeres Terrain zu gelangen.

Was hatte uns an diesem Erkundungstrip so beeindruckt, fragten wir uns und resümierten: Am interessantesten war zweifellos die strenge Gliederung einer typischen Kolonialstadt in drei scharf abgegrenzte Teile, ein Schulbeispiel sondergleichen. Das Zentrum, die Konzentration von Macht, Verwaltung, Wirtschaft und Handel, hatte in den Händen der weißen Kolonialherren im europäischen Stadtteil gelegen. Daneben im asiatischen Stadtteil lebten die Asiaten und Araber, besonders die Inder als Mittelschicht. Der Handel mit Asien war seit Jahrhunderten gewachsen und hat die Entwicklung der Stadt geprägt. Ghandi war zum Beispiel ein Verfechter der engen Verbindung zwischen Indien und Afrika, er förderte die Ansiedlung seiner Landsleute im östlichen Afrika. Mit den Einwanderern erfolgte die wirtschaftliche und kulturelle Beeinflussung.

Hinter der grünen Grenze, deutlich abgegrenzt durch die Eisenbahnlinie, abseits, abgedrängt an den Rand, durften sich die Einheimischen, die Schwarzen, im afrikanischen Stadtteil ansiedeln – das

Im Stadtzentrum,

dem ehemaligen „europäischen" Teil

Askari-Denkmal

Schönes koloniales Geschäftshaus

Pulsierender Markt, Zentrum des „afrikanischen" Teils

Sammelbecken der Armen, der Hoffnungslosen. Es war den Afrikanern von den Kolonialherren zur Ansiedlung zugewiesen worden. Mit den schachbrettartig angelegten Quartieren war dieser Teil ein armseliges künstliches Gebilde, von dem allmählich die Einheimischen Besitz ergriffen. Was blieb ihnen ansonsten übrig?

Auf Sansibar

Da wir in einen Teilstaat Tansanias fuhren, der eigene Hoheitsrechte besitzt und wir uns außerhalb der Hoheitsgewässer von Tansania bewegten, mussten wir offiziell ausreisen und in Sansibar wiederum Einreiseformalitäten erledigen. Es war ein bisschen mühevoll, mit Schieberei von einem Schalter zum anderen, mit Warten, Durchfragen, Hin- und Herdrängen. Doch es gab keine ernsthaften Probleme.

Als Weiße durften wir ebenso wie vornehm aussehende Schwarze auf dem Oberdeck des Katamaran Platz nehmen. Unten fuhren die Einheimischen. Dort ging es turbulenter zu. Familien mit Kindern, vollgestopfte Gänge, viel Gepäck, Säcke voller Früchte, Kisten, Möbelstücke, eben alles, was man in einer Stadt kauft und auf der Insel braucht, wurde transportiert.

Es war eine wunderschöne Fahrt durch den Indischen Ozean bei strahlender Sonne und azurblauem Himmel. Kein Wölkchen war zu sehen. Meist hielten wir uns auf dem Freideck auf. Plötzlich rief Hannelore: „Dort drüben, ein Wal!“ Völlig überraschend tauchte er, nicht weit von unserem Boot entfernt, ab und an mit seinem riesigen grauen Rücken aus dem Wasser und schwenkte die Schwanzflosse in elegantem Bogen durch die Luft. Er begleitete uns ein geraumes Stück des Weges. Dann erschien die prächtige Silhouette von Stone Town, der Hauptstadt Sansibars. Die Paläste und Kirchen wurden sichtbar, sie hoben sich voller Schönheit und Größe in den Himmel hinein. Es war windig. Das Schiff rollte. Im Inneren war es stickig und schwül, kaum auszuhalten. Unten war ständig Unruhe, Kinder und Erwachsene erbrachen sich, einige stöhnten, lagen auf dem Boden, hielten sich krampfhaft an der Reling fest.

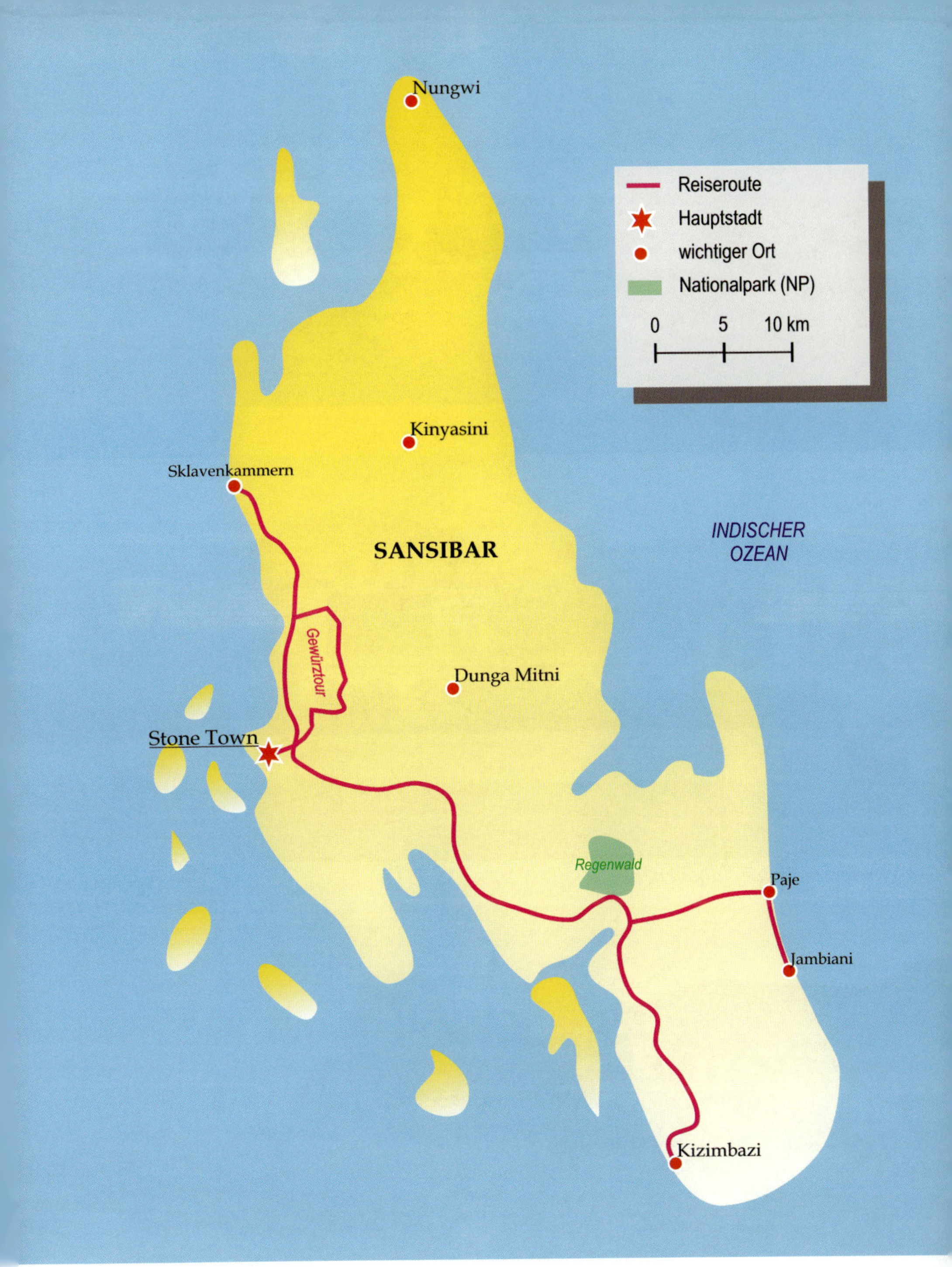

Reiseroute Sansibar

Sansibar, Hauptstadt Stone Town

Beeindruckende Silhouetten

bei Annäherung vom Meer

Wir legten an, checkten aus, erledigten wiederum die etwas mühevollen Formalitäten. Es wurde streng kontrolliert, ein Kampf gegen Schwarzhandel geführt.

Voller Erwartung betraten wir den Boden dieser zauberhaften Insel mit einer so wechselvollen Geschichte (siehe Anlage). Nach langer Suche mit Hilfe eines Taxifahrers, der uns durch die engen Gassen der historischen Stadt schleuste, hatten wir ein kleines, aber gutes und preiswertes Hotel gefunden. Es lag an einem ruhigen und schattigen Plätzchen in der Innenstadt, nahe dem Meer. Wir waren erfreut über das angenehme Ambiente. Das Zimmer war mit Möbeln aus der Sultanszeit ausgestattet. Der Besitzer betreute uns persönlich. Wir fühlten uns rundweg wohl. Die Altstadt war märchenhaft, wie aus 1001 Nacht. Die Zeit war hier stehen geblieben, arabisches und indisches Flair wie seit Hunderten von Jahren.

Wir besuchten zwei der zahlreichen kleinen vorgelagerten Inseln. Auf der ehemaligen Gefängnisinsel krochen wir in den Resten der Gebäude herum. Sie wurden nie als Gefängnis benutzt, sondern dienten über viele Jahre als Quarantänestation, vor allem für die indischen Einwanderer. In einem Gehege konnten wir an die 100 Land-Riesenschildkröten beobachten und auch füttern. Sie waren einst von den Seychellen hierher gebracht worden. Viele von ihnen sind mehr als 200 Jahre alt.

Vor der Küste befanden sich überall Korallenriffe in vielfältigen Farben und Formen. Es gab bunte leuchtende Fische, Muscheln, Schnecken, Muränen und anderes Meeresgetier. Dort gönnten wir uns zwei Schnorcheltouren.

Weltberühmt sind die großen hölzernen Eingangstüren bzw. -tore. Noch heute gibt es davon etwa 540 im Originalzustand. Sie sind aus schwerem Holz gefertigt, oft mit filigranen Schnitzereien berühmter Meister verziert und stehen unter Denkmalschutz. Jede ist registriert. Diese Kontrolle wurde eingeführt, nachdem einige heimlich außer Landes gebracht wurden.

Man führte uns durch ein enges verwinkeltes Gewirr alter Häuser. Hier haben die berühmtesten Türenbauer Sansibars im Mittelalter gewirkt und ihre Schnitzereien in hoher Kunstfertigkeit ausgeführt. Ein anderer charakteristischer Typ soll indischer Herkunft sein. Dicke und spitze Messingbolzen, zehn Zentimeter lang und in

Mit Boot zum Schnorcheln und Besuch vorgelagerter Inseln,

einschließlich Gehege von Riesenschildkröten

importiert von den Seychellen, 200 Jahre alt

Romantisches Schlafgemach

Weltberühmte, einmalige

Eingangstüren

mittelalterlicher, meisterhafter

Holzschnitzkunst

etwa 15 Zentimeter Abständen, waren auf der gesamten Fläche der Torflügel angebracht. Sie dienten früher als Schutz bei kriegerischen Auseinandersetzungen, sollten verhindern, dass Elefanten die Türen eindrücken.

Die Gassen waren meist so schmal, dass maximal drei Menschen nebeneinander laufen konnten. Nach außen gab es keine Fenster, meist nur triste, zum Teil bröckelnde Fassaden. Das Leben spielt sich im Innenbereich des Hauses ab. Die meisten Frauen waren verschleiert, auch die jungen Mädchen. Viele Jungen trugen ebenso wie die Mehrzahl der Männer Kappen und die traditionellen weißen Gewänder. Die Frauen trugen Schwarz.

Die Häuser haben bis zu sechs Stockwerke. Solch hohe Gebäude aus Stein waren zur Zeit der Errichtung während der Sultansmonarchie ein Novum. Deshalb nannte man die Stadt Stone Town.

Die gesamte Innenstadt war ein einziger großer Basar. Es ging nicht afrikanisch-chaotisch, sondern arabisch-indisch zu, mit Würde und Ruhe, anmutig und gelassen. Dazwischen gezwängt standen Kirchen, Moscheen, Tempel. Dieser Teil der Stadt war ein einziges und prachtvolles Museum arabischer Geschichte auf etwa zwei mal zwei Kilometern Ausdehnung.

Es war angenehm, sich einfach treiben zu lassen. Hinter jeder Ecke gab es Neues und Überraschendes zu sehen. In dem Gewirr winkliger Gässchen war es unmöglich, sich nicht zu verlaufen. Doch immer kamen wir an einer größeren Straße, die das Altstadtzentrum begrenzte, heraus und konnten uns orientieren. Auch hier wurden wir vor Taschendieben gewarnt, sollten nach Einbruch der Dunkelheit Spaziergänge vermeiden. Wir taten es dennoch. Es waren schöne Stunden, erfüllt von einem Flair aus Tausend und einer Nacht. An der Hafenmeile standen die prächtigen Paläste und Residenzen aus der Sultanszeit. Unmittelbar gegenüber befand sich damals der Hafen, in dem die traditionellen Dhaus und später größere Überseeschiffe anlegten. Erhalten geblieben ist das „Old Fort", Ende des 17. Jahrhunderts von der Osmanen-Dynastie erbaut. Im 19. Jahrhundert diente es als Gefängnis. Hohe Mauern und Wehrtürme begrenzten das Areal. Noch heute kann man die Stelle sehen, an der Exekutionen stattgefunden haben. Gleich daneben befindet sich das „Haus der Wunder". Es ist das architektonische Wahrzeichen Sansibars in gelungenem arabisch-viktorianischen Baustil. Das mehrgeschossige Gebäude war für die damalige Zeit mit moderner Technik ausgestattet, es gab fließend Wasser, war das erste Gebäude mit Strom und es besaß sogar einen Fahrstuhl, eine wahre Sensation. Das verlieh ihm den schmeichelhaften Namen. Am Eingang drohen portugiesische Kanonen aus dem 17. Jahrhundert. Das Eingangstor ist eines der prächtigsten der Stadt.

Gleich daneben befindet sich der Harem des Sultans. Im Sultanspalast lassen prachtvolle Möbel, Kunst- und Schmuckgegenstände den Reichtum am Hofe erahnen. Interessant ist eine Toilette, die wie ein Schrank gestaltet war. Man musste auf ihn klettern, etwa anderthalb Meter hoch, um dort oben thronend sein Geschäft zu erledigen. Originell war auch das Liebessofa, doppelseitig mit versetzt gegenüber liegenden Rückenlehnen, so konnten sich zwei Personen entspannt und leger gegenübersitzen, sich tief in die Augen sehen und besser berühren.

Jedes Ausstellungsstück war ein Dokument aus der Geschichte Sansibars während der Jahrhunderte der Sultansherrschaft.

Ein Zimmer war Emily Ruete gewidmet, die durch ihr Schicksal und ihre Bücher im Deutschland der 20er Jahre bekannt geworden war. Als Prinzessin verliebte sie sich in den hanseatischen Kaufmann Heinrich Ruete und flüchtete mit ihm nach Hamburg, was damals einen unerhörten Affront in der arabischen Welt darstellte. Bismarck versuchte später, sie im diplomatischen Kolonialmachtgerangel als Köder zu verwenden. Doch vergebens. Die Verletzungen des Kodex am Sultanshof blieben unverzeihlich.

In unmittelbarer Nähe des Palastes lag der etwas verwahrloste Friedhof der Sultane. Gleich neben den Gräbern bereiteten auf einem langen Tisch drei Einheimische Fleischspeisen zu, die für das allabendliche Freiluftrestaurant im nahen Park vorgesehen waren.

Eine mehrgeschossige Dispensairy, eine moderne und erstaunlich großzügige Einrichtung der Sultanszeit, wurde bis vor kurzem als Klinik genutzt. Neben dem großen Waisenhaus, für die damalige Zeit eine Seltenheit in der arabischen Welt, befand sich das ehemalige und berühmte britische Konsulat.

Weltbekannte Afrikareisende und Forscher, allen voran der erfolgreiche, doch umstrittene Livingstone, aber auch Burton, Spehe,

Wahrzeichen „Haus der Wunder"

Sultanspalast

Daneben Sultansfriedhof

mit ehrwürdigen Gräbern,

dient auch zur Speisenzubereitung

Dispensary, Klinik, heute Kulturzentrum

Stanberg, Grand und Kirk bereiteten sich hier auf die gefährliche Expedition in das dunkle, unbekannte innere Afrika vor, um es zu erkunden und die Nilquelle zu finden. Viele von ihnen kehrten nie zurück. Das ehrfurchtgebietende Gebäude wird heute von der Regierung Sansibars genutzt.

Vom O'Swald-House, dem Sitz des bereits 1859 errichteten hanseatisch-kaiserlichen Konsulats und Sitz der gleichnamigen Handelsfirma, brach der deutsche Forscher Dr. Roscher zum Nyasa-See auf, wo er von Sklavenhändlern ermordet wurde.

Wir bestaunten das Matthews House, eine gelungene Verschmelzung victorianischer und arabischer Baukunst. Zufällig stießen wir beim Durchstreifen des Gassengewirrs auf die persischen Bäder aus den 20er Jahren des 19. Jahrhundert. Sie waren das einzige öffentliche Bad der Stadt für wohlhabende Araber, natürlich nur für Männer. Der Gebäudekomplex wurde gerade mit erstaunlicher Sorgfalt restauriert. Der Verwalter und Restaurator ließ es sich nicht nehmen, uns persönlich durch die original erhaltenen Räume zu führen.

Ein unscheinbares, heute indisches Wohnhaus war die ehemalige deutsche Poststation aus dem Jahre 1907. Wir durften die Räume besichtigen.

Weiter draußen ging es afrikanisch zu. Lehmhütten und turbulente Märkte dominierten. Wir ließen uns durch den zentralen, den Darajane-Markt im Osten der Stadt treiben. Die längliche Markthalle, von einem deutschen Architekten entworfen, hat sich seit der Errichtung 1904 kaum verändert. Die Gerüche von Fisch bis zu vielerlei Gewürzen wurden um die Auspuffgase der hier am Kleinbus-Bahnhof pausenlos ankommenden und abfahrenden Dalla Dalla bereichert.

An einer Kreuzung standen die so genannten „German-Houses". Diese Plattenbauten wurden in den 60er Jahren, nach der Befreiung des Landes von der Sultanherrschaft, als Entwicklungshilfe von der DDR errichtet. Berlin-Marzahn lässt grüßen. Sie werden öfter verächtlich belächelt und verschmäht. Meiner Meinung nach leichtfertig, denn natürlich sind diese Häuser nach 40 Jahren und ohne Pflege dem rauen Meeresklima ausgesetzt, ziemlich heruntergekommen.

Tippu Tipp-Haus

In der Altstadt

Ehemalige Deutsche Postagentur,

heute liebevoll restauriert, in indischem Besitz

Wir lernten einen Arzt kennen, der uns Sehenswürdigkeiten und verschwiegene Ecken zeigte, die wir allein trotz Reiseführer nicht gefunden hätten. Er führte uns zu einem repräsentativen dreigeschossigen Haus in der Altstadt, das zur Zeit restauriert wird. Es gehörte einst Tippu Tip, dem berühmtesten und berüchtigtsten Sklavenhändler aller Zeiten. Bis weit in das Innere Afrikas hatte er rücksichtslos geherrscht, voller Brutalität und Grausamkeit die Menschen tyrannisiert und versklavt.

Ganz in der Nähe unseres Hotels befand sich ein großes Hospital. Es war 1896 als reines „Afrikaner“-Krankenhaus errichtet worden. 1924 kam der „Europäer-Flügel“ hinzu. Daneben erstrahlte in leuchtendem Weiß inmitten großer alter Bäume die prächtige Empfangsresidenz des Präsidenten der Insel Sansibar, ehemals der Sitz des britischen Gouverneurs. Hier steht noch der marmorne Meilenstein aus der Zeit des britischen Protektorates. Die Entfernung bis London beträgt 8 064 Meilen.

Bis spät in die Dunkelheit schlenderten wir durch die Gassen und Parks. Wir beobachteten, wie am alten Hafen die traditionellen Dhaus gebaut oder repariert werden. Interessant war zu sehen, wie sie abgedichtet wurden. Dazu wurde ein in Kokosöl getränkter Wollstrick mit einfachen Werkzeugen in die Spalten zwischen die Planken gedrückt und dann vorsichtig tief und fest hineingeschlagen.

Jeden Abend war im Park unter den großen Bäumen an der Uferzone eine „Fressmeile“ aufgebaut. Ungefähr 50 Stände präsentierten ihr vielfältiges Angebot. Die Flammen an den Grill- und Bratständen erhellten das Dunkel. Es gab Meerestiere aller Art, gebacken, gegrillt und gebraten mit schmackhaften Soßen und Früchten. Wir ließen uns die Fleisch- und Gemüsetaschen mit den verschiedensten Gewürzen schmecken, kosteten Garnelen und Redsnapper, probierten Marlin, Tintenfische und Muscheln. Die berühmten Pfannkuchen, Crepes und Eierkuchen waren das Dessert.

Eine touristische Attraktion auf Sansibar ist eine Gewürzsafari. Wir fuhren mit der Mitu Company. Der 74-jährige Herr Mitu, natürlich ein Inder, hatte vor 30 Jahren als Erster die Idee zu dieser interessanten Tour. Voller Stolz zeigte er uns die vielen internatio-

Ehemalige Moschee

Altes „afrikanisches Krankenhaus“,

mit modernen Gebäuden

Residenz des Präsidenten

Gassengewirr

Traditionelle Kleidung dominiert

Altstadt,

ein einzigartiges Museum

Tor mit Messingbolzen, indische Bauart

Eingang zu einem Büro des Präsidenten

Alter Kolonialbau, heute Postzentrale

Ehemaliges britisches Konsulat

Am Platz des berüchtigten Sklavenmarktes,

heute Kirche und Mahnmal

Vom ehemaligen Sultanspalast Blick zum Haus der Wunder

und zum Hafen

Im Palast, zauberhaftes „Liebessofa"

Kostbares Interieur

Toilette als Hochsitz

Haus der Wunder, Eingang, indisches Tor und Kanonen

Ausgang des Palastes direkt zum Meer

Abendliche Fress- und Verwöhnmeile

Idylle am Meer, Fußball am Strand, traumhafter Sonnenuntergang

Traditioneller Fischfang

Bootsreparatur mit Baumwolle und Kokosmilch

Buntes Treiben

auf dem zentralen

Darajane-Markt

im Osten von Stone Town

nalen Zeitungs- und Filmausschnitte über ihn. Als er mich nach meinen Frauen fragte, schüttelte er den Kopf und konnte nicht verstehen, dass ich mit nur einer Frau verheiratet bin. Das schien ihm sehr armselig zu sein. Wieso konnte ich mir nicht mehr leisten? Er hatte vier. Seine Frauen und die über 20 Kinder lebten friedlich zusammen und, wie er beteuerte, hielt ihn das jung. Das musste ich neidvoll anerkennen.

Franzosen, Dänen, Japaner, Finnen und eine Frau aus Uganda fuhren mit uns in dem für die Safari umgebauten Kleinbus. Wir besuchten mehrere Privatfarmen, wurden über Felder, durch Plantagen und Gärten geführt, lernten über 50 verschiedene Gewürze und Früchte und deren Unterarten kennen. Alles zum Anfassen und Kosten, frisch vom Strauch oder Baum. Guaven, Granatäpfel, Avocados, Litschis, Ingwer, Zimt, Mangos, Passionsfrüchte, Kakao, Mandarinen, Orangen, Pfeffer, Chili, Kardamom und vieles mehr probierten wir.

In einer Plantage unter großen Bäumen, an denen sich das Pfeffergewächs hochrankte, lauschten wir den Erklärungen des Guide. Plötzlich knackte es über uns. Es gab ein leicht zischendes Geräusch und ehe wir reagieren konnten, war eine Schlange von oben auf uns herabgefallen. Zum Glück fiel sie nicht auf eine Person, sondern in den Kreis, den wir um den Guide gebildet hatten. Alles schrie auf und spritzte auseinander. Shocking – völlig zu Recht. Es war eine grüne Mamba, ein ausgewachsenes Exemplar, eine der gefährlichsten Schlangen Afrikas. Sie schlängelte sich eilig davon. Uns war nichts passiert. Als tagaktive Tiere lassen sie sich von Bäumen auf die Beute fallen, die sie dann mit einem Biss töten. Welch raffinierte Angriffsmethode wenden sie an. In ihrer grünen Tarnfarbe kann man sie kaum ausmachen. Mambas sind äußerst angriffslustig und ihr Gift ist sehr gefährlich. Von den Menschen hier werden sie gefürchtet und getötet, wo man ihnen begegnet. Auch der Guide war wie angewurzelt stehen geblieben. Als er sich nach geraumer Weile wieder beruhigt hatte, räusperte er sich, nahm scheinbar mit Gelassenheit seine Führerrolle wieder auf: „Alles o. k.? Sehen Sie, auf Touristen nehmen selbst die gefährlichsten Tiere Rücksicht …“ Das sollte sicher ein Witz sein. Dann klärte er uns ganz nebenbei über die Schlangen auf der Insel auf.

Zum Abschluss gab es ein schmackhaftes Mittagessen in einer Hütte mitten in einer Plantage, hervorragend zubereitete Speisen mit allen möglichen Gewürzen und Früchten dieses Garten Eden.

Auf der Rückfahrt kamen wir inmitten der alles überwuchernden Büsche an Gebäuderesten vorbei. Das waren ehemalige Paläste von Sultanen und Mitgliedern des Hofes. Wir fuhren mitten im Grünen an den Ruinen der Bäder für die Haremsfrauen vorbei und ich ließ meiner Fantasie über das Haremsleben früherer Tage freien Lauf.

Auf eigene Faust unternahmen wir Touren in das Inselinnere, besuchten die Südküste, um Delphine zu beobachten und das einzige kleine Stück erhaltenen Regenwald zu erkunden. In diesem streng behüteten Naturschutzgebiet gibt es noch Areale mit Mahagoni-Bäumen und wir sahen die nur an diesem Ort lebenden sogenannten „Red Colobus", auch „Vierfingeraffen" genannt, denen die Daumen fehlen. Diese haben sich im Laufe der Evolution zurückgebildet, da sie beim Festklammern an den Ästen störten. Die Affen sind prachtvoll anzusehen mit ihrem dichten langhaarigen Fell und dem fuchsroten Rücken. Einfach schön ist das feingliedrige Gesicht. Sie gehören zu den am stärksten vom Aussterben bedrohten Tieren. Es gibt nur noch etwa 2 000 von ihnen.

An den Küsten nördlich von Stone Town schauten wir uns die im Wald versteckt gelegenen Sklavenhöhlen an. In diese Höhlen wurden die „Wilden" aus dem Inneren Afrikas nach der gefährlichen Überfahrt vom Festland in den wackeligen Dhaus zu Tausenden gepfercht, von dort auf die Übersee-Schiffe verfrachtet und als Ware in die Zielländer exportiert. Dafür stehen Tippu Tip, ein Schwarzer, aber auch viele Europäer.

Mehrere Tage verbrachten wir an der Ostküste. Wir mieteten uns am Jambiani Beach in das „Gomani Guest House" ein. Es lag direkt an der Steilküste auf einem überhängenden Felsen. Wir hatten eine fantastische Aussicht. Kilometerweit zog sich die Küste mit feinem weißen Sand, Wäldern und Palmen hin. Türkis bis dunkelblau leuchtete das Meer. Das Zimmer war komfortabel eingerichtet mit zwei geschnitzten Himmelbetten im sansibarischen Design.

Vorerst waren wir die einzigen Gäste. Am nächsten Tag kam eine Familie mit sechs Kindern aus dem Oman. Sie nahmen in kürzester Zeit das ganze Objekt in Beschlag. Nach den Mahlzeiten saßen wir

Gewürztour mit Mitu. Einige von über 50

Früchten, z. B. Soisop oder Ochsenherz

und Gewürzen, wie Curry

Litschi-Früchte

Kardamom-Wurzeln

Vanille, Blätter und Früchte

Passionsfrucht

Brotfruchtbaum

Kakaofrucht mit Kakaobohnen

Plantagen mit Nelkenbäumen

Seltene Korkenzieherpalme

„German houses" am Rande von Stone Town

Ein letzter Rest Regenwald

mit seltenen Vierfingeraffen

zusammen und plauschten über Sansibar, Gott und die Welt. Die Familie des Mannes hatte hier Grundbesitz. Mit der Vertreibung des Sultans im Jahre 1963 waren auch sie aus dem Land geflüchtet und in ihr Mutterland, den Oman, zurückgegangen. Nun wollten sie ihren Besitz besichtigen. Der Mann, Ingenieur in der Erdölindustrie Omans, verhandelte mit den Ämtern über die Rückgabe seines Eigentums. „Schwierig, schwierig", beantwortete er meine diesbezügliche Frage vielsagend.

Wir mieteten für zwei Tage ein originales Dhau-Segelboot. Das Segeln damit erfordert viel Geschicklichkeit. Die zwei jungen Männer schoben es, bis eine Hand breit Wasser unter dem Kiel war. Dann turnten sie wie Affen auf den Auslegern herum, setzten mühevoll aber gekonnt ein stark geflicktes Segel. Sie manövrierten das Boot mit dem Segel und durch Gewichtsverlagerung. Einer stand auf dem Ausleger und bediente das Segel mit Hilfe von Stricken, der andere stand am Bug, lotste uns über die immer flacher werdenden Korallenbänke. Mit einem Paddel unterstützte er den Kurs, während er ständig in das glasklare Wasser schaute, um die Tiefe zu erkunden. Bei unserer ersten Tour herrschte eine stark ablandige Strömung, nicht ungefährlich beim Schnorcheln in den Korallenriffen. Es kostete viel Kraft, um nicht weiter ins Meer abgetrieben zu werden.

Bei Flut stand das Wasser bis zur Treppe des Hotels, brandete in die überhängenden Felsen hinein und unterspülte das Gestein. Bei unserer zweiten Tour bei Ebbe mussten wir mehr als einen Kilometer hinauslaufen, über Sand, felsigen Kalkstein, durch Rinnsale. Die Vertiefungen ließen uns teilweise bis zu den Hüften ins Wasser versinken, wir schnitten uns an den scharfkantigen Steinen. Unsere beiden Führer brachten uns zu den Korallenriffen. Jetzt waren sie vom warmen und ruhigen Wasser überdeckt. Stundenlang beobachteten wir die vielfältige und bunte Welt der Korallen, Fische und andere Seetiere.

Schon am gestrigen Tag hatten wir eigenartige Gärten im Wasser gesehen. Jetzt bei Ebbe lagen sie frei. An Stricken, die etwa 50 Zentimeter über dem Meeresboden zwischen Stäben gespannt waren, war das glitschig grünliche Sea Weed angebunden bzw. aufgehangen. Man kann die weichlich schlabbrige Pflanze als Meereskraut oder Seegras bezeichnen. In den sich bis zum Horizont ausdehnenden Gärten waren zahlreiche Frauen beschäftigt. Sie pflanzten neues Gras, ernteten, reparierten die Stäbe und Stricke. Es wimmelte den ganzen Küstenstreifen entlang. Jede Frau schien ein eigenes Revier zu haben. Die Zeit war begrenzt, bei Flut wurden die Gärten völlig vom Wasser bedeckt. Die Frauen legten das geerntete Seegras zu Bündeln zusammen. Bevor die Flut zurückkam, trugen sie die Büschel zum Strand. Später sahen wir diese neben den Hütten zum Trocknen ausgelegt.

Die getrockneten Gräser sind eine Grundsubstanz zur Herstellung von Gelatine für Medikamente und werden vor allem nach Europa und Asien exportiert. Der Anbau dieses Seegrases hilft den Einheimischen, ihren Lebensunterhalt zumindest teilweise zu sichern. Ausschließlich vom Tourismus können sie nicht leben. Dazu kommen noch zu wenige Touristen nach Sansibar. Jetzt im Winter war auch keine Saison, obwohl die Luft klar und das Wasser warm war. Die gesamte Ostküste entlang befinden sich zwischen den Palmenhainen am Strand Lodges für die Touristen. Sie sind architektonisch gelungen und harmonisch in die Landschaft eingefügt.

Für elf Uhr war die Rückfahrt mit einem Kleinbus von unserer Lodge aus vereinbart. Wir nahmen Abschied von diesem herrlichen Stückchen Erde. Das Meer schimmerte gelb-türkis bis blau. In der Höhe des Korallenriffs bäumten sich Wellen auf, bildeten eine lange Brandungslinie. Wir liefen noch einmal am Strand entlang. Auf der Terrasse über der Klippe warteten wir auf den Bus.

Um 11.30 Uhr fragten wir an der Rezeption vorsichtig nach. Der Mann, der uns den Elf-Uhr-Termin bestätigt hatte, war nicht da. Der jetzt Anwesende hing schief und schläfrig im Sessel, fühlte sich durch uns offensichtlich gestört. Er wusste von nichts. „Hakuna matata, bleiben Sie ganz ruhig, irgendwie kriegen wir das schon hin“, quälte er sich ab. Er rief einen jungen Mann herbei, der angeblich Bescheid wissen sollte. „Elf Uhr? Nein, da fährt nichts, da ist auch nichts avisiert.“

Sie bemühten sich zu telefonieren. Es funktionierte nicht. Da kam die Erleuchtung. Um 14 oder 15 Uhr könnte ein planmäßiger Kleinbus fahren. „Ist das sicher?“, fragte ich. An ihrem Zögern sah ich, dass nichts sicher war. Dann kam der weise Rat: „Laufen Sie zu

Märchenhafte Ostküste, Wellenkämme am Korallenriff

Unsere Lodge auf Steilfelsen

Mit traditionellem Ausleger zur Schnorcheltour,

durch Seegrasgärten trägt Bootsführer Segel zum Boot

Bei Ebbe wird Seegras geerntet, befestigt, gepflanzt,

werden Stäbe gesteckt, Leinen gezogen

Frisches, glitschig-grünes Sea Weed

Geschicktes Manövrieren mit dem Segel

Staken bei Ebbe

Fuß bis zum Dorfzentrum, dort hält der Bus, und den kriegen sie dann um 14 Uhr.“

„Mit unserem Gepäck drei Kilometer zu Fuß in der Mittagshitze laufen, das kann doch nicht ihr viel gepriesener Service sein?“ Es gab richtig Stress. Ich war stinksauer auf diesen gleichgültigen Typen, der nur seine Ruhe haben wollte. Da hatte der andere aufgeweckte junge Mann eine Idee. „Please, wait here.“ Er nahm ein Moped. Es verging eine halbe Stunde. Nichts geschah. Der Träge war inzwischen wieder entschlummert. Uns lief die Zeit davon, für heute Abend hatten wir die Fähre zurück nach Daressalam gebucht. Und bis nach Stone Town waren es etwa drei Stunden Fahrt. Erneut versuchte ich, dem Schlafenden Beine zu machen. Wieder wollte er uns mit Palaver beruhigen. Mir reichte es. Ich forderte ihn auf: „Dort steht ein Auto, organisieren Sie bitte, dass wir mit diesem Auto zurückgebracht werden.“ – „Okay“, sagte er genervt und gedehnt und machte sich auf die Socken. Er entschwand um die Ecke und ward nie mehr gesehen. Jetzt waren wir hilf- und völlig ratlos. Weit und breit kein Mensch.

Als wir unsere Sachen schultern und loslaufen wollten, kam plötzlich unser flinker Mopedjunge den Hügel hinaufgefahren, er winkte uns zu und freute sich. Er hatte einen Kleinbus gefunden, der nach Stone Town fahren sollte. Der würde in einigen Minuten hier vorbeikommen und uns mitnehmen. Er kam tatsächlich, es war ein Wunder geschehen. Wir gaben dem netten Jungen ein gutes „Tschai“ und bedankten uns. Mit dem Fahrer handelten wir acht Dollar bis zum Zentrum von Stone Town aus. Er nahm das Geld und es ging los. Am Dorfplatz hielt er. „Ende“, sagte er. „Dieser Bus fährt nicht nach Stone Town, aber es kommt in Kürze ein anderer Kleinbus, der Sie dann mit zurücknimmt.“ Das war doch nicht zu glauben, wir hatten mit ihm die Rückfahrt bis in die Stadt vereinbart und bezahlt. Er zuckte nur mit den Schultern. Mehr ließ er nicht mit sich diskutieren. Wir sollten nicht ungeduldig werden. „Hakuna matata.“ Er sagte, er hätte nur uns zu Liebe diesen großen Bogen gemacht, uns abgeholt und hierher gebracht, für den Anschlussbus. Nur weil der nette junge Mann ihn so darum gebeten hatte und wir es so eilig hätten. Das mit den acht Dollar bis nach Stone Town sei dann wohl ein Missverständnis.

Wir schwitzten Blut und Wasser. Alle Flüche dieser Welt ließ ich los. Einige Leute hatten sich inzwischen eingefunden, die auch in die Stadt wollten, wir schöpften Mut. Und kaum zu glauben, nach reichlich einer Stunde kam tatsächlich ein Bus. Und der fuhr nach Stone Town! Doch er war schon rappelvoll. Mühselig zwängten wir uns hinein, halb hängend, halb hockend, von einem Fuß auf den anderen tretend. Wir löhnten nochmals acht US-Dollar, gaben das Geld ohne Diskussion hin. Hauptsache schnell zurück in die Stadt.

Hinter dem Ort hörte das Geholpere auf, die Straße wurde besser, war asphaltiert und es ging zügig voran. In einer größeren Siedlung schien gerade Schulschluss zu sein. Hunderte Mädchen und Jungen in Schulkleidung, manche Jungen und auch die meisten Mädchen trugen Schlips, die Mädchen fast alle ein Kopftuch, liefen in Gruppen kilometerweit entlang der Straße in Richtung Stone Town nach Hause. Dann tauchten geschäftige Marktplätze am Rande der Stadt auf. Der hilfsbereite Busfahrer, der unsere Zeitnot verstand, fuhr uns sogar bis zu unserem Hotel. Tschai und „Danke" und rein ins Hotel. Der Hotelchef bestellte sofort ein Taxi. So waren wir gerade noch rechtzeitig am Hafen.

Das Hafengelände war mit einem großen Eingangstor versperrt. Der Wachdienst ließ nur passieren, wer eine besondere Erlaubnis besaß. Taxis hatten keine. Doch für Weiße öffnete er, ließ uns durch, nachdem wir ein Tschai rübergereicht hatten. Der Taxifahrer fuhr 20 Meter, dann hielt er an. Weiterfahrt war verboten. „Hier geht es um Sicherheit und illegalen Handel", erklärte man uns. So schleppten wir unser Gepäck über 200 Meter bis zu der ziemlich am anderen Ende des Geländes befindlichen Zollstelle. Immer wieder warten, anstellen, zu einem anderen Büro gehen. Endlich waren wir durch, mussten dann nochmals einige hundert Meter an Schuppen und Schiffen vorbei über eine Rampe bis auf eine eiserne Plattform. Seitlich hatte unsere Fähre angelegt. Wir trieften vor Schweiß und Anstrengung. Nun hieß es wiederum warten.

Die Plattform war voller Menschen und Gepäck. Wie soll das alles auf dem Schiff Platz finden, fragte ich mich. Gestalten, die uns nicht sehr vertrauenerweckend vorkamen, schlichen herum. Wir nahmen unsere Sachen fest zwischen uns, hofften, dass man uns bald auf das Schiff lassen würde. Die Nacht war inzwischen hereingebrochen und die Plattform nur spärlich beleuchtet. Gedränge überall. Jeder suchte einen günstigen Startplatz, um möglichst schnell auf das Schiff zu gelangen, sobald der Steg freigegeben wurde. Kakerlaken in stattlicher Größe und horrenden Stückzahlen huschten über den Stahlfußboden.

20 Minuten vor der Abfahrt begann der Ansturm. Ein fürchterliches Wirrwarr, Geschiebe und Gedränge, Geschrei, Gestöhne, ein Chaos sondergleichen entlud sich. Die Besatzung ließ alle gewähren und irgendwie schoben sich die Menschen mit ihren Gepäckstücken auf die Fähre. Wir warteten, bis der größte Trubel vorbei war. Als wir endlich auf dem Schiff waren, wurden wir wiederum auf das schon gut gefüllte Oberdeck geführt, das Terrain für die Weißen, für Touristen und gut betuchte Einheimische.

Das Schiff würde die ganze Nacht auf dem Meer bleiben, denn erst früh um sechs Uhr durfte es in den Hafen von Daressalam einlaufen. Immer wieder ging es um Sicherheit, Schmuggel, Schwarzhandel. Jeder bekam eine Matratze, suchte sich ein Plätzchen auf einer Bank oder dem Fußboden. Der Fernseher übertrug mit voller Lautstärke irgendeine endlose, unverständliche Rede. Es war eng und nervig, obwohl alle versuchten, Rücksicht zu nehmen. Kurz nach 22 Uhr legte die Fähre ab. Gegen Mitternacht kehrte allmählich Ruhe ein. Wir fanden abwechselnd etwas Schlaf. In der unteren Etage hielt das Gestoße und Geschubse und das Weinen der Kinder noch lange Zeit an. Als ich nachts einmal hinunterschaute, lagen die Leute förmlich übereinander. Das reinste Durcheinander, es war unmöglich, dort durchzukommen. Vielerlei Gerüche, um nicht zu sagen Gestank, und die Hitze machten das Atmen schwer. Die Fähre fuhr hinaus aufs Meer, schipperte ein Stück dahin, dann war es ruhig. Motor aus, Anker runter und gute Nacht. So schaukelten wir Stunden auf dem nächtlichen indischen Ozean. Das Aussteigen am Morgen verlief in ähnlich hektischer Weise wie am Abend davor das Einchecken.

Wir hatten vor einer Woche bei der Abfahrt nach Sansibar ein Taxi bestellt. Tatsächlich, der junge Mann war da, scherte aus der langen Reihe der wartenden Autos aus und kam zu uns gefahren. Die Taxifahrer fluchten und beschimpften ihn, doch er nahm es gelassen. Wir hatten damals auch noch im Hotel für heute bis Mittag

Abschied vom „Felsenhorst", paradiesisch weiter Blick, werkelnde Frauen, draußen Boote, Brandungswellen

Während Rückfahrt nach Stone Town: Viele Schüler

laufen von der Schule kilometerweit nach Hause

Fahrt mit vollgestopftem Dalla Dalla

Via Daressalam, Kulturzentrum, Pilotprojekt für Behinderte

ein Zimmer reserviert. So konnten wir in Ruhe duschen und frühstücken und uns auf den Rückflug nach Johannesburg am späten Nachmittag vorbereiten.

In der Stadt besuchten wir kurz entschlossen ein Kultur- und Handwerkerzentrum. Hier wurden Kunst- und Gebrauchsgegenstände hergestellt. Behinderte, meist junge Mädchen und Männer, arbeiteten in diesem wegweisenden Projekt. Wir sahen ihren Eifer, die Sorgfalt und Geschicklichkeit, mit der sie ihre Arbeit verrichteten. Da war es selbstverständlich, dass wir zur Erinnerung einige Stücke erwarben, unter anderem eine Kette aus Straußeneierteilchen.

In einem Anfall von Großmut hatte ich noch während unserer Safari in Tansania versprochen, meiner Frau einen kleinen Tansanit zu schenken. Das ist ein blau funkelnder Edelstein, den es nur in Tansania gibt. Je dunkler die Farbe umso wertvoller ist er. Ihm wird eine Heil- und stimulierende Wirkung zugeschrieben. Wenn das kein Grund ist, solch edles Mineral für meine Frau als Dankeschön für ertragene Unbill zu erwerben. Drei Geschäfte klapperten wir ab. Die Preise waren stolz, Handeln war nicht möglich. Nach gründlicher Auswahl, mein Gott, konnte meine Frau wählerisch sein, erwarben wir ein Exemplar.

Auf den Straßen und vor den Geschäften wurden wir öfter angesprochen, man bot uns derartige wunderschön glitzernde Steine in allen möglichen Farbvarianten zu einem wesentlich günstigeren Preis an. Waren sie echt? Alle beteuerten es, doch wir verzichteten lieber auf einen solchen Handel. Wir wussten es und man hatte uns deutlich gewarnt, dass es einen ausgedehnten Schwarzmarkt gibt und der illegale Handel hart bestraft wird. Hier konnte es leicht passieren, dass Touristen ins Gefängnis wanderten.

Bei der Ausreise gab es auf dem Flugplatz eine umfassende Kontrolle. Ich musste meinen Rucksack restlos auspacken. Auf dem Bildschirm erschien etwas sehr Verdächtiges. Die Beamten wühlten in dem Gepäck herum, sie machten selbst vor weniger gut riechender Wäsche nicht Halt. Das war nicht Routine, das war ein verbissenes Suchen. Dann endlich hatten sie es. Es waren zwei eiserne Kuhglocken, die wir bei dem Schmied in Mamba erworben hatten. Hakuna matata. Sie entschuldigten sich.

In Johannesburg war es bei unserer Ankunft bereits stockdunkel. Wir schoben unser Gepäck vom „International“- zum „Domestic“-Teil des Flugplatzes. Kim, die nette Dame bei der Auto-Vermieterfirma Alamo-National, erwartete uns bereits. Wie angenehm war es auch dieses Mal, von ihr bedient zu werden. Der Fiat mit Klimaanlage stand bereit. Umfangreiches Kartenmaterial lag im Auto. Sie rief in der Road Lodge an, wo sie für uns das Quartier geordert hatte. Wir besprachen den genauen Weg dorthin, sodass wir es wagen konnten, in der Dunkelheit zu fahren.

Durch Johannesburg ging es in Richtung Heidelberg bis Carneval City. Ohne Probleme erreichten wir unser Hotel. Langsam wurden wir „Johannesburg-tauglich“. Wir bekamen ein gepflegtes Zimmer, fühlten uns wohl und sicher. Bis weit nach Mitternacht folgte eine gründliche Reinigung von Mensch und Material. Das gesamte Gepäck nahmen wir auseinander, ordneten es neu, wuschen unsere Klamotten, reparierten meinen Rucksack. Wir trennten uns von einigen arg lädierten Kleidungsstücken und versetzten uns in einen etwas zivilisierteren Zustand, duschten ausgiebig und hüpften in die Federn.

Lesotho und Drakensberge

Nach Lesotho

Die Rucksäcke waren schnell gepackt. Wir schnürten ein Paket, das wir bei Colin Mead deponieren wollten und wir benötigten Sachen, die bei ihm lagerten. Er wohnte am anderen Ende der Stadt, im Norden von Johannesburg, in dem modernen Stadtteil Sandton. Hier hatten sich vorrangig Weiße angesiedelt, als sie in den 90er Jahren das Stadtzentrum verlassen hatten. Grund war die ins Unermessliche ausufernde Kriminalität nach dem gesellschaftlichen Umsturz und der Beseitigung der Apartheid im Land. Sandton war mit großzügig angelegten Geschäfts-, Konferenz-, Handels- und Kulturzentren erbaut worden. Es hat inzwischen einen hervorragenden Ruf und viele, auch internationale Veranstaltungen finden hier statt. Das Areal war streng bewacht. Es gab Rundum-Wachdienste mit straffer Sicherheitskontrolle.

Am Eingang zu dem Viertel, in dem Colin Mead wohnte, mussten wir vor einem Schlagbaum halten und uns bei der Wache melden. Erst nach telefonischer Rückfrage bei ihm ließ man uns passieren. Jedes Haus war von hohen Mauern mit elektrisch geladenem Stacheldraht umgeben. Das dicke Eisentor ließ sich nur von innen öffnen, ebenso die Tür. Rings um das Anwesen befanden sich Melder und Alarmanlagen, das Telefon war auf den Sicherheitsdienst aufgeschaltet. Ein Rottweiler kam uns entgegen.

„Unter diesen Bedingungen kann man hier leben. Noch vor einiger Zeit hatten wir überlegt, die Stadt zu verlassen und uns weiter im Süden, wo ich herstamme, anzusiedeln. Aber das hier ist unsere eigentliche Heimat. Die Kinder leben hier. Die Kriminalität bekommt man schrittweise in den Griff. Wir fühlen uns jetzt wohl und werden nicht mehr fortziehen“, sagte er.

Und tatsächlich, überall spürte man das Bemühen, Herr der Lage zu werden, Ruhe und Ordnung in der Stadt und im Umland herzustellen. Johannesburg mit seinen riesigen Townships, mit seinen Millionen armen Schwarzen war ein Schwerpunkt an Gewalt und Mord. Das durch die kriminellen Auswüchse international arg ram-

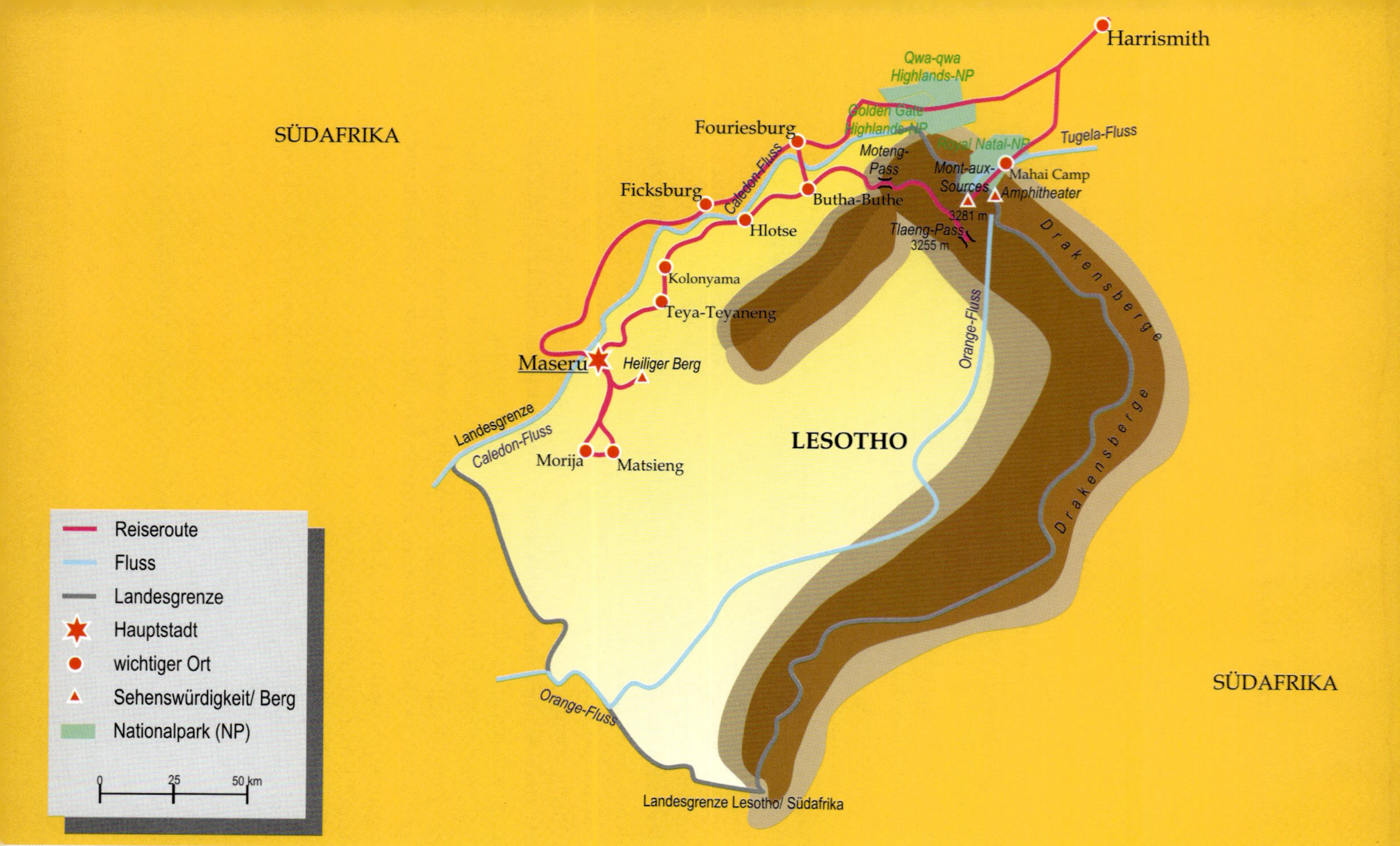

Reiseroute Lesotho und Drakensberge

ponierte Ansehen scheint sich allmählich zu bessern. Wirtschaft, Handel und Tourismus kommen wieder in Schwung. Der Kampf gegen Hunger, Armut und Krankheiten trägt allmählich Früchte. Doch es ist wohl noch ein weiter Weg, die Vergangenheit zu überwinden. An keinem anderen Ort der Welt hatte die Rassentrennung solche unerträglichen Ausmaße angenommen. Die Kontraste zwischen Arm und Reich, zwischen Schwarz und Weiß, zwischen menschenverachtenden Traditionen und der Sicherung grundlegender Menschenrechte, zwischen brutaler Diktatur und Demokratie lassen sich wohl nur langsam, mit viel Geduld und Zielstrebigkeit überwinden.

Von ihm erhielten wir wertvolle Hinweise für unsere Safari zum Königreich Lesotho und zu den Drakensbergen. Dieses Gebirge mit seiner spezifischen Fauna und Flora und der einmaligen Vielfalt der Vogelwelt sollten wir unbedingt besuchen. „Wenn Sie einmal dort waren, wollen Sie wieder dorthin zurückkehren", prophezeite er. Der Mann sollte Recht behalten.

Wir umfuhren mit unserem Fiat Johannesburg, dann folgten wir der Autobahn N 3 nach Süden in Richtung Durban. Durban selbst, ein viel besuchtes Seebad und internationales touristisches Zentrum am Indischen Ozean, hoben wir uns für einen späteren Besuch auf. Die schnurgerade Straße führte uns durch eine hügelige Graslandschaft. Hier war das Land der Farmer. Der Verkehr war mäßig.

Nach einigen Stunden hielten wir an einem Restaurant. Es gab hervorragendes Essen, wir ließen uns das Steak vom einheimischen Rind schmecken. Der Preis war moderat. Erst den zweiten Kaffee konnte ich genießen. Den ersten hatte mir Hannelore schwarz und heiß über meine beste Hose gegossen. Da gab es Aufregung. Obwohl die Angestellten des Restaurants gar nichts dafür konnten, entschuldigten sie sich, waren rührend besorgt um uns, boten uns noch einmal ein komplettes Mahl als Entschädigung an. Doch die Zeit drängte. Wir wollten heute Abend noch über die Grenze nach Lesotho und bis nach Maseru, der Hauptstadt des Landes. Von der N 3 bogen wir auf die N 5 ab, durchfuhren ohne Zwischenstopp Harrismith, Fouriesburg und Ficksburg. Die letzten 20 Kilometer fraßen Zeit. Die Strecke war eine einzige Baustelle. Der Verkehr staute sich für diese späte Stunde recht ungewöhnlich. Mit Einbruch der Dunkelheit erreichten wir die Grenze, den Fluss Caledon.

Lesotho ist mit knapp zwei Millionen Einwohnern ein kleiner, doch völlig selbstständiger Staat und vollständig von Südafrika umgeben. Es gibt in allen Bereichen enge Verbindungen, und gemeinsam mit Südafrika, Swasiland, Botswana und Namibia ist es Mitglied der südafrikanischen Zollunion. Es ist ein friedliches Land, so ganz anders, interessant, erlebenswert und spektakulär.

Pass- und Zollkontrolle verliefen problemlos. Es ging zwei Kilometer bergauf und wir befanden uns im Zentrum von Maseru. Unterkunft fanden wir nach längerem Suchen im Hotel Khali, einem von zahlreichen Hotels hier. Es lag zwischen Zentrum und Eingeborenenviertel direkt im Grünen. Das Gelände war umzäunt und streng bewacht, die Gebäude großzügig angeordnet. Wir belegten als einzige Gäste im Objekt ein Riesenzimmer mit schweren einheimischen Möbeln. Es gab warmes Wasser. Was wollten wir mehr?

Wir erbaten uns noch einige Decken für die Nacht. Maseru liegt mehr als 1 500 Meter über dem Meeresspiegel. Es war mitten im Winter. Die Temperatur sank bis auf null Grad. Am nächsten Morgen sahen wir die Menschen. Alle hatten sich warm eingemummelt. Sie trugen dicke Decken, wie sie besonders von den Hirten in den einsamen Gebirgsgegenden als Schutz gegen die harsche Kälte genutzt werden. Handschuhe und Mützen gehörten dazu.

Alles war auffallend sauber, gediegen und hatte Stil. Die Menschen waren freundlich und warmherzig, so erlebten wir es ausnahmslos im ganzen Land. Die Kinder bettelten manchmal. Ihr Slogan war: „Please give money for school." Später erfuhren wir, dass der Schulbesuch bis zur 6. Klasse zwar kostenlos ist, aber jede weitere Ausbildung viel Geld kostet. So kamen wir ihrer Bitte, soweit es möglich war, nach.

Geld tauschten wir, besuchten das zentrale Informationszentrum, durchstreiften die Hauptstraße, den Kingsway. Links und rechts stehen erstaunlich moderne Gebäude, einige Hochhäuser und die auffälligen Gebäude im ansehnlichen und ganz eigenen Stil, der sogenannten Sandsteinrenaissance. Büros, Hotels, Geschäfte und Banken ziehen sich den Berg hinauf bis zum belebten Marktplatz.

Es folgen Regierungsgebäude und Botschaften, weiter oben befinden sich der Sitz des Parlamentes und der Highcommission. Eine Reihe internationaler Hilfsorganisationen und Projektgruppen hat hier ihre Büros. Die Vielzahl der internationalen Entwicklungsorganisationen ist bemerkenswert. Auch ein landwirtschaftliches College sowie der katholische Erzbischof und der anglikanische Bischof haben hier ihren Sitz.

Maseru hat heute ca. 300 000 Einwohner, 1995 waren es noch 180 000. 70 Prozent aller Lesother leben in dieser fruchtbaren nord-westlichen Region. Das weite Innen- und Hochland ist dagegen karg und kaum besiedelt. In Lesotho gibt es keinen Ort, der unter 1200 Meter liegt. Der höchste Punkt mit 3482 Metern befindet sich auf der entgegengesetzten, der Ostseite des Landes, dem Hochland. Die Stadt wurde 1869 durch den ersten König, Moshoeshoe I., als Hauptstadt gegründet. Vorher hatte er seinen Sitz auf einem ca. 80 Kilometer östlich gelegenen Bergplateau. Maseru ist der Endpunkt der einzigen wirtschaftlich bedeutenden Eisenbahnlinie des Landes, einer Stichbahn von Südafrika bis hierher.

In einem größeren Park auf dem Gipfel des Hügels liegt der Königspalast. Von dort hatten wir einen beeindruckenden Blick auf das erstaunlich schöne Land. Wir blickten über einen Stadtteil mit zahlreichen modernen Geschäften und Einkaufszentren. Dahinter lag die Wohngegend der Einheimischen. Von einem Rondell führten die Straßen hinein in das Land, zu den hohen Bergen, den großen Flüssen und Graslandschaften.

Bei der Wache am streng bewachten Eingangstor des Königspalastes meldeten wir uns. Eine Besichtigung wäre möglich, doch nur nach schriftlichem Antrag und in frühestens 14 Tagen, beschied man uns. Wir erklärten unsere Eile, blieben hartnäckig. Schließlich landeten wir im Sekretariat seiner Majestät. Die Genehmigung musste jedoch von der Ausländerbehörde der Regierung erteilt werden. Ein junger Offizier begleitete uns dorthin. Uns wurde gesagt, die Chefin persönlich würde sich um uns kümmern. Doch sie hatte gerade eine wichtige Beratung. Also warten und nochmals warten. Dann endlich öffnete sich die schwere Tür zu ihrem Büro. Die freundliche Begrüßung schaffte Zutrauen. Sie bat uns, Platz zu nehmen, es gab Tee. Sie fragte uns nach dem Woher und Wohin. Wir trugen unser Anliegen vor. Als Krönung unseres Besuches in Lesotho würden wir gern den königlichen Palast sehen. Aber unsere Zeit sei sehr knapp. Nach längerer Pause, wir merkten förmlich, wie es in ihr arbeitete, gab sie das Okay. Aber heute sei es unmöglich, der japanische Außenminister halte sich zum Staatsbesuch hier auf, und gerade jetzt war Empfang beim König. Morgen ab 14 Uhr seien wir willkommen.

Schnell disponierten wir um. Unsere Tour ging zunächst zum 80 Kilometer entfernten Thaba Bosiu-Berg. Der Weg verkümmerte zunehmend zu einem Feldweg. Die Landschaft war von Sandsteinfelsen geprägt. Sie sind bedeckt von harten Basaltplatten, die sich gleichsam schützend wie ein Brett auf den Sandstein gelegt hatten. Durch Erosion war der weichere Sandstein abgetragen oder eingefurcht worden. Zu Tausenden ragen diese Bergplateaus bis zu 100 Meter aus der Landschaft empor, platt und eben oder rund wie Hüte, so genannte „Huts". An den Seiten stürzt das Gestein in vielfältigen wunderschönen Sandsteinfarben von gelblich-weiß bis bräunlich und rot steil herab, bildet senkrechte Wände, Schluchten, tiefe Erosionsfurchen und Hänge.

In den weiten Tälern trafen wir ab und zu auf Siedlungen, dort wird Landwirtschaft und Viehzucht betrieben. Flusstäler bildeten bizarre Canyons. In den Dörfern fielen die gepflegten Rundhütten auf. Oftmals waren sie in den Farben der Natur geschmackvoll bemalt. Alles war sauber, die Krale für die Tiere und die Gärten für Obst und Gemüse umgaben die Hütten. Überall sah man Maisfelder, die gerade abgeerntet wurden. Auch Hirse, Weizen und Hülsenfrüchte waren angepflanzt. Die Ernte in diesem kargen Bergland reicht jedoch nicht aus, um die Menschen zu versorgen. So ist man auf internationale Hilfe angewiesen. Ziegen, Schafe und Rinder grasten in dem weitläufigen felsigen Weideland. Schafwolle ist ein Haupterzeugnis des Landes und wichtiger Exportartikel. Berühmt sind die Mohairwolle und die daraus hergestellten Decken und Stoffe.

Das Sonnenlicht strahlte warm, überdeckte die Felder und Wiesen mit einem goldenen Schimmer. Die Natur schien versunken zu sein in Harmonie und Schönheit, wie es ein Künstler nicht besser hätte malen können. Wir ließen uns von diesem Bild des Friedens

Königreich Lesotho, über Grenze zur Hauptstadt Maseru

Sitz Regierung, erteilt Genehmigung für Besuch Königspalast

Königspalast, Empfangsraum

Fahrt von Maseru in außergewöhnlich schönes Land

verzaubern. Wie wohltuend war es, dieses Land zu erleben. Hier hatte es niemals Apartheid oder Stammeskonflikte gegeben. Die Hautfarbe war kein Maßstab für den Wert des Menschen. Korruption und Kriminalität hielten sich in Grenzen. Die traditionelle Lebensweise hat sich besonders in den weitläufigen, zerstreut liegenden Dörfern weitgehend erhalten. Und sie wurde mit Stolz und Selbstbewusstsein gepflegt.

Hauptverkehrsmittel im Landesinneren ist das Pferd. Schon Kinder sahen wir tollkühn über die felsigen Hänge reiten. Genauso hatten wir es in der Mongolei, in der Wüste Gobi auf der anderen Seite der Erdkugel, erlebt. Die Hirten führten ihre Reitpferde stets bei sich. Wir verfolgten, wie sie sich gegenseitig bis zur Erschöpfung aus Sport und Spaß über die Wiesen, Felder und Berghänge jagten. Verständlich, dass Lesotho dem Touristen das Erlebnis bietet, mit dem Pferd mehrere Tage durch das Land zu reiten.

Die tiefer liegende, schmale westliche Region mit Maseru besitzt eine verhältnismäßig gute Infrastruktur. Der gesamte mittlere und östliche Bereich, der weitaus größte Teil des Landes, ist geprägt von einer reizvollen Hochfläche in über 2000 Meter Höhe. Das Faszinierendste an dieser Landschaft ist das steil abfallende Gebirgsmassiv. Die herabstürzenden Wände bilden die Grenze zwischen Lesotho und Südafrika.

Dieses Land mit rund 300 Kilometern Durchmesser ist gänzlich durch natürliche Barrieren geschützt: Ein Teil im Süden durch den Fluss Orange, von dort bis einschließlich Norden durch den Fluss Caledon, die beide bis zu 80 Meter tiefe Canyons bilden, und entlang des gesamten östlichen Halbkreises durch die Abbruchkante des Hochlandes.

Wie eine aus dem Meer emporragende Insel erhebt sich das Bergkönigreich quasi als obere Etage im südlich-afrikanischen Territorium, besiedelt durch das unabhängige Volk der Basotho. Das ganze Land ist eine einzigartige natürliche Festung. Man kann es mit den über Jahrhunderte von der Außenwelt abgeschiedenen Gebirgskönigreichen Nepal oder Bhutan vergleichen.

Die Basotho hatten Anfang des 19. Jahrhunderts von diesem Gebiet Besitz ergriffen. Moshoeshoe I. führte eine Anzahl Clans von den Volksgruppen Sotho und Ngumi zusammen, errichtete auf

Beeindruckende Szenerie unterwegs

zum „Heiligen Berg"

dem Thaba Bosiu seine Bergfestung. So schuf er die Grundlage für die Basotho-Nation.

Dieses Plateau nahm während der Konsolidierung der Nation eine Schlüsselstellung ein. Es ist die bedeutendste historische Stätte des Landes. Fast 40 Jahre hatte man allen Belagerungen standgehalten und alle Feinde zurückgeschlagen. 1828 und 1831 fanden historische Schlachten statt, die mit Hilfe von Speeren und Felsbrocken schnell und erfolgreich beendet werden konnten. Auch die Briten erlitten im Jahre 1832 gegen 5000 berittene Basotho-Krieger eine empfindliche Niederlage. Ab 1854 versuchten die Buren von ihrem inzwischen errichteten Oranjefreistaat aus sich das Land anzueignen. Ohne Erfolg. 1897 erbat der König den Schutz der Briten. Mit kurzen Unterbrechungen wurde das Land zum britischen Protektorat Basotholand. Das ist der Grund für die traditionell engen Beziehungen zwischen beiden Ländern und ihren Königshäusern. Jüngster Ausdruck dieser Bindung war der kürzliche Aufenthalt von Prinz Harry in Lesotho zur Unterstützung von Entwicklungsprojekten im Land.

Im Jahre 1966 erhielt das Land unter Moshoeshoe II. als konstitutionelle Monarchie die Unabhängigkeit. Nach innerstaatlichen Machtkämpfen und dem Tod des Königs im Jahre 1996 wurde sein Sohn Letsie III. König. Er hatte diesen Platz bereits von 1993 bis 1995 während der Emigration von Moshoeshoe II. vorübergehend eingenommen. Das machte uns neugierig und wir wollten dieser Frage nachgehen.

Der junge König galt als dynamischer und bescheidener, aber auch energischer Mann, seine aus dem Nordteil des Landes stammende Frau als klug und sympathisch. Während unseres Aufenthaltes herrschte immer noch große Freude darüber, dass sie vor einigen Monaten eine Thronfolgerin geboren hatte. Beide bemühen sich, das Land zu öffnen und die Armut zu verringern. Dabei ist die Rolle des Königs begrenzt, er nimmt im Wesentlichen repräsentative Aufgaben wahr. Die eigentliche Politik wird von einem Parlament und der Regierung ausgeübt. Den König zu sehen und zu begrüßen, hatten wir am nächsten Tag die Ehre.

Auf dem Felsplateau konnte man noch Teile der Festung, das Königsgrab und Reste der ehemaligen Siedlung sehen. Von hier bot sich ein atemberaubendes Panorama. Die runde Bergspitze des nahe gelegenen Kiloane ragt aus der abwechslungsreichen Landschaft heraus. Er ist der heilige Berg der Basotho, Symbol für Freiheit und Unabhängigkeit. Die Form des Felsens bildet die Vorlage für die traditionellen geflochtenen Basotho-Hüte, die im Inneren des Landes noch häufig getragen werden.

Mühsam verlief unsere Fahrt über staubige Wege bis zum Dorf am Fuße des heiligen Berges. Wir spazierten durch die Siedlung, bewunderten die sauberen, bemalten Hütten inmitten der bunten Sandsteinfelsen und schroffen, tief eingeschnittenen Canyons mit trockenen Flussbetten, der Berge, der goldgelben Felder, der weiten Täler und Wiesen. Uns fielen die gepflegten Gemüsegärten auf. Zwei Frauen saßen vor einer Hütte und einem großen Berg Maiskolben, von denen sie mit der Hand und einem Messer die Körner abschabten. Sie winkten uns freundlich zu. Weit unten im Tal an einem Fluss weideten Kühe und Schafe. Nur einmal kam eine junge Dame bettelnd auf uns zu. Offensichtlich bot sie sich für Geld an. Auffallend war der Friedhof am Berghang. Wir waren erschrocken über die vielen frischen Gräber, die es in dieser kleinen Siedlung gab. Hatte auch hier, im letzten Winkel des Kontinentes, das HI-Virus zugeschlagen? Wir wagten nicht zu fragen und an keiner Stelle im Land wurden wir mit dem Thema Aids konfrontiert. Wird es ignoriert, tabuisiert oder sind diese noch weitgehend abgeschieden lebenden Menschen davon nicht betroffen?

Trotz der Mittagshitze erklomm ich das Massiv, aus dem gleichmäßig rund wie ein Zylinder die Spitze des heiligen Berges senkrecht emporragt. Ich umrundete ihn in einer schweißtreibenden Kletterei. Unvergessen sind mir die Eindrücke von dem Land ringsherum, getaucht in die warmen Sandtöne und die golden strahlende Sonne. Darüber ein blank geputzter blauer Himmel. Leicht atmete es sich in dieser kristallklaren Luft.

Wir holperten zurück, gelangten nach etwa einer Stunde auf eine Straße, die nach Süden führte. Unser Ziel war Matsieng. Hier befand sich am Hang einer massiven Bergkulisse der Landsitz des Königs. Das Gebäude glich einem flachen Schloss, mehr einer Villa, inmitten eines gepflegten Parks. Nach getaner Arbeit, so erzählte man uns, kommt der König oft in diese Idylle, um zu entspannen.

Große Wäsche am Fluss

Dorf am „Heiligen Berg"

Klettern und Umwandern des Berges

Maisernte

Maiskörner von Hand abgepult

Blick vom „Heiligen Berg“ auf Bergfestung von König Moshoeshoe I. (links)

Idyllisches Dorf

Friedhof mit vielen frischen Gräbern. Aids?

Unübertroffene Panoramasichten vom heiligen Berg ins weite Land

Traditionelle, schöne und gepflegte Rundhütten

Hirte, Schafe, abgeerntetes Maisfeld, goldener Schimmer hängt in der Luft

Berge, Täler, Felder, Canyons ringsherum

Eingebettete Siedlungen am Fuße des Berges

Hier läuft er in Jeanshosen herum wie ein gewöhnlicher Anwohner und verhält sich auch so. Umso mehr Schutz braucht er.

Als wir ankamen, stürzte sich sofort das Wachpersonal auf uns. Sie wollten uns energisch vertreiben. Doch so schnell ließen wir uns nicht davonjagen. Wir zeigten in aller Bescheidenheit an, dass wir nur mal das schöne Objekt sehen wollten. Letztendlich wurde der Boss des Wachdienstes geholt. Als wir erzählten, dass wir morgen den Königspalast in Maseru besuchen würden, war er baff. Wir zeigten die Visitenkarte des Privatsekretärs seiner Majestät, Mr. Qhobela. Das Eis war gebrochen. Wie umgewandelt waren sie plötzlich, devot, die Freundlichkeit in Person. Sie erzählten uns aus der Geschichte dieses Hauses und dieser Gegend. Wir konnten uns überall frei bewegen, durften alles fotografieren, nur nicht den Palast selbst, das war wegen der Sicherheit bei Strafe verboten. Wir schenkten ihnen zum Abschied und als Dankeschön Zigaretten und trennten uns in gutem Einvernehmen.

Bis nach Morija war es ein Katzensprung, etwa zehn Kilometer. Es ist neben Maeder das älteste Dorf von Lesotho. Gut restauriert gewährt es einen Einblick in die Besiedlung des Landes. Als frühes Zentrum der christlichen Missionierung strahlt es weit in die Region aus. Die Pariser evangelische Missionsgesellschaft begann ihre Arbeit bereits im Jahre 1813. Die Mission hielt enge Verbindung zum König, dem großen Moshoeshoe I, damals noch in Thaba Bosiu. Morija wurde allmählich der Ort, in dem sich die protestantisch geprägte Elite herausbildete. Im Verlaufe der Jahre nahm sie bedeutenden Einfluss auf die intellektuellen Kreise, auf Geschäfts- und Verwaltungstätigkeit, Bildung und Erziehung, auf das ganze Land, über ein Jahrhundert hinweg. Das heutige ökumenische Jugendzentrum ist eine Bildungsstätte mit großer Ausstrahlung auf das gesamte Land. Überall sah man junge Menschen. Sie fragten uns aus und waren sehr interessiert. Wir kramten einige Souvenirs hervor, sie freuten sich. Für Kinder, die versuchten zu betteln, entschuldigten sie sich und hielten sie ab.

In Morija befindet sich auch ein interessantes Museum. Es gab Funde von Dinosauriern entlang der Hänge. Man ist sich sicher, dass sie hier vor mehr als 130 Millionen Jahren gelebt haben, d. h. noch bevor sich die jetzige Gebirgsstruktur herausbildete. Fels-

Matsieng, am Felsen und im Wald versteckt Sommerresidenz des Königs (Fotografieren verboten)

Links oben wohnt der König, typische Reiter mit traditionellen Basotho-Hüten

zeichnungen, Bilder und Siedlungsreste weisen aus, dass hier oben bereits vor zwanzig- bis vierzigtausend Jahren nomadisierende Jäger und Sammler gesiedelt hatten. Man fand Teile von Pfeilen, Felle, Steinwerkzeuge und zahlreiche andere Gegenstände. Damals gab es reichlich Wild. Auch bereits ausgestorbene Tiere waren als Funde oder Nachbildungen ausgestellt. Das Wild ist heute selten geworden. Elefanten, Nashörner und anderes Großwild sind völlig verschwunden.

Auf dem Freigelände standen Basotho-Rundhütten, in denen uns belebender lesothischer Tee servierte wurde.

Wir fuhren zurück nach Maseru und sofort weiter auf einer gut befahrbaren Straße ungefähr 200 Kilometer in die fruchtbare nördliche Region. In der idyllischen Landschaft wechselten sich Tafelberge und Huts mit Tälern und Wiesen ab.

In Teya Teyaneng, einer größeren Siedlung, machten wir einen Zwischenstopp. In diesem Ort wird traditionelles Kunsthandwerk gepflegt. Wir durften die Werkstätten besichtigen und uns selbst einmal an dem urtümlichen Webstuhl betätigen. Hier wird unter anderem die berühmte Mohairwolle verarbeitet, werden wunderschöne traditionelle Stoffe und Teppiche hergestellt, deren Farben der Natur nachempfunden sind. Die Basothohüte gehörten selbstverständlich dazu. Verschiedenartiges Tongeschirr war zu sehen, nach althergebrachter Art und Weise gefertigt, wie es heute noch in den dörflichen Siedlungen benutzt wird. Kurz vor diesem Handwerkerdorf passierten wir das Tal eines Flusses, das einen tiefen Canyon in den Sandfelsen geschnitten hatte. Den Hügel hinauf bis zum Dorf lagen auf den blanken Felsen Stoffe, Teppiche, Gewebe und Wollknäuel. Die Frauen wuschen und färbten Stoffe, der ganze Hang schien in Bewegung zu sein.

Spät abends erreichten wir weit im Norden Hlotse. In einer großzügig angelegten Touristenherberge nahmen wir Quartier. Trotz des fortgeschrittenen Abends servierte man uns ein schmackhaftes Essen, sogar Bier gab es dazu. Sie freuten sich sichtlich über einen solch seltenen Besuch und unsere anerkennenden Worte, doch äußerten sie sich ziemlich unzufrieden über die Gesamtsituation. „Leider besuchen uns zu wenig Touristen." Wirklich schade, konnten wir ihnen nur beipflichten.

Im Museum des berühmten alten Dorfes Morija

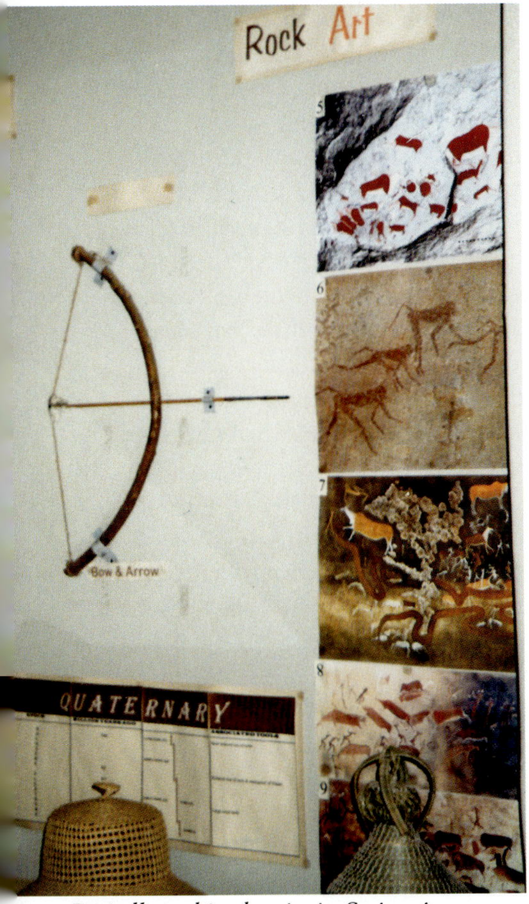

Besiedlung hier bereits in Steinzeit, Waffen und Felsmalerei
unten: Basotho-Hüte, dem heiligen Berg nachempfunden

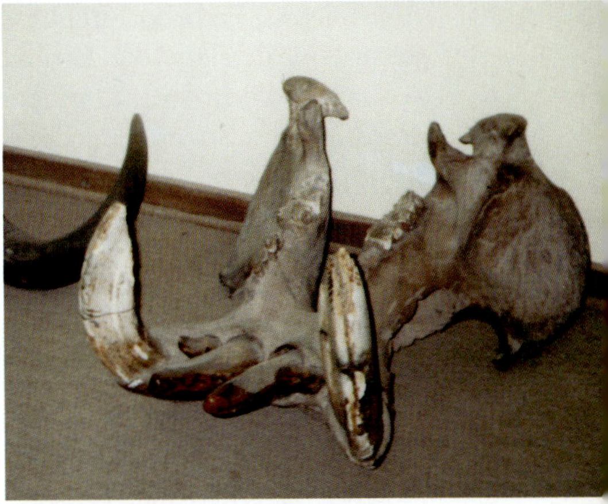

Damals gab es auch hier Hippos (Schädelfund)

und Dinosaurier (Fußspuren)

Am frühen Morgen führte uns die A 1 nach Osten. In Butha Buthe tankten wir das Auto noch einmal voll. Es war die letzte Tankstelle auf der gesamten Strecke im Hochland. Von nun an ging es hinein in die Bergwelt. Auf den weitläufigen Grasflächen weideten die Herden. Die Menschen hatten sich fest in ihre Decken eingehüllt. Eine empfindliche Morgenkälte herrschte. Kinder liefen kilometerweit zur Schule in eine der nächsten Siedlungen. Hirten, oft noch verschlafen, kamen dahergeschritten oder quer über das Gelände geritten.

An einem Abzweig führte eine neue Straße in südliche Richtung. Das war die Zufahrt zu dem größten Entwicklungsprojekt des Landes. Dieses „Lesotho Highlands Water Project“, an dem seit 1986 gebaut wird, sieht die Errichtung eines komplexen Systems mit sechs Staudämmen und einem Wasserkraftwerk vor. Dadurch soll einerseits der Strombedarf des Landes gedeckt werden und gleichzeitig wird ein Verbundsystem mit Tunneln geschaffen, um in einem breiten Einzugsgebiet die wasserreichen Flüsse des Hochgebirges zu erfassen. Mit Südafrika ist vereinbart, dass dessen große Städte auf diese Weise von Lesotho mit Wasser versorgt werden. Damit wäre dem Land eine wichtige Einnahmequelle erschlossen. Die erste Phase mit der Errichtung eines Staudammes ist abgeschlossen, im Jahre 2019 soll das gesamte Projekt realisiert sein.

Etwa 100 Kilometer nach Hlotse begann der atemberaubende Anstieg. In schwindelerregenden Serpentinen ging es am Felshang bergauf. 20 Prozent Steigung waren keine Seltenheit. Die Straße A 1, hier noch gut asphaltiert, wurde später immer miserabler, war schmal und hatte enge Kurven. Autos kamen uns zum Glück nicht so oft entgegen. Jedes Mal erforderte es große Aufmerksamkeit und schwierige Manöver, aneinander vorbei zu kommen. Doch zwei große Militärlaster, deren Fahrer offensichtlich diese Strecke kannten und sich ihrer Stärke bewusst waren, schossen von oben heran. Nur ein schneller Ruck in den Graben rettete uns. Das war knapp gewesen. Wäre uns hier etwas passiert, hätte dies unsere gesamte Reise in Frage gestellt.

Als wir endlich oben auf dem Moteng-Pass anhielten, standen wir auf 2 840 Meter Höhe. Es war sehr kalt und ein heftiger Wind blies. Immer wieder fuhren wir an gefrorenen Wasserfällen und Bächen

Auf der Fahrt ins Hochland

Wunderschöne Szenerie im goldenen Licht

In vielen Serpentinen steil hinauf in die Hochgebirgswelt

vorbei. Wir wollten es erst gar nicht glauben, dass es so etwas hier gibt. Danach passierten wir Oxbow. Einige Hütten pressten sich zwischen Straße und Fluss und hier stand die ansehnliche New Oxbow Lodge. Das war das Letzte, was wir an menschlichen Ansiedlungen sahen. Der Weg schwenkte allmählich nach Süden. Die nächste Siedlung, Mokhotlong, war 110 Kilometer entfernt. Dazwischen gab es nichts. Von dort führte der einzige, sehr schwer zu befahrende Weg durch die Drakensberge hinunter nach Südafrika ins Kwazulu Natal.

Man konnte auch eine Rundfahrt durch das Hochland unternehmen und von Osten her wieder nach Maseru zurückkehren. Doch davon hatte man uns jetzt im Winter und auf Grund der schlechten Straßen dringend abgeraten. Ein guter Rat, wie wir bald merkten. Nur noch mit Mühe konnten wir uns auf der mit Löchern übersäten Straße voran bewegen.

Da bereits um 14 Uhr der Besuch im Königspalast vorgesehen war, entschlossen wir uns, genau so lange zu fahren, wie wir für die selbe Strecke zurück brauchten, um pünktlich vor der Palastwache zu stehen. Je zügiger wir fuhren, umso weiter konnten wir in das Hochland vordringen. Auch dieser Plan war riskant, wir setzten alles auf eine Karte. Unvorhergesehenes durfte nicht geschehen. Einige Schweißausbrüche mehr waren trotz der Kälte die Folge.

Der Weg wurde zunehmend katastrophaler. Kilometerweit konnten wir uns nur im Schritttempo bewegen. Manchmal musste die völlig kaputte Straße ganz umfahren werden. Mitten in dieser menschenleeren Gegend entdeckten wir einen kompletten Straßenbaubetrieb und Unmengen von Kies, Teerfässern und Mischern. Gerätschaften aller Art lagen um einige barackenähnliche Gebäude. Doch alles war verlassen, zum Teil zerfallen, lag völlig vereinsamt und der Zerstörung preisgegeben da.

Weit reichte der Blick. Uns bot sich eine hügelige Landschaft mit Bergrücken, Felsen, Steinen und Bächen. Das Land war kahl, nur spärlich mit Kurzgras bedeckt, kein Baum und kein Strauch, die Luft kristallklar und kalt, durchdrungen von der intensiven Sonneneinstrahlung aus einem blau geputzten Himmel. Wir erlebten eine völlig andere Landschaft als der tiefer gelegene Westen, den wir vor einigen Stunden noch durchfahren hatten. Anziehend herb und abweisend, menschenfeindlich zugleich. Nicht einen Hirten trafen wir. Tapfer kletterte unser Auto von Pass zu Pass, bei 2 995 Metern passierten wir den Motete-Fluss.

Lang zog sich der Weg einen Bergrücken hinauf bis auf 3 220 Meter, dem „Mahlasela Hill". Weit und breit war Öde. Doch kaum zu glauben, plötzlich stießen wir auf die „Ski Slopes". Wir blickten in ein weites Areal. Einem Amphitheater gleich zog sich in einem großen Halbkreis ein Kessel mehrere Kilometer den Berg entlang ins Tal. Von dort unten ging ein kompletter Schlepplift über einen Kilometer nach oben bis zu unserer Straße. Berg- und Talstation machten einen soliden Eindruck. Einige Schneefelder lagen noch entlang des Weges, auch unter dem Lift. Sonst gab es nichts außer einem scharf blasenden Wind. Alles schien lange nicht benutzt worden zu sein. Kein Mensch, kein Leben, kein Anzeichen von Wintersport. Wir hatten gehört, dass früher oft südafrikanische Wintersportler hier hergekommen sein sollen. Sie hatten sich um dieses Zentrum bemüht, doch jetzt war alles tot. Vielleicht war die Zufahrt zu umständlich, das Wetter zu harsch, der Komfort zu gering. Schnell begannen wir zu frösteln.

Noch hatten wir Zeit und so fuhren wir weiter, um Kurven, über Hügel und Kanten, immer das gleiche faszinierende und beängstigende Bild vor Augen. Mit 3 240 Meter Höhe war der „Pass of Guns" ausgezeichnet, ein Gebiet für Jäger. Heute wird es nur sehr selten genutzt. Von hier führten links und rechts Wege, zum Teil kaum sichtbar, in die felsige Gegend hinein. Früher hatten sie ein Ziel: Die Minen und Schürfungen. Bis 1982 wurden bedeutende Mengen Industriediamanten gewonnen, eine wichtige Quelle für die Entwicklung des Landes. Heute war die Förderung auf eine unbedeutende Menge geschrumpft. Die Minen waren, wenn überhaupt, nur noch wenig ergiebig.

Ein schmaler Weg zweigte von hier in Richtung Norden ab, der „Bridle Path Voetpad". Er zog sich an die 20 Kilometer über Hügel und Hochebenen bis zum Mont-aux-Sources, dem mit 3 281 Meter höchsten Berg in diesem nördlichen Teil des Hochlandes. Der mit 3 482 Meter höchste Berg im ganzen südlichen Afrika, der Thabana Ntlenyana, liegt etwa 100 Kilometer weiter südlich. Der Mont-aux-Sources ist ein wichtiges Symbol für Lesotho, Ausdruck für den Stolz dieses Volkes auf die Freiheit und Unabhängigkeit. Unmittelbar am Berg verläuft die Grenze zu Südafrika, entlang der über 1 000 Meter tief in die Ebene Südafrikas hinabstürzenden Felswände. Dort befindet sich der Royal Natal-Nationalpark als einer der grandiosesten Abschnitte der Drakensberge. Jetzt befanden wir uns oben auf dem Bergmassiv, zwei Tage später erlebten wir es von der anderen Seite, von unten.

Wir standen hier inmitten eines der ältesten Gebirge des afrikanischen Kontinentes. Über 120 Millionen Jahre ist diese Bergwelt alt. Der Bridle Path Voetpad schlängelte sich durch die Berge über die Grenze weit hinunter bis in den Nationalpark. So ist er ein Symbol für die Verbindung zwischen den beiden souveränen Völkern und Staaten. Hier oben entspringen eine Reihe großer Flüsse, z. B. der Khubedu, ein Quellfluss des Oranje, der von Lesotho quer durch Südafrika bis in den Atlantik fließt, zum Teil als Grenzstrom zu Namibia.

Wir schafften es noch bis auf den 3 255 Meter hohen Tlaeng-Pass. Die höchste befahrbare Stelle des Hochlandes war erreicht. Wir sammelten einige schön glänzende Steine und genossen die spektakuläre Aussicht in die unendlich weite und raue Schönheit dieses Hochlandes. Schnell kroch die Kälte unter die Haut. Die Zeit eilte davon. Ohne Rast fuhren wir den gleichen Weg zurück, so schnell es diese elendige Straße zuließ. Dann jagten wir die Serpentinen hinunter, vorbei an den gefrorenen Wasserfällen, später durch die Dörfer und Ansiedlungen. „Meine Güte, ob wir das überhaupt schaffen bis zum König?“, stöhnte Hannelore. „Deine Raserei macht mich richtig fertig, das ist doch nicht zum aushalten …“ Ich jagte unbeirrt weiter. „14 Uhr König, 14 Uhr König“, hämmerte es in mir.

Hinter jeder Kurve bot sich uns über die weiten Täler und Berge ein bezauberndes Panorama. Doch dafür hatte ich jetzt kaum Augen. Ich klebte am Steuer, trat auf Gas bzw. Bremse, je nachdem. In der Ferne sahen wir einige Male große Grasflächen brennen. Hannelore wies darauf hin: Kilometerweit dehnten sich die Rauchwolken bis über den Horizont. Das trockene Gras hatte sich durch die hohe Strahlungsintensität der Sonne selbst entzündet. Niemand nahm davon Notiz. Auch das gehört zur unverfälschten, unbeein-

Wir überqueren den Motete-Fluss

Kalt und windig am Ski-Lift

Ski-Areal mit Schneeresten

Brennende Hochgebirgssteppe

Der höchste Pass ist erreicht

Kurze Pause, unser Wendepunkt

flussten Natur, ist Bestandteil des Kreislaufs von Werden, Vergehen und Neuentstehen.

Kurz vor 14 Uhr standen wir am Eingangstor des Königspalastes. Vorher hatten wir noch schnell unser Outfit aufpoliert. Wir hatten es tatsächlich geschafft, waren heftig durchgeschüttelt und doch so erfreut über diesen Besuch, solch seltenes Glück zu haben. Das Herz klopfte wie ein übertouriger Motor. „Lesotho ist eben ein verlässliches Land", frotzelte ich, doch dies entsprach unseren Erlebnissen tatsächlich.

Die Wache ließ uns sofort passieren. Wir wurden auf den Parkplatz für Gäste und Empfänge dirigiert. Alles verlief nach Protokoll. Eine Dame führte uns in das königliche Empfangsgebäude, bat uns, einige Minuten zu warten. Dann begrüßte uns der Privatsekretär des Königs. Es ging sehr freundlich und korrekt zu. Fotografieren war prinzipiell verboten. Er bat um Verständnis dafür. Wir respektierten, dass uns die Privat- und unmittelbare Arbeitssphäre des königlichen Hofes vorenthalten blieb. Ansonsten konnten wir alles sehen, auf unsere Fragen wurde uns freimütig Auskunft erteilt.

Die strengen Vorschriften geboten eine ständige Begleitung. Mrs. Johnson, die Empfangsdame, führte uns herum, plauderte munter drauf los. Wir gingen zum königlichen Office. Hier waren die Arbeitsräume des Königs. Einige Beamte standen herum. „Der König", flüsterte sie. Wir bewegten uns auf diese Gruppe zu. Es gab eine kurze Begrüßung, freundliche Worte und ein Lächeln wie bei Leuten, die sich schon länger kannten. Ja, das war der König, wie wir ihn auf Bildern gesehen hatten, unauffällig, einfach. Dann stiegen er und einige Begleiter in die Autos und fuhren davon. „Sehen Sie, er fährt selber, er macht es immer wieder, ganz gegen die Vorschriften. Das ist leichtsinnig, bestimmt geht es wieder nach Matsieng. Er liebt es, sich selbst hinter das Steuer zu setzen. Manchmal fährt er schneller, als die Polizei es erlaubt", erklärte uns Mrs. Johnson vertrauensvoll. Sorge und Bewunderung schwangen in ihrer Stimme.

Schräg gegenüber vom Office befand sich der Palast des vorhergehenden Monarchen, Moshoeshoe II. Jetzt hielt es mich nicht mehr. Ich fragte sie frei heraus: „Was war da eigentlich Anfang der 90er Jahre geschehen?" Sie klärte uns auf. Moshoeshoe II. war 1990 ins Londoner Exil geflüchtet und von einem Militärrat abgesetzt worden. Sein Sohn, Letsie III., wurde als Monarch inthronisiert. 1994 löste er diese Regierung und das Parlament auf, erklärte die Verfassung kurzerhand für ungültig. „Hat er das wirklich und so direkt und brutal getan?“, unterbrach ich sie.

„Ja, so war es damals.“ Auf Grund des massiven internationalen Drucks und des Unmutes im Land zog er die Entscheidung noch im gleichen Jahr zurück. 1995 verzichtete er freiwillig auf den Thron, zugunsten seines 1993 zurückgekehrten Vaters. 1996, nach dem Unfalltod des Vaters, wurde er erneut zum König ernannt. Das waren erstaunliche Turbulenzen, Unsicherheiten für das Land vor noch nicht langer Zeit. Mrs. Johnson erzählte ganz offen darüber. Und weiter: „Er hat es bereut, das Volk hat ihm verziehen. Heute ist er vorsichtiger, ohne seine Ziele aufgegeben zu haben. Und das Volk glaubt ihm, ist Garant und Symbol für die Integrität und Unabhängigkeit des Landes …“

Der Palast des Vaters ist heute Gedenkstätte und wird auch für Staatsgäste genutzt. Er ist in der geschmackvollen und warmen Sandsteinarchitektur errichtet. Das Gebäude selbst und die Räume nahmen sich für einen König recht bescheiden aus. Das machte ihn uns noch sympathischer. Doch alles war gediegen, ließ Stil erkennen, machte einen gepflegten und angenehmen Eindruck.

Wir gingen den Weg weiter hügelaufwärts entlang einer Allee, durch einen Park. Er war voller heimischer und exotischer Pflanzen. Große Bäume spendeten Schatten. Voller Stolz erklärte uns Mrs. Johnson, dass dies vor allem das Werk der Königin war. Sie kümmerte sich um den Park und legte dabei selbst Hand an.

Oben auf dem Hügel stand der neue dreigeschossige Palast. Er war repräsentativ, wirkte jedoch nicht protzig, passte sich in die Landschaft ein und hob sich mit seinem modernen Bungalowstil gleichzeitig ab. Die blendend weißen Wände und großen Fenster in brauner Umrandung unterstützten den Eindruck von Würde und Erhabenheit. Von hier aus führte die Queen Regie, organisierte und kontrollierte das Hofleben. „Sie lässt eine umsichtige Hand und klugen Verstand verspüren“, sagte Mrs. Johnson. Und fügte ehrfurchtsvoll und mit leiser Stimme hinzu: „Sie ist sehr beliebt, kümmert sich persönlich um 1000 Dinge, immer nett und freundlich.

Und seit der Geburt der kleinen Prinzessin trägt das Volk sie auf Händen."

Der überdachte Eingangsbereich mit breiter Treppe war mit rotem Teppich ausgelegt. Wir schritten, uns der Ehre bewusst, in die großzügige, holzgetäfelte Eingangshalle. Sie ließ den Blick über alle drei Etagen im Innenbereich frei, ähnlich einem Atrium. Ringsherum verliefen Galerien, von dort ging es in die königlichen Räume. Unten befand sich das Office der Queen und der Königinmutter. In der ersten Etage waren repräsentative Räume und Säle für Staatsempfänge und offizielle Veranstaltungen und in der zweiten Etage die Privaträume der königlichen Familie untergebracht. An den Wänden der Halle hingen große Portraits der beiden bisherigen Könige und anderer Würdenträger.

Wir fanden anerkennende und dankbare Worte, dass Mrs. Johnson uns dies alles sehen ließ. Immer wieder lobte unsere Begleiterin das Engagement des Königs und seiner Frau, ihr Bemühen, das Land zu entwickeln, nach außen zu öffnen und den Menschen Bildung zu geben. Offensichtlich war dieses Verhalten auch geprägt von der misslungenen Interimsherrschaft Anfang der 90er Jahre. Die Läuterung des Königs wirkte sich nun positiv für das Volk aus.

Schließlich fragte sie uns in aller Bescheidenheit, ob wir auch bereit wären, die Ausbildungsarbeit der Schulen zu unterstützen. Das Land sei arm, Ausbildung sehr teuer und die Menschen hätten in den wenigsten Fällen das nötige Geld. Wir bejahten dies und baten, uns ihre Vorstellung konkret mitzuteilen. Es sei mir hier der Vorgriff gestattet, dass lange Zeit nichts passierte, obwohl wir uns mit ihr telefonisch von zu Hause aus verständigt hatten. Doch zu Anfang des Jahres 2004 erhielten wir ein Fax. Es ging u. a. um Unterstützung für ihre Ausbildung durch Besuche von Kursen. Wir sagten konkrete finanzielle Hilfe zu. Sie zerfloss beinahe vor Freude und Dankbarkeit am Telefon und lud uns ein, baldmöglichst wiederzukommen.

Bekannte fragten uns: „Geld für eine Empfangsdame des Königs, ist das überhaupt denkbar und erlaubt?"

Genau so war es. Doch was ist da verwerflich? Es geht um Unterstützung bei der Ausbildung, die fast alle Menschen dort brauchen. Und das Umfeld des Königs zuallererst. Außerdem sind wir Bekannte, um nicht zu sagen Freunde dieses kleinen und sympathischen Königshofes.

Wie ehrfurchtsvoll mit der königlichen Familie umgegangen wurde, hatten wir bereits am ersten Tag erlebt. Wir besuchten das Touristenbüro in der Stadt und baten um Informationen und Materialien. Die aufgeschlossene und gut informierte Dame übergab uns das Wenige, was sie hatte, einige Karten, Fotos, und Prospekte. Sie verwies kurz auf eine Hochglanzbroschüre, dann packte sie diese wieder in ein extra Schubfach und verschloss es. Das erweckte unser Interesse. Lange zierte sie sich, dann ließ sie sich überreden, uns diese Broschüre wenigstens zu zeigen. Auf der Titelseite war das junge Königspaar in Hochzeitskleidung abgebildet. Sie lehnte strikt ab, uns das Heft zu überlassen. Das sei eine persönliche Broschüre der königlichen Familie. Wir baten, bettelten. Es sei verboten, sorry. Wir versprachen, dies nur für uns persönlich zu verwenden. Allmählich wurde die Atmosphäre aufgeschlossener.

Dann fasste sie sich ein Herz und überließ uns dieses Bändchen. Es waren Bilder von der Hochzeit des königlichen Paares. Ein Bild zeigte die Königin anlässlich eines Besuches in ihrem Heimatdorf in der Runde ihrer Freundinnen, die üblicherweise oben entblößt waren. Auch sie war leichter bekleidet. Das dürfe nicht verbreitet werden, gestand sie uns. Traditionen und Sitten könnten Anstoß erregen. Daneben war die Riege wichtiger Leute im Staat zu sehen. Eine Veröffentlichung sei gegen die Sicherheit des Staates gerichtet. Wir versprachen, die Bilder nicht zu verwenden, ihr Vertrauen nicht zu enttäuschen. Als Dankeschön wollten wir ein angemessenes Geschenk machen, sie lehnte ab. Das sei eine freundschaftliche Geste mit der Bitte, ihr Land in bester Erinnerung zu behalten und zu helfen, mehr Touristen zum Besuch ihrer Heimat zu gewinnen.

Glücklich und zufrieden verließen wir den Royal-Palast.

Wir durchfuhren nochmals das Regierungsviertel und das Zentrum, nahmen Abschied.

In dem geschäftigen afrikanischen Zentrum mit einigen modernen Supermärkten frischten wir unsere Vorräte auf. Dann begaben wir uns erneut auf die Strecke, die wir heute schon einmal bewältigt hatten, um möglichst weit im Norden noch an diesem Tag über die Grenze bis nach Südafrika zu gelangen.

Eilige Rücktour, Serpentinen, gefrorener Wasserfall

Drei Reiter jagen vor uns her (zwei auf Straße, einer rechts davor)

Maseru, moderner Königspalast, Rückfront, (Fotografieren verboten)

Parlamentsgebäude, 1959

Sitz internationaler Institutionen auf Regierungshügel

Wir fuhren zur Stadt Butha Buthe, von dort bogen wir auf die nördliche A 13 ab. Unser Ziel war Fouriesburg in Südafrika, ca. 15 Kilometer hinter der Grenze im „Freestate“ gelegen. Das bedeutete eine zügige Fahrt in den späten Abend hinein. Wir mussten um 22 Uhr die Grenze in Caledonspoort passiert haben, danach blieb sie bis sechs Uhr des nächsten Morgens geschlossen. Er war der nördlichste Grenzübergang über den hier tief in den Felsen eingeschnittenen Fluss Caledon. Noch in Maseru gerieten wir in einen erstaunlich dichten Feierabendverkehr. Mit Autos, Fahrrädern, Motorrädern, Pferd und Wagen fuhren die Menschen in das Umland. Nur schrittweise ging es voran. So viele Autos hatte ich Maseru nicht zugetraut. In der Siedlung Kolonyama, einem bekannten Handwerkszentrum, machten wir einen Stopp.

Wir ließen uns verleiten, zu den Werkstätten zu fahren. Es war ein miserabler Schotterweg, von dickem Staub bedeckt. Plötzlich gab es einen mächtigen Schlag. Das Auto machte „rumms“ und stand. Wir saßen fest, nichts bewegte sich. Als der aufgewirbelte Staub wieder eine Sicht zuließ, entdeckten wir einen mit feinem Puder bedeckten Felsbrocken, auf den wir aufgeschlagen waren. Ich startete, doch die Kupplung ließ sich nicht bewegen. Einige Leute kamen, halfen, das Auto über den Stein zu schieben. In dem noch eingekuppelten Gang quälten wir uns bis auf die asphaltierte Straße zurück. In einem Hof voller Leute und Autos baten wir um Hilfe.

Ein „Spezialist“ sah sich alles gründlich an. Er fand, ebenso wie wir, nichts, kein Anzeichen eines Schadens war zu erkennen. Dann kam ein zweiter hinzu, lautstark gab er Hinweise. Wir verstanden nichts, doch den anderen schien das wohl zu nerven. Der Disput wurde intensiver. Weitere traten hinzu und schließlich entbrannte ein handfester Streit, mit Schreien, Gestikulieren und Schubsen. Das Auto hatten sie vollständig eingekeilt, der Motorraum war dicht umstellt und Gegenstand ihrer Debatte. Es ging mehr um die Technik, die dort installiert war. Unser Schaden schien inzwischen völlig uninteressant zu sein. Wir waren zwar der Anlass dafür, doch offensichtlich vergessen. „Nur raus aus dem Getümmel“, raunte mir Hannelore zu. Wir drängten die Leute ein bisschen ab, schlossen vorsichtig die Motorhaube, setzten uns ins Auto, fuhren langsam in dem immer noch eingelegten hohen Gang an und unauffällig aus dem Tor. Nun war guter Rat teuer. Ich hatte eine riesige Wut auf mich selbst.

Hannelore war stocksauer. Warum war ich so unvorsichtig gewesen und diesen Mistweg gefahren. Das konnte unser ganzes Programm kippen. Und noch dazu ein Schaden in Lesotho, im Ausland sozusagen. Was würden die Autocompany und die Versicherung sagen? Ich probierte nochmal. Die Kupplung saß rappelfest. Der vierte Gang lag drin, alles andere war blockiert. So entschlossen wir uns zu versuchen, weiterzufahren, so gut es ging. Heute noch über die Grenze zu gelangen, das war nun noch dringlicher geworden. Es war mühevoll, doch wir konnten fahren und zuckelten so dahin. Für das Langsamfahren war die Übersetzung zu groß, der Motor fing an zu stottern. Am schwierigsten war das Anfahren. Demgegenüber waren wir für ein zügiges Fahren auf den teilweise guten Asphaltstraßen mit dem vierten Gang zu langsam und der Motor fuhr mit Gedröhne übertourig. Doch Hauptsache, wir kamen weiter.

Kurz nach halb zehn abends, bei voller Dunkelheit, standen wir tatsächlich an der Grenze. Wir waren die letzten, die abgefertigt wurden. Anhalten, warten, Formalitäten für die Ausreise erledigen. Dann durften wir vorfahren bis zur Schranke, hier mussten wir erneut halten. Die Papiere wurden geprüft, die Formalitäten für die Einreise erledigt. Schließlich konnten wir passieren. Ich war ins Schwitzen gekommen. Jedes Mal hatten wir anhalten müssen, dann im vierten Gang anfahren und mit zehn km/h ein Stückchen vorfahren, eine Qual für uns und das Auto. Und wir mussten unauffällig bleiben unter den gestrengen Augen der Grenzer und des Militärs. An der Schranke wartete eine lustige Truppe junger schwarzer Leute. Das Auto war krachevoll. Sie sangen, lachten, tanzten, Alkohol schien die Runde gemacht zu haben. Es gab Disput mit den Beamten und das lenkte sie von uns ab.

Hinter der Schranke ging es über eine Flussbrücke und dann den steilen Canyon hinauf. Wieder musste ich alle Fahrkunst aufwenden. Zum Glück gab es wenig Verkehr und irgendwie schafften wir es die Schlucht hinauf bis zum Plateau.

Wir freuten uns, die Gelegenheit gehabt zu haben, dieses abgelegene, von der Welt kaum wahrgenommene Land kennen zu lernen.

Maseru, endgültiger Abschied

Begegnungen auf der Fahrt nach Norden

Fantastische Abendszenerie

Wieder in Südafrika, auf dem Weg zu den Drakensbergen

Es ist wunderschön und hat uns zutiefst beeindruckt. Die Landschaft ist faszinierend. Die Menschen sind fantastisch, so liebens- und achtenswert. Ihre Kultur und Tradition ist einzigartig. Das Volk hatte die Abgegrenztheit genutzt, eine eigene Nation mit einem eigenen Staat zu bilden und gegen alle Angriffe zu verteidigen. Keinen Kolonialismus, kein Ausbluten durch Fremde, keine Entfremdung hatte es zugelassen. Die Menschen hatten nicht unter willkürlicher Grenzziehung durch die Kolonialmächte und der Zerstörung angestammter Lebensräume zu leiden, wie in vielen afrikanischen Staaten. Das Land war nicht durch Bürgerkriege und Stammeskonflikte geschwächt worden. Es konnte sich auf die Lösung der eigenen Probleme konzentrieren und dabei seine Lebensweise bewahren. Gleichzeitig wendete es sich dem Fortschritt zu, um Armut und Rückständigkeit zu überwinden. Ein Spagat, der besonders in der Hauptstadt augenfällig war.

Die Verehrung ihres ersten Königs erschien mir jetzt als etwas Natürliches. Das Volk war durch ihn geprägt und umgekehrt war das Volk sein Rückgrat. Dieser einfache, scheinbar ungebildete Mensch und doch so große König hatte ihm Ansehen und Selbstvertrauen vermittelt, eine Perspektive gegeben. Ich erinnerte mich an ein Bild von ihm, auf dem er traditionell mit einem einfachen Lendenschurz bekleidet, mit dem Speer in der Hand, das Volk anführt. Oftmals hat man versucht, ihn zu einem Halbwilden herabzuwürdigen. Doch er setzte Maßstäbe, durch die das Hochgebirgsland Lesotho heute Achtung und Wertschätzung in der Welt genießt. Der jetzige König und die Regierung setzen diese Politik kontinuierlich, selbstbewusst und demokratisch, in einer Balance von Bewährtem und Neuem, auf der Basis von Ruhe und Ordnung fort.

Drakensberge und Pretoria

Spät abends gelangten wir nach Fouriesburg. Beim ersten Hotel hielten wir an. Trotz der späten Stunde herrschte reges Treiben in den beiden Restaurants, im Foyer, an der Bar. Lauter weiße Touristen, locker und lustig ging es zu. Es war ein größeres Hotel, das auch Safaris in nahe liegende Nationalparks, wie z. B. in den Qwa-Qwa Highlands-Nationalpark, den Golden Gate Highlands-Nationalpark oder in die Nationalparks der Drakensberge durchführt.

Alle Zimmer waren belegt. Die zwei Chefs beratschlagten, wollten uns auf jeden Fall helfen. So fuhren sie mit uns 200 Meter weiter in ein Cottage, das ihnen gehörte und für besondere Gäste und Gelegenheiten vorbehalten war. Es war im Kolonialstil erbaut und eingerichtet, alles wie vor über 100 Jahren. Die große Küche mit offenem Herd war mit den damals üblichen und noch nutzbaren Geräten ausgestattet. Es gab zwei Wohnräume mit originalen Möbeln und Gegenständen aus der damaligen Zeit, viel Plüsch und Staubfänger. Bilder und Fotografien aus der guten alten Zeit unterstrichen das wohnliche Ambiente. Im Schlafzimmer stand ein riesiges eisernes Doppelbett. Alles war aufeinander abgestimmt, bis hin zum Bettzeug. Wir hatten das Gefühl, als sei die Zeit stehen geblieben. Und dieses Museum gehörte die ganze Nacht uns allein. Wir fühlten uns sicher und sehr wohl, hatten auf Anraten unserer Gastgeber die Eisengitter vor den Türen verschlossen. Am nächsten Morgen bereiteten wir uns auf dem alten Herd, mit den alten Gerätschaften und Geschirr ein üppiges Frühstück. Ein umfangreicher Vorrat an Speisen war vorhanden, aus dem wir uns frei bedienen durften. Es machte riesigen Spaß und war ein Erlebnis, in diesem Hause zu wohnen.

Einer der Chefs telefonierte am Morgen mit einem Mechaniker in der Stadt und der versprach uns zu helfen, obwohl es Samstag war. Wir schafften es mit unserem Auto bis zu seiner Werkstatt. Unterwegs sahen wir die verschlafene, ländlich wirkende Stadt. Reste von Apartheid konnte man nicht verleugnen. Die Stadt war während des Burenkrieges, in der ersten Hälfte des 19. Jahrhunderts, zeitweise Hauptstadt des Freistaates gewesen. Zwischen den Buren, den sogenannten Vortrekkern, die von Kapstadt aus tiefer in das Land gezogen waren und den Freistaat gegründet hatten und den Engländern, die diese Eigenmächtigkeit in ihrem Hegemoniebestreben nicht duldeten, tobten heftige Kämpfe. Die Buren mussten ihre eigentliche Hauptstadt Bloemfontain verlassen, so wurde Fouriesburg vorübergehend Sitz der Regierung. Das Haus des damaligen Präsidenten Steyen konnte man noch besichtigen. Es war in der geschmackvollen Sandsteinarchitektur errichtet, wie etliche inzwischen restaurierte Häuser.

Ein Helfer, offensichtlich der Nachtwächter, öffnete, als wir an der Werkstatt angelangt waren und heftig am Tor rüttelten. „Please wait“, sagte er noch völlig verschlafen. Wir warteten. Als es uns zu lange dauerte, riefen wir den „Boss“ an. Da stand er gerade unter der Dusche, versprach, sich zu beeilen. Er machte sich daran, den Schaden zu finden, bastelte am Getriebe, suchte, probierte – und fand nichts. Dann stellte er fest: „Das Getriebe muss es innen erwischt haben. Wir können es nur reparieren, wenn wir den Motor auseinander nehmen. Vielleicht morgen ...“ „Dazu fehlt uns die Zeit“, erwiderten wir.

Wir versuchten mit dem Servicedienst der Vermietungsgesellschaft Kontakt aufzunehmen. Doch dort war entweder besetzt oder es ging niemand an den Apparat. Schließlich riefen wir unser Vermietungsbüro auf dem Flugplatz in Johannesburg an. Als wir sagten, mit Einschränkung könnten wir fahren, schien ihm die einfachste Lösung zu sein, das Auto weiter zu benutzen und wie geplant dorthin zurückzukehren. Falls es Schwierigkeiten gäbe, sollten wir noch einmal anrufen. Dann müsste ein Notdienst kommen und das Auto austauschen.

Der eifrige Mechaniker schaffte es, das Getriebe so weit einzustellen, dass wir mit einiger Mühe den zweiten, dritten und fünften Gang einlegen konnten. Alles andere blieb blockiert. So fuhren wir die restliche Zeit unseres Aufenthaltes durch Südafrika. Das gewünschte Honorar für den Mechaniker war bescheiden. Das Schalten war ein bisschen mühevoll, doch wir gewöhnten uns daran.

Wir fuhren auf der Fernstraße Nr. 712 nach Osten, durch den Golden Gate und den Qwa-Qwa Highlands-Nationalpark hindurch. Wieder beeindruckten uns die bunten Sandsteinklippen und -felsen, wenn sie auch nicht ganz so spektakulär waren wie in Lesotho. Wieder lag der hier sprichwörtliche goldene Schimmer über der Landschaft. Es war kalt in dieser Höhe von ca. 1500 Metern. Zahlreiche Vogelarten, aber auch Rehantilopen, Steppenzebras, Bleichböckchen, Schakale und Paviane haben hier ihren ungestörten Lebensraum gefunden. Im Qwa-Qwa gibt es einige seltene Vögel wie z. B. die Kappgeier. Die „big five“ – „Die großen Fünf“,

Elefant, Löwe, Büffel, Leopard und Nashorn – findet man auch hier nicht mehr.

In dem Gebiet von Qwa-Qwa spielte sich Mitte des 20. Jahrhunderts eines der traurigsten Kapitel der Apartheid ab. Im Zuge des rigiden Vorgehens bei der ethnischen Bereinigung wurde per Dekret das Homeland für das Volk der Süd-Sotho geschaffen. 200 000 Menschen wurden zwangsweise in dieses kleine Stück nicht nutzbaren Landes umgesiedelt. Man beraubte sie damit ihrer Wurzeln und Existenz. Viele kamen ums Leben. Man wollte sie einfach nur loswerden. Die Regierung Südafrikas wies ihnen die unwirtlichsten Gebiete zu und zerstörte so ihre ursprüngliche Lebensweise, ohne ihnen eine wirkliche Alternative zu bieten. Dieses Homeland war, wie alle anderen auch, von vornherein zum Scheitern verurteilt. Aber erst mit der Abschaffung der Apartheid in den 90er Jahren wurden diese Missgeburten beseitigt. Inzwischen hatten viele Volksgruppen bereits beträchtlichen Schaden genommen.

Wir fuhren durch bis Harrismith, eine schnell wachsende Industriestadt. Größte Vorsicht war geboten, hier blühte die Kriminalität. Gerade Weiße konnten leicht Ziel eines Überfalles werden. Wir verzichteten auf einen längeren Aufenthalt, als wir das chaotische Getümmel sahen und uns mitten hindurchquälen mussten: Die Straße voller Menschen, die Annäherungen dunkler Gestalten, laute Musik, wild fahrende Autos erschienen uns gefährlich. Trubel überall. Bis zum Horizont war eine riesige Zahl von einfachen Baracken zu sehen, planquadratisch in Längs- und Querreihen angeordnet, eine uferlose Siedlung. Das waren offensichtlich die Unterkünfte für die Arbeiter.

Auf der Straße 74 ging es nun stracks nach Süden. Wir folgten etwa 30 Kilometer einem durch einen künstlichen Damm geschaffenen Wasserreservoir. Ein wichtiges Rückhaltebecken zur Versorgung großer Städte, es lag inmitten des „Sterkfontein Dam Nature Reserve“, einem bevorzugten Jagdgebiet. Nochmals sahen wir die charakteristischen Landschaften, einige Tafelberge und Huts wie in Lesotho. Am Nachmittag waren wir an unserem Ziel, dem Royal Natal-Nationalpark mitten in den Drakensbergen. Wir schlugen unser Zelt auf dem Mahai Caravan and Campsite auf. Lediglich vier weitere Zelte standen auf dem parkähnlichen Rasengelände unter großen alten Bäumen. Im Visitorcenter ließen wir uns ausführlich über die Natur und Wandermöglichkeiten informieren.

Noch am Nachmittag stiegen wir hinauf zu dem Kaskadenwasserfall. Von dort hatten wir einen atemberaubenden Ausblick auf das berühmte Amphitheater, das grandiose Bergmassiv. Die Bergwelt bot ein unvergessliches Bild. Auf der östlichen Seite öffnete sich eine weite Ebene, fruchtbares Farm-, Gras- und Weideland. Das Alpenglühen der untergehenden Sonne versetzte uns in Hochstimmung. Bald kam Nebel auf, kroch die steilen Felsen hinunter und bedeckte das weite Land. Feuchte Kälte herrschte in unserem Zelt. Wir mummten uns in die Schlafsäcke ein, auch unsere Masaidecken kamen zu ihrem Recht. So fühlten wir uns trotz Kälte und einsetzenden Regens geborgen.

Der Royal Natal-Nationalpark gehört ebenso wie der Gate Highlands-Nationalpark zum nördlichen Teil der Drakensberge und zum Weltnaturerbe. Von hier führt über den Sani-Pass der einzige schwierige Pfad durch die Felsen zum Hochland von Lesotho. Dort hatten wir vor wenigen Tagen die Hochlandtour unternommen. In mehr als 3 000 Meter Höhe verlief die Grenze zu Lesotho.

Unser Zeltplatz lag inmitten des Felsmassivs im Royal Natal-Nationalpark. Die Ausdehnung dieses Nationalparkes beträgt fast 100 Kilometer. Den prachtvollsten Abschnitt bildet das acht Kilometer weite Amphitheater. Wie eine Barriere ragt die Wand senkrecht in den Himmel, bildet im wahrsten Sinne des Wortes eine spektakuläre Kulisse. Links und rechts, oben an den Ecken, befinden sich hochragende Felstürme, die das fantastische Bild des Künstlers „Natur" zur Perfektion bringen und abrunden. Rechter Hand sind es der Sentinel und linker Hand vier Felstürme, alle über 3 000 Meter hoch.

Zeitig am Morgen brachen wir zu einer Tour auf, die uns so weit wie möglich in dieses Massiv hinein führen sollte. Bleiern lag der Nebel über dem Land, verhüllte das Gebirge. Der Tau durchnässte im Nu unsere Sachen. Wir waren die ersten Menschen hier. Am Parkplatz Tugela begann der Aufstieg. Wir folgten dem Fluss Tugela weit nach oben. Er führte reichlich Wasser, das schnell und turbulent ins Tal eilte. Es war ein Labsal, dieses erfrischende, klare Wasser zu trinken. Der Tugela kommt aus den Highlands von Lesotho.

Er gehört zu den größeren Flüssen, die direkt am Mont-aux-Sources entspringen, in der Nähe von drei Wasserscheiden. Die Flüsse nehmen von dort oben ganz verschiedene Richtungen, um schließlich in einem der Weltmeere zu münden.

Der Tugela findet seinen Weg über die spektakulären 850 Meter tief hinabstürzenden „Tugela-Fälle" mitten hinein in das Amphitheater. Durch die Tugela-Schlucht, an unserem Campingplatz vorbei, fließt er hinab in die weite südafrikanische Ebene. Innerhalb weniger Kilometer überwindet er einen Höhenunterschied von über 2 000 Metern. Wir folgten dem Lauf des Flusses immer höher hinein in die Gebirgswelt. Ab und zu ging es steil hinauf, dann führte uns der Weg über Felsen und Morast hinunter bis zum Wasser und schließlich wieder nach oben in die Zone der Busch- und Graslandschaft. Bald hatte uns der Nebel verschluckt, der die steil emporragende Wand des Amphitheaters vollständig bedeckte. Doch dies hielt uns ebenso wenig davon ab weiterzugehen, wie die klatschnassen Schuhe und Hosen. Je höher wir kletterten, um so stürmischer plätscherte das Wasser das immer enger werdende steinerne Flussbett hinab. Wir durchwanderten kleinere Regenwälder an den Hängen. Alles triefte vor Feuchtigkeit. Hier war der Lebensraum von Grastieren, insbesondere Rehwild, aber auch von zahlreichen Kleinsäugetieren. Über 200 Vogelarten und mehr als ein halbes Dutzend Antilopenarten leben in dieser Wildnis. Den Bergriedbock, aber auch Schliefer, Hasen, Mungos, Ottern, Schakale und Affen konnte man hier antreffen. Nach Mr. Meads Aussage war dies die schönste Gegend in den Drakensbergen. Überall entlang des Weges standen die wunderschönen Proteabäume, die Nationalblume Südafrikas.

Weiter oben ging es in dem immer tiefer eingeschnittenen, steilen und steinigen Canyon oft direkt durch den Fluss hindurch. Überall im Flussbett, fest in die Basaltgesteinsbrocken eingeschlossen, befanden sich kleine, glitzernde, grün bis türkis schimmernde Steine. Diese soll es nur hier geben, wie uns ein Ranger später erklärte. Aus ihnen werden Schmuckgegenstände und Figuren gefertigt, wie wir sie im Visitorcenter sahen. Am Ende der Schlucht, dem Tugela Gorge, teilte sich der Pfad. Senkrecht ragte vor uns das Felsmassiv empor. Hier begann der Aufstieg in die Wand hinein. Wir kletterten noch ein Stück hinauf, es wurde immer schwieriger. Der Pfad verlor sich zwischen den Felsen. Einige höhere Wände bewältigten wir noch im Kletterstil. Ca. 100 Meter über dem Ende der Tugela-Schlucht war unser Tagesziel erreicht. Unser Zeltplatz befand sich in 1 400 Meter Höhe. Wir waren hier auf über 1 900 Meter gestiegen, die obere Kante war nicht abzusehen. Jetzt ging es nur noch mit Klettern weiter hinauf in die Felsen. Wo wir, die „Bergwanderer", aufhörten, begann die Welt der Bergsteiger.

Wie von unsichtbarer Hand hatte sich der Nebel inzwischen aufgelöst. Endlich wurde das majestätische Amphitheater in seiner ganzen Großartigkeit sichtbar. Wir befanden uns ziemlich in der Mitte. Wir sahen hinunter in das Tal, auf unseren Weg und den Fluss bis weit hinein in das Flachland. Hinter und über uns, keine fünf Kilometer Luftlinie entfernt, ging das Felsmassiv in das Hochland Lesothos über. Kilometerweit erstreckte sich links und rechts die Gebirgswand. Wir waren fasziniert, überwältigt von dem Eindruck dieser vielgestaltigen Natur, ein Weltwunder, einzigartig. Erinnerungen wurden wach an die Hochgebirge, z. B. Himalaja, Kaukasus, Alpen und Anden aber auch den Grand Canyon.

Wir mussten uns losreißen, wanderten zurück. Von jeder Ecke aus gab es neue beeindruckende Aussichten. Wir kletterten hinab. Der Himmel wurde zunehmend klar und blau. Die Sonne wärmte und brachte uns bald ins Schwitzen.

Am Parkplatz hatten sich inzwischen einige Autos eingefunden. Auch ein Wächter war jetzt da. Wir bezahlten den geringen Betrag, gaben ihm Zigaretten und Kaugummi als Dank, dass er unser Auto so gut bewacht hatte. Am Rande dieses Platzes entdeckte ich einen großen Baum voller leuchtend roter Früchte. Ich unterlag der Versuchung, einige zu pflücken. Sofort kam er auf mich zugestürmt, laut rufend und gestikulierend. Er hielt mich zurück. „Mister, das ist eine sehr giftige Frucht, sie kann tödlich wirken, wenn man von ihr kostet."

„Woher wissen Sie das?", fragte ich, „Sie leben ja noch. Haben Sie nicht auch gekostet?"

„Mister", klärte er mich auf, „das wissen wir von den Affen. Es gibt eine einfache Naturregel. Was die Affen meiden, und das tun sie bei diesen Früchten, sollten wir Menschen auch nicht essen. Die machen einen großen Bogen um den Baum, halten ihre Jungen

Drakensberge, Verwaltung des Royal Natal-Nationalparkes

Aufstieg entlang des Tugela-Flusses durch Regenwald und tiefe Canyons

Vor der steilen Tugela-Wand Rückblick hinab in die Schlucht

Auf dem Rückweg, die Sicht wird immer besser

Das Gebirgsmassiv, welches Naturwunder öffnet sich dem Blick

Noch verhüllen Nebelfelder die Felsen

Das majestätische Amphitheater, bis zu 2000 m senkrecht abstürzende Felsen,

dort oben und dahinter liegt das Königreich Lesotho

acht Kilometer einzigartiges Gebirgsmassiv, links und rechts begrenzt durch „Türme".
Gewalt und Erhabenheit. Welches Meisterwerk hat der Künstler „Natur" hier geschaffen

davon ab, sich ihm zu nähern. Das ist ein sicheres Signal, es ihnen gleich zu tun."

So kamen wir ins Gespräch. Ich fragte einmal mehr nach den Ureinwohnern, den Buschmännern. Ja, San hatte es auch hier gegeben, seit Jahrtausenden. Noch bis Ende des 19. Jahrhunderts hatten sie in dieser Gegend als Nomaden gesiedelt. Zahlreiche Felsmalereien legen Zeugnis ihres Lebens ab. Viele Felsbilder seien gut erhalten und er empfahl uns, einige zu besichtigen. Doch diese Buschmänner wurden, wie es überall geschah, mit der Ankunft der weißen Siedler und der brutalen Besitznahme der fruchtbaren Ländereien verdrängt. Ihrer Jagdreviere beraubt, verhungerten sie oder wurden getötet. Die San wanderten nach Lesotho, assimilierten sich dort mit den Basotho.

Dieser Mann sprach deutliche, nicht gerade schmeichelhafte Worte über die Weißen. Aber sie waren ohne Hass oder Bitterkeit. Das war Vergangenheit. Er konnte werten und differenzieren, hinterließ einen angenehmen Eindruck, den ich ihm, als auffallend schmutzigen und schlampig gekleideten Parkwächter, gar nicht zugetraut hätte.

Ich brachte das Auto wie gewohnt in Gang. Als ich Gas geben wollte, kam er gestikulierend hinter uns hergelaufen. „Was ist denn nun schon wieder los?", fragte Hannelore. Doch auch diesmal war es ein triftiger Grund. Ich hatte den Fotoapparat auf dem Auto liegen lassen. Er hatte es, bevor wir losfuhren, bemerkt. Dank seiner schnellen Reaktion retteten wir den Apparat. Als wir ihm Geld und ein Geschenk anboten, lehnte er ab. „Wir sind Freunde der Natur. Kommen sie wieder zu uns und bringen sie Gäste aus Europa mit. Das ist für uns das beste Geschenk." Wieder machte er mich betroffen und nachdenklich.

Wir fuhren zurück, packten das nasse Zelt und die Klamotten ein. Im Touristencenter erwarben wir noch einige Bücher und einen dieser grünlich schimmernden Steine. Eine Vielzahl von Pavianen trieb sich herum, kletterte über die Autos. Zwei hatten es sich auf der Motorhaube gemütlich gemacht. Sie waren erstaunt, als wir sie etwas nachdrücklich baten, den Platz freizugeben.

Wir fuhren über Harrismith auf der N 3 in Richtung Johannesburg. Aus Zeitgründen verzichteten wir auf einen Abstecher zu den nicht weit entfernten „Battlefields". Dort hatten im 19. Jahrhundert 49 Schlachten stattgefunden. Zwischen einheimischen Volksstämmen, zwischen Zulus und den Buren, Buren und Engländern hatte es Kämpfe in zum Teil beträchtlichem Ausmaß gegeben. Die Erde war getränkt vom Blut vieler Menschen und Völker. Der „Blutfluss" kündet noch heute davon. Die Luft war geschwängert vom Dunst unseliger und grausamer Ereignisse der Vergangenheit.

Uns zog es noch einmal nach Pretoria. Wir kamen gut voran. So entschlossen wir uns, ohne Zwischenstopp dorthin zu fahren. Im Zentrum mieteten wir ein Zimmer, das schon glücklichere Tage erlebt hatte. Im eigenen Schlafsack und mit eigenen Handtüchern ließ es sich eine Nacht aushalten. Das Auto war auf dem Innenhof des Hotels sicher untergestellt und bewacht.

Der letzte Tag unserer Afrikareise brach an. Zeitig am Morgen fuhren wir auf den Hügel, auf dem Parlament, Regierung und zahlreiche nationale und internationale Vertretungen ihren Sitz haben. Es herrschte klares Wetter. Der Blick reichte über den Park, über die Stadt bis zu dem am Horizont aufragenden monumentalen Vortrekker-Denkmal. Wir schlenderten durch das Zentrum, ließen uns viel Zeit, die zahlreichen historischen Plätze, Gebäude und Denkmäler zu besichtigen. Wir besuchten das Wohnhaus des ersten Präsidenten des Landes, Mr. Krüger. Die Entstehung des südafrikanischen Staates war hier in seiner widerspruchsvollen Entwicklung nachvollziehbar.

Wir fuhren zum Vortrekker-Denkmal. Dort ist die Geschichte der Buren, der ersten europäischen Siedler im Land, dargestellt, und wie sie als „Vortrekker" von Kapstadt aus in das Innere des Landes zogen und es besiedelten.

Im Transvaal-Museum interessierte mich besonders die Abteilung für erdgeschichtliche Entwicklung und Evolution der Menschheit. Endlich erfuhren wir auch von dem spektakulären Skelettfund der „Dame Mrs Ples", deren Alter auf ca. zwei Millionen Jahre geschätzt wird. Wieder sahen wir zahlreiche Funde ausgestorbener Tiere aus prähistorischer Zeit, darunter das Maul eines Riesenhaies, geöffnet bis zur Körpergröße Hannelores. In dem gut gestalteten Museum konnten wir unser Wissen über die Erdgeschichte Afrikas, die Wurzeln der Menschwerdung auf diesem Kontinent, die Entwicklung der Tier- und Pflanzenwelt durch die Jahrmillionen im südlichen Afrika erweitern bzw. abrunden.

Auf dem Flugplatz gaben wir unser Auto ab. Wir informierten über den Getriebeschaden. Die Vermietungsgesellschaft akzeptierte es ohne Diskussion.

Wieder gab es Probleme am Abfertigungsschalter von South African Airways. Neuerdings wurde das Gepäck noch vor dem Eingang in den Schalterbereich gewogen. Wer zuviel hatte, wurde zurückgeschickt, ohne Pardon. Bei uns waren es 15 Kilogramm Übergewicht, keine Erklärung half, zurück, raus, erledigt. Wir sortierten um, sonderten einiges aus, doch es blieb zu schwer. Ich ging zum Informationsschalter, fragte, was zu tun sei. Man empfahl uns, das Übergewicht zu bezahlen. Dann wäre alles okay. „Was würde das kosten?“, fragte ich. „In ihrem Falle etwa 500 US-Dollar.“ „Das können sie vergessen“, sagte ich mit leicht erregter Stimme. Wir waren einem Angestellten aufgefallen, der beim Eingang mit den Kontrollen beschäftigt war. Er sprach uns an. „Vielleicht kann ich helfen.“

Wir fuhren mit ihm in das unterste Stockwerk des Flughafens. Dort gab es eine private Firma, die auf so etwas spezialisiert war. Der dortige Angestellte, ein Weißer in unserem Alter, nahm sich viel Zeit, als er erfuhr, wer wir waren. Es gab auch kaum etwas zu tun. Wir tranken Tee, er erzählte von sich und dem Leben hier. Er sprach ungeschminkt und nüchtern über die Situation in Südafrika, die Probleme, aber auch die Fortschritte, die es seit geraumer Zeit gab. Doch die Unzufriedenheit war ihm deutlich anzumerken. Kein Optimismus wie bei Mr. Mead war zu spüren. Vielleicht war er einfach überlastet, zu alt oder von den heftigen Strudeln des gesellschaftlichen Umsturzes zu sehr geschüttelt. Eigentlich spricht man nicht mit solcher Bitterkeit zu einem Gast aus einem fremden Land, dachte ich bei mir.

Zu uns war er sehr freundlich, half uns beim Ausfüllen der Papiere und unterstützte uns beim Verpacken des Gepäcks, das wir zu schicken beabsichtigten. 19 Kilogramm gaben wir als Expressflug-gut auf. Er bot uns einen Freundschaftspreis. Das waren immerhin noch 130 US-Dollar, doch weiter konnte er nicht heruntergehen. So blieb uns nichts anderes übrig als zu akzeptieren. Bezahlt werden musste sofort in bar. „Und was ist, wenn das Gepäckstück nicht ankommt?“, fragte ich ihn, „welche Sicherheiten haben wir?“

„Mister, auf mich können Sie sich absolut verlassen“, sagte er prononciert. Und es kam tatsächlich an, unbeschädigt, ungeöffnet.

Die weitere Abfertigung verlief reibungslos. Kurz nach sieben Uhr abends hob die Maschine ab.

Am 5. August 2003 mittags kam uns unser Hund zu Hause freudig entgegengelaufen. Wir meldeten uns überall zurück. „Diesmal ohne Hippo-Biss?“, wurden wir nicht ohne verschmitzte Häme gefragt. Und Hannelore schloss ihr Tagebuch mit der Bemerkung ab: Das ist das Ende einer schönen erlebnisreichen Reise.

Das Skelett von Mrs Ples?

... Mrs Ples ist der populäre Name für den auf der Welt komplettesten Schädel eines „Australopithecus africanus“. Diese Spezies ist durch Fossilien sicher nachgewiesen, die bei Sterkfontein, an einer Stätte der Wiege der Menschheit, ungefähr 70 km südwestlich Pretorias, gefunden wurden. Die Fossilien sind schätzungsweise zwei Millionen Jahre alt und werden in einer entfernten Beziehung zur gesamten Menschheit gesehen. Mrs Ples wurde im April 1947 gefunden. Nur kurze Zeit später wurden Teile eines Skelettes entdeckt ... Katalog Nr. „STS 14“ ...

Der Schädel und das Skelett vertreten die gleiche Spezies, wurden in der gleichen geologischen Lagerstätte, im gleichen Jahr, im gleichen Ausgrabungsgebiet und dicht beieinander gefunden, weisen auf das gleiche, noch nicht erwachsene Entwicklungsstadium hin. Wenn all diese Beobachtungen zusammen betrachtet werden, erscheint es recht gut möglich, dass der Schädel von Mrs Ples und das Skelett STS 14 zu dem selben Individuum gehören.

Schädel und Skelett zusammen können der Beleg für ein südafrikanisches Gegenstück zu dem berühmten Fossil, Lucy genannt, sein (Australopithecus afarensis), entdeckt 1974 in Äthiopien.

Diese Fossilien machen deutlich, dass sich von Afrika aus die Menschheit entwickelt hat. 1871 hat Charles Darwin in seinem Buch „Die Abstammung des Menschen“ darauf hingewiesen, „dass unsere frühen Vorfahren auf dem afrikanischen Kontinent lebten“ ...

Maulskelett eines Riesenhai, Transvaal-Museum

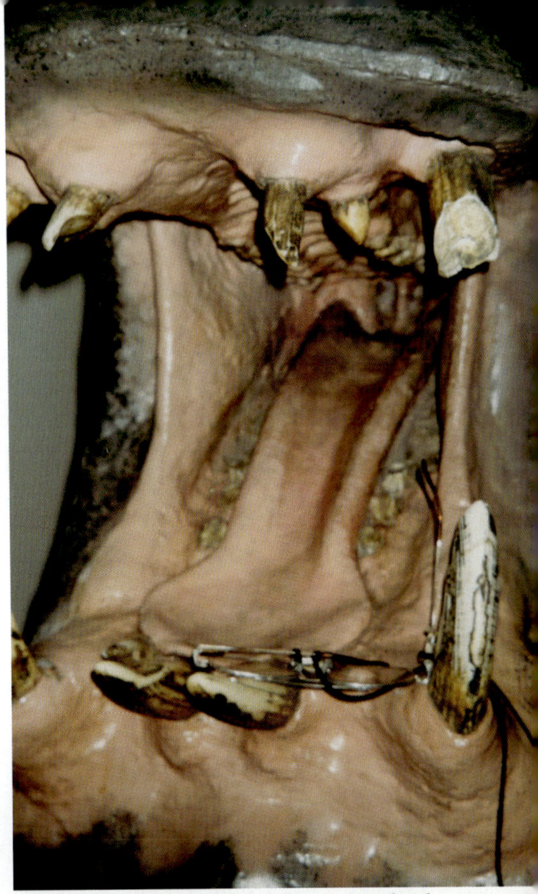

Maul eines Flusspferdes. Zum Vergleich: meine Brille, unten rechts

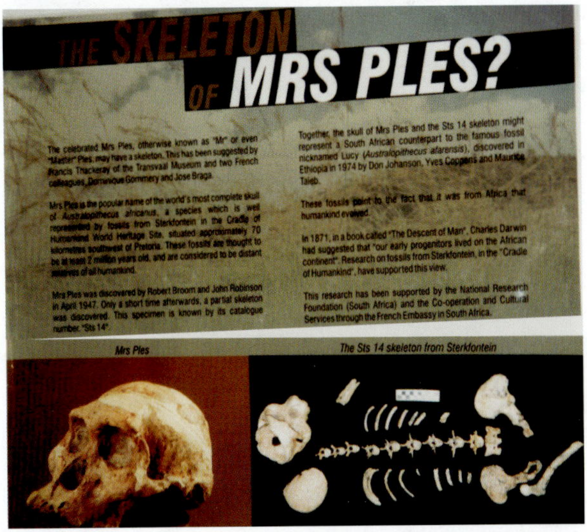

Das Skelett von Mrs Ples?
Übersetzung siehe linke Seite

Blick auf Pretoria vom Hügel des

Regierungssitzes

Der erste Präsident, Ohm P. Krüger

Im altehrwürdigen Zentrum

Weißes Wohnhaus des ersten Präsidenten,

daneben ehemaliger Regierungssitz

In der Altstadt

Bahnhof, 1928

Weithin sichtbar: Monumentales Vortrekker-Denkmal

Anhang

Anmerkungen

Wir schreiben August 2004 und ich die letzten Zeilen zu diesem Buch. Afrika ist uns immer gegenwärtig. Diese ganz andere Welt zu verstehen, ist das überhaupt möglich? Afrika mit seinen Dimensionen, in seiner Vielfalt und Widersprüchlichkeit zu erfassen? Je intensiver ich mich damit befasse, desto verwirrender, unbegreiflicher, unnahbarer erscheint es. Schockierendes und Faszinierendes liegen dicht beisammen, sind gleichsam verwachsen. Es saugt uns mit magischer Gewalt an, macht süchtig und wirft neue Fragen auf.

Für uns ist es keinesfalls ein „verlorener“ oder „vergessener“ Kontinent, wie man immer öfter zu hören bekommt. Es ist eine einmalig schöne und exotische Welt. Dort liegt eine große Chance für die Zukunft der Menschheit. Manches lässt hoffen, stimmt optimistisch. Doch wir sahen auch die Probleme, die scheinbar nicht in den Griff zu bekommen sind. Die Gegensätze nehmen zu, erschüttern die Völker, erfassen den Kontinent, sind von globaler Dimension. Dazu einige beispielhafte Anmerkungen:

1. *Auf dem UNO-Gipfel zur Jahrtausendwende wurde einmütig die Sicherung der minimalen Grundrechte für alle Menschen beschlossen – das Recht auf Frieden, Gesundheit und soziale Gerechtigkeit.*

Ziel war die Halbierung der Zahl der in der Welt von Hunger und Armut betroffenen 840 Millionen Menschen bis 2015. Sie sollen genügend und geeignetes Wasser zum Überleben zur Verfügung haben. Ein selbstverständliches oder zu gering angesetztes Ziel?

Mitnichten. Anlässlich der jährlichen Weltwirtschaftskonferenz in Davos musste zu Ende des Jahres 2003 der Generalsekretär der Vereinten Nationen, Kofi Annan, eine traurige Bilanz ziehen. Bereits heute, nach drei Jahren, ist die Tatsache unumstößlich, dass selbst dieses Minimalziel nicht erreichbar ist.

Ein Minimum an Menschenwürde, so Kofi Annan, sei die Solidarität zwischen Arm und Reich. Eine Neuordnung, die durch Gewalt erreicht wird, erzeugt wieder Gewalt, verursacht Konflikte und Terror. Dies ist der Krieg der Armen gegen die Macht und Waffen der Reichen. Der Ausweg muss darin bestehen, die Fragen der Globalisierung der Wirtschaft einzubetten in die Grundfragen, Lebensinteressen und Entwicklung der Menschheit. Nur wenn diese Einheit realisiert wird, erhalten alle Menschen und Staaten eine faire Chance für die Zukunft.

Eine Grundvoraussetzung ist die Beteiligung der armen Länder am Welthandel. Das betrifft vorrangig den Bereich der Landwirtschaft. 50 Prozent aller Afrikaner leben von der Landwirtschaft. Die Abschaffung von Subventionen in den modernen Industriestaaten, der Zugang zu Düngemitteln und die Gleichbehandlung auf dem Weltmarkt würde ihnen die Beteiligung am freien Handel ermöglichen. Das grundsätzliche Problem ist wiederum die Bereitstellung von ausreichend Wasser. Der Kreislauf schließt sich. Es gibt zahlreiche Projekte zur Beseitigung der Wasserknappheit in den unterentwickelten Ländern. Das sind bemerkenswerte Beispiele, doch sie reichen nicht aus. Sie sind nur ein Tropfen auf den heißen Stein.

All das betrifft im schlimmsten Ausmaß den Kontinent Afrika.

Die Mehrzahl der Afrikaner lebt weitab im Hinterland, verstreut in den Tälern und Savannen, vergessen und verloren. Sie hungern, sind krank und ausgestoßen, sterben millionenfach an Aids. Das ist die Gegenwart in den meisten Ländern und vielen Gegenden, das andere, wahre Afrika, Welten von uns entfernt.

Seit drei Jahren gibt es eine große Dürreperiode im südlichen Afrika, die die Situation beträchtlich erschwert. Viele Bemühungen und beginnende Erfolge drohen, dadurch zunichte gemacht zu werden. Nicht nur Lesotho, auch Namibia, Botswana und Teile Südafrikas sind betroffen.

In Simbabwe wurden 6 400 Weiße gewaltsam enteignet. Das Land erhielten Schwarze, meist Getreue des Diktators Mugabe und seiner Partei. Zahlreiche Ländereien wurden nicht mehr bestellt. Viele der vertriebenen Weißen fanden in Sambia eine neue Existenz. Noch vor zwei Jahren von Hungersnot bedroht, exportiert dieses Land heute Mais in das nunmehr von der Dürrekatastrophe geschüttelte Simbabwe sowie nach Tansania, das ebenfalls von der Dürre betroffen ist.

In Südafrika droht die schwarze Landlosenbewegung zu eskalieren, außer Kontrolle zu geraten. Es herrscht unter den weißen Farmern Angst vor Gewalt und Besetzung ihrer Farmen. Die Zahl der Morde an ihnen steigt. 300 sind weiter nordwärts gezogen, wo ihnen mehrere afrikanische Länder Farmland und eine neue Chance bieten, wie z. B. Nigeria und Mocambique. Man spricht bereits von einem neuen Treck der weißen Farmer in Länder, wo sie willkommen sind, wie damals, als 1836 Tausende weiße Buren, die „Vortrekker" von der Südküste nach Norden gezogen waren (siehe auch Märkische Oderzeitung vom 27. Juli 2004).

Ebenso leidet das kleine Königreich Swasiland stark unter der Hungerkatastrophe. Es ist sozusagen das „Schwesterkönigreich" zu Lesotho. Parallelen drängen sich auf.

In meinem Buch „Safari mit Biss" habe ich beschrieben, wie ruhig und ordentlich es in Swasiland zugeht. Das ist auch heute noch so. Die Menschen ertragen, wie auch in den anderen betroffenen Ländern, die Dürrekatastrophe stumm und mit Gleichmut – alles liegt in Gottes Hand. Ich hatte hervorgehoben, dass das Swasi-Volk dem jungen König mit göttlicher Achtung begegnet und ihn verehrt. Noch verzeiht man dem König seine erstaunlichen Eskapaden. Seit Januar 2004 ist bekannt, dass Matswati III. für 15 Millionen Dollar die Restaurierung von vier und den Neubau von fünf Palästen für seine zehn Frauen plant. Das dazu benötigte Geld hofft er durch Unterstützung des Auslandes und der eigenen Regierung zu bekommen. Das Kabinett wird dabei als notwendiges Übel betrachtet.

Er versucht, sich kraft seiner Autorität über die Regierung hinwegzusetzen. So möchte er einen neuen Flugplatz bauen lassen und ein eigenes Flugzeug besitzen. Beim jährlichen traditionellen königlichen Riedgras-Tanz, an dem Tausende junge Mädchen dem König ihre Ehrerbietung darbringen, darf sich der König eine junge Schönheit aussuchen und damit den Königshof bereichern. Beim diesjährigen Tanz hatte er die Auserwählte gegen den Willen der Mutter und ihres Freundes zu sich genommen.

Er verlegte den Schulbeginn für die Kinder, ohne dies mit dem Kabinett abzustimmen, damit die Schüler am jährlichen Regentanz, der Ingwala-Zeremonie zur Huldigung des Königs teilnehmen können. Dass Lehrer und Schüler vor verschlossenen Türen standen, scheint ihn nicht zu stören.

Und das Volk verarmt weiter. Es gibt glaubhafte Berichte, wonach die Menschen in ihrer Not Baumrinde essen. Noch ist Ruhe. Doch grollt jetzt ein lauter werdender Donner durch das Land. Tickt da eine neue Zeitbombe?

Vor wenigen Wochen besuchte Bundeskanzler Schröder nach nunmehr fünf Jahren Amtszeit zum ersten Mal Afrika. Dies ist einerseits ein Armutszeugnis für Deutschland. Doch er setzte positive Signale. Schröder brachte es während des Besuches auf den Punkt, er wolle „Aufmerksamkeit erwecken". Es ginge um gegenseitige Interessen und langfristige Unterstützung, nicht um Geschenke. Solche Strategien werden dringend benötigt, um Afrika auf die Beine kommen zu lassen. Er bescheinigte den besuchten Ländern Südafrika, Kenia, Ghana und Äthiopien ernsthaftes Bemühen und Fortschritte im Kampf gegen Kriminalität und Korruption, gegen Armut, für Recht und Ordnung. Er bezeichnete sie als Reformländer, Hoffnungsträger für ganz Afrika. Damit ermutigte er sie, auf diesem Wege weiter voranzuschreiten. Deutschland bietet seine Unterstützung an, um diese Ziele schrittweise zu erreichen. Jetzt geht es um konkrete Hilfe.

Die Erzeugung und Bereitstellung von Elektroenergie ist dabei eine Grundvoraussetzung für ernsthafte Verbesserungen und nachhaltigen Fortschritt. Einen zukunftsweisenden Weg stellt, wie anlässlich der Umweltkonferenz in Bonn Anfang Juni 2004 Klaus Töpfer an Hand eines Beispiels verkündete, das Pilotprojekt zur Nutzung der Erdwärme im Rift Valley, dem Grabenbruch in Kenia, dar. Für derartige elegante Formen alternativer Energiegewinnung bietet sich Afrika geradezu an.

2. *Nach wie vor gibt es in vielen afrikanischen Ländern Unruhen, Bürgerkriege und Stammeskonflikte.*

Unter den von unserem Außenministerium regelmäßig herausgegebenen Reisewarnungen für Staaten, die auf Grund der unsicheren Lage nicht besucht werden sollten, sind über die Hälfte afrikanische Länder. Das macht die Dimension deutlich. In der Elfenbeinküste droht ein Bürgerkrieg auszubrechen. Den Problemfall Simbabwe gibt es nunmehr seit 30 Jahren, seit Mugabes Machtergreifung. In Eritrea spricht man von einem ernsthaften Säbelrasseln. Der Norden von Uganda ist unsicher, selbst in einigen Teilen von Tansania wird von Besuchen abgeraten. Ähnliches hatten wir in nördlichen Teilen Kenias erfahren.

In weiten Gebieten des größten Staates Afrikas, dem Sudan, herrscht bereits die Katastrophe. Es gibt Massaker, innerhalb eines Jahres sind Zehntausende Menschen umgebracht worden, eine Million sind auf der Flucht.

Vor kurzem wurde der zehnjährigen Wiederkehr der Massaker von Ruanda gedacht. Im Bürgerkrieg zwischen Hutu und Tutzi wurden 1994 innerhalb von zehn Monaten 800 000 Menschen grausam abgeschlachtet. Kofi Annan betonte zu diesem Anlass, dass das wahnsinnige Massenmorden möglich wurde durch nicht rechtzeitiges und energisches Eingreifen der UNO. Das dürfe sich nie wiederholen.

Im Kongo herrschen seit Jahren bürgerkriegsähnliche Zustände. In fünf Jahren gab es zwei Millionen Tote. Selbst Dr. Pobi nimmt Abstand davon, in seine Heimat zu seinem schwer kranken Vater zu fahren.

Das sind lediglich einige Beispiele. Besonders Besorgnis erregend ist die Tatsache, dass immer wieder neue Konfliktherde entstehen. Das wird andauern, solange die Ursachen ihrer Entstehung nicht beseitigt sind. Sehen wir es positiv, dann sind es mehr als die Hälfte der insgesamt 52 afrikanischen Länder, in denen weitgehend Ruhe und Ordnung herrscht, in denen Reformen durchgeführt und Armut und Stammeskonflikte ernsthaft bekämpft werden. Diese Länder geben Hoffnung für die Zukunft.

3. *Hunger und Aids stehen in einem unlösbaren Zusammenhang.*

Der jährliche weltweite Aidstag fand am 1. Dezember 2003 in Johannesburg im Stadtteil Sandton statt. Das südliche Afrika ist der Teil der Erde, in dem die Seuche am verheerendsten grassiert und weiter explosionsartig zunimmt. Dort ist sie inzwischen außer Kontrolle geraten. Der Begriff „Pest des 21. Jahrhundert“ ist für diesen

Teil der Welt absolut zutreffend. In ganz Afrika sind 30 Millionen Menschen infiziert. Nur 50 000 erhalten Medikamente. Bisher sind weltweit 16 bis 20 Millionen Menschen an Aids gestorben. Noch nie waren es so viele wie im Jahr 2003, fünf Millionen Tote. Mehr als fünf Millionen Menschen werden jährlich neu infiziert. Allein im Staat Südafrika sind es täglich 600 bis 1 000. 5,3 Millionen Menschen tragen allein in diesem Land das HI-Virus in sich. Jede Minute sterben weltweit elf Kinder, fast ein Drittel von ihnen an Aids. In Kenia infizieren sich täglich 700 Menschen und von zehn Frauen sind gegenwärtig vier an Aids erkrankt. In Simbabwe, Tansania, Mocambique und anderen Ländern ist die Situation ähnlich.

Peter Scholl-Latour umreißt im Mai 2003 laut Berliner Zeitung vom 14./15. Februar 2004 die verheerende Situation in seinem Buch „Die Toten klagen“ so: „Tatsache ist, dass der stärkere Geschlechtstrieb der Afrikaner, auf den sie stolz sind, und der auch von den schwarzen Frauen als Test der Männlichkeit gefordert wird, oft kultische Formen annimmt. Das Kondom wird abgelehnt. Es reduziert den sexuellen Genuss, die einzige Freude in ihrem dürftigen Dasein. Zudem verhindert das Kondom die Zeugung von Nachwuchs und da geistert der Verdacht eines teuflischen Komplottes der westlichen Industrienationen umher, die angeblich die demografische Expansion der schwarzen Rasse einzudämmen suchen.“

Anlässlich des Aidstages am 1. Dezember 2003 hat Südafrika erstmalig ein ernsthaftes Signal gesetzt. Neben der medizinischen Behandlung sollen vor allem präventive Maßnahmen gefördert werden. Das Hauptproblem ist das fehlende Geld. Von ersten Behandlungen mit neuen Medikamenten amerikanischer Pharmakonzerne wurde kürzlich aus Südafrika berichtet. Es bleibt die Erwartung, dass die vom Aidstag in Johannesburg ausgegangenen Impulse Signalwirkung haben, dass die armen Länder Unterstützung bekommen im Kampf gegen diese Krankheit.

Der leidenschaftliche Appell, den Nelson Mandela auf der am 16. Juli 2004 zu Ende gegangenen Weltaidskonferenz in Bangkok an die Weltöffentlichkeit richtete, ist eine Ermutigung, findet hoffentlich Resonanz. „Ich kann nicht ruhen, solange ich nicht sicher bin, dass die globale Antwort ausreicht, um das Blatt gegen die Epidemie zu wenden. Die beschlossenen Maßnahmen sind eine Offensive, durch entscheidende Aufstockung des globalen Fonds gegen Aids, Tuberkulose und Malaria endlich ernsthafte Fortschritte gegen diese verheerenden Geiseln der armen Völker zu erreichen", waren seine Worte.

4. *Eines der traurigsten Kapitel in Afrika ist die Beschneidung der Frauen und Mädchen.*

Diese Verstümmelung ist inzwischen als eindeutig kriminelle Handlung international verurteilt worden. Die tief in den Völkern verwurzelte Tradition ist bis heute gesellschaftliche Norm, alltäglich im Leben vieler Volksgruppen, gängige Praxis in vielen Ländern Afrikas. Sie ist brutale Missachtung der einfachsten Rechte der Frauen, über ihren Körper selbst zu bestimmen. Am 26. September 2003 informierte der Tagesspiegel am Beispiel eines sechsjährigen Mädchens aus Guinea: „Unterdessen hat das Berliner Verwaltungsgericht entschieden, dass die Gefahr einer Genitalverstümmelung bei Mädchen und Frauen als politische Verfolgung eingestuft wird und somit ein Asylgrund sein kann."

Heute werden noch immer täglich 6 000 Mädchen und Frauen dieser schändlichen Prozedur unterzogen. Es gibt Länder, in denen die überwiegende Zahl aller Frauen und Mädchen beschnitten ist. In Mali z. B., so schätzt man, sind es 93 Prozent. In zahlreichen Volksgruppen gilt nur ein beschnittenes Mädchen als vollwertige Frau. Nur sie darf verheiratet werden.

Die Beschneidung wird meist mit primitivsten Mitteln und unter unhygienischen Bedingungen durchgeführt. Immer jüngere Mädchen sind betroffen, weil bei ihnen der Eingriff weniger kostet. Die Beschneiderin genießt ein hohes Ansehen im Dorf. Je kleiner die nach dem Eingriff verbleibende Öffnung ist, um so gelungener und teurer ist der Eingriff. Das Mädchen gilt als wertvoll, weil der Lustreiz der Männer dadurch erhöht wird. Die Konsequenz ist eine unreparable Beeinträchtigung der Lebensqualität, der Liebesfähigkeit und die Verkrüppelung der Betroffenen. Zusätzlich trägt die Frau ein großes Risiko bei der Geburt eines Kindes. Oft sind schwere Verletzungen, Totgeburten oder auch der Tod der Mutter die Folge.

Mit Unterstützung der UNO formieren sich immer mehr internationale und nationale Organisationen im Kampf gegen die Beschneidung. Eine aktive Rolle spielt unter zahlreichen anderen das Inter African Committee. Es geht im Grundsatz um radikale Aufklärung. Dieses Tabuthema in das Blickfeld des Dorfes zu rücken, ist der erste wichtige Schritt. Wenn die geistigen Führer und der Dorfälteste als Partner gewonnen werden, sind Fortschritte erzielbar. Im Sudan, Somalia, Togo, Äthiopien und anderen Ländern Afrikas versucht man Beispiele zu schaffen. Mit 29 Ländern gibt es inzwischen staatliche Protokolle gegen die Beschneidung.

In Äthiopien wurde in mehreren Dutzend Dörfern beschlossen, die Beschneidung nicht mehr durchzuführen. Man versucht es in einem ersten Schritt mit Kompromissen, z. B. von der „schweren" Art der Beschneidung über zu gehen zu einer „leichten", wo nur die Spitze der Klitoris abgeschnitten wird. Anderswo werden die Hebammen, die oftmals in den Dörfern die Beschneidungen durchführen, verpflichtet, mit dieser Praxis aufzuhören.

Vor kurzem wurde über ein Projekt in Mali berichtet. Der Durchbruch wurde erzielt, als es vom Imam unterstützt wurde. Der öffentliche Bruch mit dieser Tradition kam einer Revolution gleich. Sämtliche Entscheidungen dazu wurden bisher ausschließlich von Männern getroffen. Jetzt argumentierte man mit Schwierigkeiten bei der Geburt, der hohen Verletzungsgefahr für Mutter und Kind. Durch die Beschneidung kann Leben zerstört werden. Auf diese Weise versucht man die Dorfbewohner zu überzeugen. Erstmals wurde ganz offen an Modellen demonstriert, was bei der Beschneidung und Geburt vor sich geht und welche Konsequenzen sich daraus ergeben. Es wird geschätzt, dass es selbst bei intensiven Bemühungen mindestes fünf Jahre dauern wird, ehe sich konkrete Erfolge einstellen.

5. *Der Blick richtet sich nach vorn. Im Jahr 2000 gab es sechs Milliarden Menschen auf der Erde. 2050 werden es laut UNO neun bis zehn Milliarden sein.*

Wenn man bei aller Bitterkeit auch berücksichtigt, dass in Regionen mit verheerenden Aids- und anderen Epidemien die Bevölkerung sich verringert, trotzdem wird es insgesamt 50 Prozent mehr Menschen auf dem Planeten geben, drei bis vier Milliarden zusätzlich.

Der Hauptzuwachs kommt aus den unterentwickelten Ländern. In den hochentwickelten Ländern wird die Lebenserwartung weiter merklich ansteigen. Werden sich die Menschen dann umbringen, wird die Natur zerstört, unser einziger Planet quasi zertrampelt? Sich der riesigen Dimension, der immensen Probleme bewusst zu werden, sich ihnen im aktiven Handeln zuzuwenden, friedlich zusammen – und in Einklang mit der Natur zu leben, bietet die Lösung. Alles andere würde zu einer globalen Katastrophe führen. Die Szenarien dazu sind vielfältig und werden bereits erprobt.

6. *Fast in eigener Sache zur Gefährlichkeit der Flusspferde.*

In der Zeitschrift „Adventure", Heft 1/2003, wurde von den 50 größten Abenteuern der Welt berichtet, darunter u. a. von einer Forschungsreise in das Herz Afrikas zum Elefantenfluss im Kongo-Becken. Hier passierte einem Teilnehmer ähnliches, wie wir es durchlebt hatten. Während einer Bootsfahrt wurde er von Flusspferden angegriffen. Mit letzter Mühe gelang es ihm zu entkommen. Das bestätigt erneut, dass Flusspferde sehr gefährlich sind. Die meisten der von Tieren getöteten Menschen fallen ihnen zum Opfer, jährlich ca. 200.

Anfang Dezember 2003 ging eine Meldung durch die Presse, die uns sehr aufschreckte. Wie glich dieses Ereignis unserem Schicksalsschlag, und wie tragisch war es verlaufen: Ein junges Ehepaar unternahm als Hochzeitsreise eine Safari im Mokoro-Boot ins Okawango-Delta. Sie waren auf der Rücktour. Ein Hippo tauchte urplötzlich aus dem Wasser auf. Es griff blitzschnell an, zerstörte das Boot. Das Hippo umfasste mit dem Maul den Oberkörper der Frau, tötete sie mit einem einzigen Biss. Ihr Mann wurde verletzt, der Guide erlitt einen Schock.

Die zuständige Reisegesellschaft in Südafrika gab dazu den Kommentar, dass solch ein Angriff sehr selten geschehe und dies das erste Unglück in zehn Jahren gewesen sei. Stimmte das wirklich? Vielleicht bezüglich des tödlichen Verlaufs, doch hinsichtlich der Flusspferdangriffe mit Sicherheit nicht.

Dr. Pobi informierte uns telefonisch über den Unfall. Er bestätigte, dass dies der erste große Unfall im Okawango-Delta seit dem unsrigen war. Er hatte sich in etwa der gleichen Gegend zugetragen. Sein sparsamer Kommentar: „Sie hatten tatsächlich großes Glück."

Dr. Pobi, unser Gast

Dr. Pobi verdanke ich im Wesentlichen mein Überleben nach dem Unfall im Okawango-Delta. Das, was er unter den begrenzten Möglichkeiten einer Klinik im Inneren Afrikas vollbracht hat, ist bewundernswert. Mit viel Umsicht und Sorgfalt hat er mir eine intensive Betreuung angedeihen lassen. Er und das Personal waren Tag und Nacht für uns da. Während der Zeit im Krankenhaus schlossen wir eine Freundschaft, die bis heute andauert und sich weiter vertieft hat. Als Dank für seine Leistung luden wir ihn zu uns nach Deutschland ein. Nachdem die Formalitäten erledigt waren und wir die Bürgschaftsgarantie für ihn abgegeben hatten, durfte er einreisen. Am 29. Mai 2003 holte ich ihn vom Flugplatz Berlin-Tegel ab. Am 22. Juni 2003 trat er die Heimreise an.

Wir hatten uns ein umfangreiches Programm für die drei Wochen vorgenommen. Das Buch „Safari mit Biss“ war gerade erschienen und wir überreichten ihm das erste Exemplar. Er war angetan und bewegt, insbesondere über die ausführliche Darstellung dessen, was er für uns getan hatte.

Mit welchen Augen würde er uns betrachten, welche Eindrücke von Land und Leuten mitnehmen? Er war bisher ein einziges Mal in Europa gewesen, zu einem kurzen Studienaufenthalt an der Universität in Brügge in Belgien. Das war lange her. Mit welchen Maßstäben würde er messen, was wie werten? Bis heute habe ich mir diese Frage nicht endgültig beantworten können.

Erstaunlich war, wie intensiv er alles aufnahm und verinnerlichte. Als wir ihn später in Maun besuchten, konnte er viele Details wiedergeben. Selten hatte er Gefühlsregungen gezeigt. Freundlich und positiv war er während des gesamten Besuches eingestellt. Genauso hatten wir ihn als Arzt in der Klinik in Maun selbst in Stresssituationen erlebt. Wir haben vor diesem Mann großen Respekt und sind ihm von Herzen verbunden. Das machte es mir auch leicht, während seines Besuches nur für ihn da zu sein, und ihm ein Maximum an Möglichkeiten zu bieten, Menschen und Länder in Europa, unsere Welt, kennen zu lernen.

Am ersten Wochenende feierten wir unser 40-jähriges Hochzeitsjubiläum. Er lernte unsere Familie, die Verwandten und Freunde kennen. Überrascht war er, wie ausgiebig wir dieses Fest feierten. Er fühlte sich wohl, spürte, wie offen und mit welcher Selbstverständlichkeit er in unserem Kreis aufgenommen wurde.

Immer wieder betonte er die Freundschaft und engen Bande, die zwischen uns entstanden waren. Ständig war er in Gespräche verwickelt, wurde in das Geschehen integriert. Manchmal saß er entspannt zurückgelehnt, wirkte in sich gekehrt. Meist jedoch beobachtete er das Geschehen sehr aufmerksam.

Wir organisierten ihm einen Aufenthalt in der Charité in Berlin sowie an der Universitäts-Klinik in Heidelberg. Ihn interessierten besonders die Unfallchirurgie und die tropischen Infektionskrankheiten, vor allem Malaria. In beiden Kliniken konnte er sich ohne jegliche Einschränkung umsehen und an den Untersuchungen und Behandlungen teilnehmen. Es ist mir ein Bedürfnis, diesen Instituten, den Direktoren, Wissenschaftlern, Ärzten und dem Personal ein großes Kompliment zu machen und ein herzliches Dankeschön zu sagen für ihre Unterstützung, Offenheit und Toleranz.

Ich hatte nach meiner Überführung vom Krankenhaus in Maun nach Berlin im Februar 2002 mehrere Wochen in der Unfallklinik, Station 7 der Charité, verbracht. Der seinerzeit für mich verantwortliche Oberarzt Dr. Melcher wartete bereits und begrüßte uns herzlich. „Das ist Herr Schneider", wandte er sich an Dr. Pobi, „der durch Sie gerettet wurde. Und ich bin derjenige, durch den er wieder gesund geworden ist. Wir sind sozusagen ein Team. Seien Sie herzlich willkommen, fühlen Sie sich wie zu Hause, wir stehen Ihnen zur Verfügung."

Ebenso nahm sich Prof. Dr. Suttorp viel Zeit für Gespräche mit Dr. Pobi.

An der Universität in Heidelberg hielten wir uns in der Orthopädischen Klinik auf. Dr. Pobi nahm an Operationen teil. Besonders intensiv war der Besuch in den Instituten und Forschungsbereichen, die sich mit tropischen Infektionskrankheiten beschäftigen.

Nachhaltig beeindruckte ihn das fast einen ganzen Tag andauernde Gespräch mit Prof. Dr. Schirmer, einer anerkannten Kapazität, der wesentliche und bahnbrechende Beiträge auf dem Gebiet der Parasitologie und Malariaforschung geleistet hat. Prof. Schirmer ließ es sich nicht nehmen, uns persönlich die Stadt Heidelberg und deren Umgebung zu zeigen und lud uns zu einem erneuten Besuch ein. Ich konnte von ihm das führende Kompendium für tropische Medizin in der neuesten Ausführung erwerben und es mit seiner persönlichen Widmung Dr. Pobi überreichen. Er bestätigte: „Mansons Tropical Medicine – Das Buch der Bücher auf diesem Gebiet – empfohlen durch Prof. Schirmer, wird als Geschenk von Dr. Schneider hiermit an Dr. Pobi übergeben, gez. Prof. Schirmer."

Dr. Pobi nahm dieses Geschenk dankbar an. Es gab ihm die Möglichkeit, die neuesten Erkenntnisse auf dem Gebiet der Tropenmedizin zu studieren, um seinen Patienten in Maun besser helfen zu können.

Wir besuchten mehrmals Berlin. Wir flogen nach London, nahmen teil an der jährlich stattfindenden Generalprobe „Trooping the Colour", die von Prinz Philip abgenommen wurde. Es war ein farbenprächtiges Spektakel zur Vorbereitung für die Geburtstagsparade der Queen. Dr. Pobi schien beeindruckt, schmunzelte des öfteren.

Wir erhielten Gelegenheit, einen Einblick in die Parlamentsarbeit dieser ältesten Demokratie der Welt zu erhalten und, wie es der Zufall wollte, auf den Gästeplätzen an einer Debatte im Unterhaus zu Fragen der Zusammenarbeit der EU-Länder bei der Bewältigung von Problemen der Entwicklungsländer teilzunehmen. Dr. Pobi beobachtete das Geschehen aufmerksam und nahm jedes Wort intensiv auf. Manchmal nickte er, manchmal zuckte er mit den Schultern. Zu einem Kommentar ließ er sich nicht hinreißen. Die strenge formale Zeremonie erstaunte ihn, mich auch.

Wir kehrten nach Hause zurück, wechselten die Wäsche und flogen nach Rom. Von früh bis abends liefen wir durch die Stadt. Wir hatten Gespräche mit Studenten aus dem Kongo, seinen Landsleuten. Die Weiterbildungsmöglichkeiten für Afrikaner interessierten ihn besonders. Wir besuchten das Kolosseum, Kirchen, Museen und viele historische Stätten. Es gelang uns, durch das deutsche Pilgerbüro beim Vatikan eine Erlaubnis für die Teilmahme an der Generalaudienz des Papstes zu erhalten, die an jedem Mittwoch auf dem Vorplatz des Petersdomes stattfindet. Der Platz war zum Bersten voll. Wir saßen in der ersten Reihe. Von der unmittelbaren Nähe zum Papst, dem beeindruckenden Geschehen bei der Audienz und der Absolution, die der Papst den Gläubigen aus der ganzen Welt erteilte, schwärmte er noch, als wir uns bei ihm zu Hause wiedersahen.

Ein besonders beeindruckendes Erlebnis war der Besuch in einer der Katakomben an der Via Appia am Rande Roms. In einer tief in das poröse Tuffgestein gehauenen Kapelle hielt eine Gruppe aus dem Elsass eine Messe ab. Wir durften daran teilnehmen. Danach gab es Gespräche mit den Pastoren und den Teilnehmern, meist älteren Frauen. Sie luden uns zu einem Besuch bei sich ein.

Nahe dieser Katakombe befinden sich die Ardeatinischen Höhlen. Hier wurden durch deutsche Faschisten über 320 unschuldige italienische Männer, Frauen und Kinder auf grausamste Art umgebracht. Wir merkten Dr. Pobi die innere Bewegung an, so, wie wir selbst betroffen waren. Seitdem beschäftigte ihn das Phänomen des Faschismus. Er wollte so viel wie möglich über diese Zeit erfahren. Die Person Hitler ließ ihn nicht mehr los. Wieder zu Hause nahm er sich sämtliche Bücher, die wir über Hitler und den Faschismus besitzen, vor, vertiefte sich in sie, fragte immer und immer wieder. „Wie grausam, unfassbar", kommentierte er des öfteren, „ein Teufel in Menschengestalt ..."

Wir fuhren in das Elsass. Die Gruppe, die wir in den Katakomben in Rom kennen gelernt hatten, bereitete uns einen überaus herzlichen Empfang. Wie alte Freunde wurden wir im Pfarrhaus in Sierentz vom Pfarrer M. le Cure Doyen Francois Grienenberger aufgenommen. Obwohl es schon spät war, saßen wir noch bis weit nach Mitternacht zusammen. Dr. Pobi fühlte sich als gläubiger Christ in diesem Kreis sichtlich wohl. Es war eine gemütliche Atmosphäre mit selbst gebackenem Kuchen, Essen und Trinken. Wir hielten Kontakt, insbesondere mit Herrn Grienenberger und Herrn Hubert Wischnewski, hatten sie zu einem Besuch bei uns eingeladen und sie hielten Wort (siehe folgenden Abschnitt).

Ursprünglich wollten wir weiterfahren bis in die Schweiz. Doch diese verweigerte Dr. Pobi die Einreise. Zu Hause war es ihm nicht gelungen, ein Visum zu bekommen. Er hätte dazu nach Südafrika fliegen müssen. Unvorstellbar. Die deutsche Botschaft in Botswana ließ uns wissen, dass es möglich sein dürfte, in der Schweizer Botschaft in Berlin das Visum zu erhalten. Dort hatte man es uns nach einem längeren Gespräch und unseren hartnäckigen Bemühungen in Aussicht gestellt. Quasi über Nacht reichten wir alle Unterlagen ein. Doch am nächsten Tag kam das endgültige Aus. Uns wurde erklärt, dass es eine neue Regelung von der Schweizer Regierung gäbe und solch ein Visum nur direkt von der Botschaft in Botswana, die es aber nicht dort gab, sondern in Südafrika, bzw. in Bern erteilt werden könnte. So mussten wir von diesem Vorhaben Abstand nehmen.

Er sagte mir später, dass er einiges von mir gelernt habe. „Die Hartnäckigkeit, mit der du in der Schweizer Botschaft in Berlin um das Visum gerungen hast, hat mich beeindruckt." Und im Vertrauen gestand er: „Ich habe mir fest vorgenommen, das zum Beispiel zu nehmen. Man muss mehr kämpfen und darf nicht einfach abwarten und sich mit dem zufrieden geben, wie es gerade ist."

Genau das ist die typisch afrikanische Lebensweise, abwarten statt zu handeln, sich dem Schicksal ergeben. Der Geist oder der liebe Gott würden es schon richten. Hakuna matata.

Wir umfuhren die Schweiz und steuerten die Alpen in Österreich an, besuchten Innsbruck und den Gletscher am Groß-Glockner. Zum ersten Mal war Dr. Pobi in einem Hochgebirge, sah Schnee und Eis. Wir liefen ein Stück auf der Gletscherzunge entlang. Immer wieder probierte er den Schnee, konnte es kaum fassen, tatsächlich auf Eis zu stehen.

In Berlin-Tegel verabschiedeten wir uns mit einem herzlichen: „Auf Wiedersehen in wenigen Tagen in Maun."

Bei seiner Rückkehr passierte dies: Dr. Pobi hatte als kongolesischer Staatsbürger eine spezielle Erlaubnis zur Ausübung seiner ärztlichen Tätigkeit in Botswana. Sie war zeitlich befristet und abgelaufen. Bei der Ausreise hatte man ihn darauf aufmerksam gemacht, dass er unbedingt ein neues Dokument benötigt, um wieder einreisen zu können. Während seines Aufenthaltes hier hatte er sich bemüht, die neuen Papiere zu erhalten, hatte lange Telefonate geführt und zahlreiche Faxe geschickt, zu Hause alles in Bewegung gesetzt.

Man versprach ihm, dass die Papiere auf dem Flugplatz in Gaborone hinterlegt werden. Aber wie zu befürchten, eben afrikanisch: Alles war klar, kein Problem, doch nichts funktionierte. Die Papiere lagen nicht dort, als er ankam. Man verweigerte ihm den Zutritt zum Land. Es brauchte noch einen ganzen Tag, bis ihm endlich erlaubt wurde, das Land zu betreten und nach Maun zu fahren, wo wir von ihm und seiner Familie kurze Zeit später als Gäste herzlich willkommen geheißen wurden.

Elsässer Katholiken bei uns

Vor wenigen Tagen haben sie die Einladung wahrgenommen und fünf Tage bei uns geweilt: Fünf Katholiken, Theologen und Pastoren, mit Herrn Grienenberger und Herrn Wischnewski. Sie waren begeistert von den Besichtigungen unserer Sehenswürdigkeiten in Potsdam, Berlin und Dresden. Unsere Geschichte, von Friedrich dem Großen und Voltaire, über Faschismus und Hitler bis zu den Entwicklungen vor und nach dem Fall der Mauer, die Möglichkeit, an bedeutenden Stätten des historischen Geschehens zu stehen, sie zu berühren faszinierte sie – quasi Geschichte zum Anfassen. Plötzensee, die Seelower Höhen, die in Berlin entstehende Holocaust-Gedenkstätte erschütterten und stimmten nachdenklich.

Eine lebendige Diskussion der Katholiken gab es mit dem protestantischen Pfarrer, Herrn Hemmerling, im wunderschön restaurierten Dom in Fürstenwalde.

Bis nach Mitternacht saßen wir bei uns zusammen, mit Essen und Bier, Kaffee und Kuchen. Wir erhielten einen Einblick in die wechselvolle französisch-deutsche Geschichte des Elsass, in das ausschließlich noch dort geltende napoleonische Recht, in die Trennung und Zusammenarbeit von Kirche und Staat. Offen und freundschaftlich sprachen wir, gläubige Katholiken und meine Frau und ich als Atheisten und Bürger der ehemaligen DDR, über die Welt und das Leben, Vergangenheit und Zukunft der Menschheit, über Dienen und Macht, Zufall und Bestimmung, Toleranz und Dogmatismus, über die Bergpredigt und den dialektischen Materialismus. Ganz locker redeten wir drauflos, ohne uns zu verbiegen, bei welchem Thema wir auch ankamen. Wie aufmerksam und einfühlsam waren sie dabei. Das war nicht nur spannend, es gab Übereinstimmung zu den meisten Sachverhalten und Ansichten. Das war das Schönste, schuf Vertrauen und eine nachhaltige Verbundenheit.

Pieter, ein Afrikaner von der Elfenbeinküste, der gegenwärtig als Pfarrer in Strassbourg promoviert, war mitgekommen. Er sprach über seinen traditionellen Ahnen- und Geisterglauben, den er harmonisch mit seinem katholischen Glauben zu verbinden versteht, und belebte die Diskussion ungemein.

Doch es gab auch Frust. Nach Polen ließ man ihn nicht hinein, dort greift das Schengener Abkommen noch nicht. Beim Rückflug von Schönefeld wollte man ihn nicht nach Basel ausreisen lassen. Da die Stadt in der Schweiz liegt, benötigte er nach dort ein Visum. Das war für ihn unbegreiflich und gab auf dem Flugplatz Unruhe, bis sich Herr Wischnewski bei den Beamten Gehör verschaffen konnte und ihnen über die peinliche Klippe ihrer Unwissenheit hinweg half. Auf dem Baseler Flugplatz gibt es zwei völlig getrennte Ein- und Ausgänge, einen für die Schweiz, einen für Frankreich, sodass Pieter Schweizer Boden gar nicht zu betreten brauchte.

Zur Versöhnung schenkten wir Pieter unsere letzte Tüte original verpackter Steinchen der Berliner Mauer und erfüllten ihm damit einen seiner sehnlichsten Wünsche. Er dankte uns mit dem Freudenausruf: „Wenn meine Ahnen gestatten, ein Haus zu bauen, werde ich diese Steine in mein Schlafzimmer einmauern. That is really great. I am so happy for the gift, thank you so much."

Und nun erhielten wir aus Habsheim, Elsass, diese Mail: „In dankbarer Erinnerung an die wunderbaren Tage, dank Ihrer Gastfreundschaft wir so vieles entdecken und tiefe geistige Erfahrungen erleben konnten … Mein freundlichster Gruss Antoine, Pfarrer."

Zur Geschichte Sansibars

Sansibar hat tausendfache Wurzeln, ist ein Schmelztiegel der Kulturen seit 2 000 Jahren. Viele Völker haben sich im Laufe der Geschichte hier angesiedelt und leben friedlich miteinander: Araber verschiedenster Nationen, Asiaten, besonders Inder, Afrikaner, Europäer. Die Insel hat sich über die Jahrhunderte zu einem Handelszentrum entwickelt, zentral und sicher gelegen, ein Kreuzpunkt zwischen dem unerforschten afrikanischen Festland und dem arabisch-asiatischen Kontinent. Messing, Baumwolle, Seide, chinesisches Porzellan, Gold, Elfenbein, Sklaven, Edelhölzer, Kautschuk und Kopra wurden gehandelt.

Im 16. und 17. Jahrhundert beherrschten die Portugiesen die Insel, die den überseeischen Handel weiter ausbauten. Im 18. Jahrhundert verdrängte das an der Nord-Ost-Küste gelegene Oman die Portugiesen. Der Sultan von Oman verlegte seinen Sitz nach Sansibar. Unter Sultan Saynid Said geriet das gesamte ostafrikanische Küstengebiet unter omanische Herrschaft, Sansibar war Hauptstadt.

Zu Beginn des 19. Jahrhunderts wurden Nelkenbäume von Mauritius eingeführt, was eine zunehmende Rodung der großen Inselwälder zur Folge hatte. Für die großen Nelkenplantagen benötigte man damals billige Arbeitskräfte. Die holte man als Sklaven aus dem Inneren Afrikas. Sansibar entwickelte sich zu einem der weltgrößten Umschlagplätze für den Sklavenhandel. Hier spielte sich das grausamste Kapitel in der Geschichte der Insel, eines der schlimmsten in Afrika überhaupt, ab. Manchen Bewohnern ist es heute noch peinlich, darüber zu sprechen.

Erst 1897 wurde die Sklaverei endgültig beseitigt und 1921 schließlich der letzte Sklave freigelassen. Welches Unrecht hier geschehen ist, wird aus folgendem Zitat ersichtlich: „Zur Blütezeit des Sklavenhandels kamen hier immerhin 50 000 bis 70 000 Sklaven im Jahr an. Damit sind lebende Sklaven gemeint. Wie viele auf dem ca. 2 000 Kilometer langen Weg aus dem zentralafrikanischen Raum umgekommen sind, kann nur vermutet werden. Grausam genug sind die uns heute vorliegenden Berichte, aus denen hervorgeht, dass sich die Sklaven von Kräutern, Laub oder Gras ernährten, wenn nichts anderes zu essen da war. Im Notfall wurde ihnen Menschenfleisch vorgesetzt ... Will der Sklave nicht mehr vorwärts, da er zu müde oder verwundet ist, so lässt der Führer einigen die Füße abhauen, den anderen zum abschreckenden Beispiel." (Conrad Philipps: „Auf den Spuren Livingstones", Nimrod-Verlag 2003, S. 78f.)

Da die Quellen für die Handelsware Sklaven versiegten, suchten die reichen arabischen Händler Alternativen. So begann man auf diesem fruchtbaren Eiland mit der Gewinnung von Kokos- und Sesamöl, Zuckerrohr und Kautschuk und verstärkte den Gewürzanbau. Gewürze und Nelken sind bis heute die Haupterzeugnisse, deswegen die Bezeichnung Nelken- oder auch Gewürzinsel.

Die Briten gewannen zunehmend die Vorrangstellung in Ostafrika. Im so genannten Sansibar-Helgoland-Vertrag einigten sich Deutschland und England im Jahre 1890 bei der Aufteilung ihrer kolonialen Interessensphären darauf, dass Sansibar einschließlich der Insel Pemba englisches Protektorat wird und dafür Deutschland Helgoland zugesprochen bekommt.

Nachdem im Ersten Weltkrieg Deutschland seine Kolonien verloren hatte, erhielt im Jahre 1920 Großbritannien das Mandat über den größten Teil Deutsch-Ostafrikas, „Tanganyika Territory" genannt, das 1961 die Unabhängigkeit erlangte. 1963 wurde der Sultan von Sansibar verjagt. Aus der Insel und diesem Territorium entstand 1964 die vereinigte Republik Tansania.

In den Gesprächen mit den Inselbewohnern spürten wir das Interesse, die ihnen zugesprochene innenpolitische Eigenständigkeit auch in vollem Umfange auszuüben und sich nicht von der Regierung des Festlandes hineinredenzulassen.

Sachwortverzeichnis

Schon auf dem Weg zur Druckerei noch dieses **Resümee**:

Die Einschätzung des Bundespräsidenten Köhler zu Beginn des Buches finden wir durch unsere Erlebnisse bestätigt.
Und auch: Kein Kontinent der Erde ist so der Tradition verhaftet und gleichzeitig so reich an den vielfältigsten Werten und Schätzen. Sie zu bewahren, zu nutzen und langfristig zu erschließen bietet die Chance für die Zukunft Afrikas.

29.10.2004

Bild- und Kartennachweis

S. 19 oben: Mark Skinner, Kapstadt, Südafrika
S. 259 unten: Javed Jafferji, Sansibar
alle weiteren Bilder und Karten: Autor

Foto erste Umschlagseite: Leopard setzt zum Sprung an, Serengeti
Fotos vierte Umschlagseite:
Hadzabe, eines der letzten nomadisierenden Urvölker, Tansania (oben);
Zu wenig Wasser und Gras, Migration der Gnus, Serengeti (unten)

Foto S. 9: In Traumwelt versunken, Frau der Hadzabe, eines der letzten nomadisierenden Urvölker, Tansania
Foto S. 10: Aufmerksamer Mutterschutz, Serengeti (oben)
Foto S. 10: Immer fressen, in Familie, Serengeti (unten)
Foto S. 391: „Auf Wiedersehen“
Giraffen im Manyara, Hintergrund: Bruchwand des Rift Valley (oben)
Hippos im Ngorongoro, Hintergrund: Gnu-Herde (unten)